# '윤리와 사상'

## —주제와 문제들

# '윤리와 사상'

## – 주제와 문제들

문종길 · 김미덕 지음

인간사랑

우리는 철학, 더 범위를 좁혀 윤리와 사상을 공부하는 참된 이유를 깨닫게 해주는 전형을 스토아학파의 에픽테토스로부터 발견할 수 있다. "양은 자기가 얼마나 먹었는지 보여주기 위해 양치기 앞에 먹은 풀을 토해내지 않습니다. 뱃속에서 풀을 잘 소화시켜 털과 젖을 밖으로 내보낼 뿐입니다. 이와 마찬가지로 지혜로운 사람은 어리석은 자들에게 철학에 대해 말하지 않습니다. 그것을 자기 것으로 소화한 다음, 행동을 통해 보여줄 뿐입니다."

그렇지만 현실적으로 수학능력시험에서 만족스런 성적을 거두어야 하는 고등학교 3학년 학생이라면 보다 절실한 현실적인 목적에 관심을 두지 않을 수 없다. 그것은 수능에서 윤리와 사상을 잘 치르는 것이다. 따라서 이런 목적을 성취하는데 효율적인 방법을 제시하고 가르쳐주는 책이 있다면 고3 학생들의 욕구에 가장 잘 부합하리라 본다. 이와 같은 현실적인 목적을 염두에 두고 이 책은 구상되었다. 이러한 목적에 충실하여 이 책은 실제로 '윤리와 사상' 교과를 선택하여 수능에서 좋은 결과를 기대할 수 있도록 집필했다. 수능에서 윤리와 사상은 다음과 같은 형식들을 유지하면서 출제된다. 따라서 이러한 패턴을 이해하고 준비하는 것은 곧 수능에서 좋은 결과를 기대할 수 있는 효율적인 방법이 될 것이며, 이 책은 수험생 여러분에게 수능의 패턴에 적응하는 힘을 기를 수 있도록 구성했다.

첫째, 동·서양, 그리고 시대에 따른 사상의 구분은 기본이다. 윤리와 사상 문제는 '다음은 서양 고대 사상이다.', '다음은 16세기 조선 사상이다.'처럼 문제를 푸는 첫 단서를 지문에서 제시한다. 따라서 간단한 시대 구분에 기초해 각 사상과 사상가들을 이해하고 있어야 한다.

둘째, 사상가의 사상에서 중심이 되는 핵심 내용을 원리와 논리 중심으로 이해해 둔다. 자연과학처럼 철저하지는 않지만 사상 또한 인간의 논리적이고 합리적인 사고 체계의 산물이기 때문에 그 안에는 반드시 논리성과 체계성을 갖추고 있다. 예를 들면, '에피쿠로스는 원자론자였기 때문에 죽음을 두려워 할 필요가 없다고 생각했다. 왜냐하면 죽음이 왔을 때 이미 원자의 운동인 우리의 삶은 정지해 있기 때문'이다. 따라서 마치 논리적인 사고를 하는 것처럼 이유와 근거에 따라서 이해하면 그만큼 쉬울 뿐만 아니라 재미도 맛볼 수 있다.

셋째, 수능에서 윤리와 사상 과목을 잘 치르는데 가장 관건이 되는 것은 지문의 독해 능력이다. 제시된 지문을 읽고 지문의 사상과 내용을 이해했다면, 문제의 절반은 이미 푼 것이나 다름없다. 여기에 지문과 관련된 내용에 대해 약간의 확장적 사고를 할 수 있다면 문제는 이미 다 풀린 셈이다. 예를 들면, '신적인 이성을 함께 나눈 인류는 모두가 형제'라는 스토아 사상으로부터 약간의 확장적 사고를 한다면 '세계 시민주의'의 추론이 가능하다.

넷째, 둘째와 셋째 조건이 충족되면 나머지 남은 문제는 다섯 개의 문항 번호를 지문과 관련짓는 것이다. 문항 번호는 대부분 지문과 충실한 내용, 지문과 상반된 내용, 지문과 무관한 내용으로 채워진다. 지문의 내용이 두 가지 이상을 포함할 경우는 각 지문에 충실하거나 서로 상반된 내용, 그렇지 않으면 공통점을 담은 내용으로 구성된다. 따라서 둘째와 셋째에 해당하는 공부가 충실히 되어 있다면, 수능 윤리와 사상에서 당연히 좋은 결과를 얻을 수 있다.

다섯째, 윤리와 사상을 공부하면서 깨달은 지적인 내용들을 우리 사회의 현실에 적용할 수 있는지 묻는 것은 수능에서 학생들에게 요구하는 기본 능력이다. 그렇지만 이런 유형의 문제는 이미 학습한 동서양의 내용을 현실 문제에 적용하는 것이기 때문에 내용 학습이 충실히 이루어져 있다면 염려할 필요가 없다. 예를 들어 다문화 사회에서 우리에게 필요한 것을 유학(공자)의 관점에서 이해한다면, 인(仁)이나 서(恕) 같은 관용과 사랑, 역지사지의 정신이라는 점을 어렵지 않게 추론할 수 있기 때문이다.

　마지막으로 수능에서 윤리와 사상은 문제의 다양성을 추구하면서 학생들의 추론 능력과 사고의 확장을 테스트하기 위해 몇 가지 형태로 문제를 변형해 출제하지만, 문제의 기본 틀은 지금까지 말한 수준을 넘지 않는다. 예를 들어 흐름도 완성하기, 등장인물의 대화를 근거로 알맞은 사상 추론하기, 두 명 이상의 사상가를 제시해 서로 비교하기, 신문이나 방송 방식을 빌려 사상을 설명하기와 같이 다양한 방식으로 변형되어 출제되지만, 중심 내용을 이해한다면 큰 문제가 없다. 이 중에서도 특히, 흐름도의 완성과 두 명 이상의 사상가를 서로 맞비교하는 문제는 높은 수준의 추론 능력과 사전 지식을 요구하기 때문에 고득점 문제로 자주 출제된다. 이 책은 수능의 특성을 고려하면서 특히 고득점 문제에 적용할 수 있도록 구성하고 집필했다.

이제 남은 것은 수험생 여러분이 이 책을 빈틈없이 꼼꼼하게 옥을 가는 마음으로 정독(精讀, 뜻을 새기며 자세히 읽음)하고, 정독(情讀, 마음을 붙여 읽음)하려는 실천 의지이다. 아무쪼록 이 책이 수능에서 '윤리와 사상'을 선택하는 수험생 여러분에게 크게 유용하기를 바라며, 더불어 여러분이 이 책을 통해 '윤리와 사상'에 대해 공부하는 재미와 관심을 갖는 계기가 되었으면 한다.

끝으로 힘든 고등학교 공부를 하면서도 지은이의 원고를 꼼꼼하게 먼저 읽고 교정을 봐준 문해준에게 고마움을 전합니다. 그리고 매번 지은이의 글이 독자들을 찾아갈 수 있도록 작품으로 다듬어주고, 기회를 주는 '인간사랑' 편집부에 진심으로 감사를 드립니다.

2013년 8월
지은이 씀.

# Ⅳ. 현대 윤리    187

## 1. 덕(德) 윤리 : 아리스토텔레스, 매킨타이어 188

## 2. 생철학, 실존주의    210

# I. 고대 윤리

"만물의 척도는 인간이다. 존재하는 것들에 대해서는 그것이 왜 존재하는가에 대한 척도이고, 존재하지 않는 것들에 대해서는 왜 존재하지 않는가에 대한 척도이다."

# 1. 상대주의와 보편주의

**세** 차례에 걸친 페르시아의 그리스 원정(기원전 492-448)은 도시국가 연맹체인 그리스의 승리로 끝났으며, 이는 아테네에서 민주주의를 더욱 촉진하는 계기가 되었다. 왜냐하면 당시에는 전쟁에 참가하는 사람이 필요한 장비를 부담해야 했는데, 자유민과 농민, 노동자들이 보병과 수군으로 참가하여 전쟁을 승리로 이끄는데 기여했고, 이에 따라 자신들의 정치적 발언권을 주장하는 계기가 되었기 때문이다. 페리클레스는 이러한 아테네의 민주주의에 대해 '소수가 책임을 맡는 것이 아니라 모두가 골고루 나누어 맡는' 체제이며, '출신에 상관없이 능력에 따라 공직에 선출'하는 체제라고 정당화했다. 이와 같은 정치·사회적 환경은 정치 참여에 합당한 지적 수준을 필요로 했는데, 그 역할을 소피스트들이 담당했다. 서로 다른 사회 문화적 배경과 성장 환경을 갖고 있었던 트라키아의 프로타고라스, 남부 시칠리아의 고르기아스, 칼케돈의 트라시마코스는 자신들의 경험을 통해 보편적이며 절대적 진리가 불가능하다고 가르쳤고, 이러한 가르침은 민주주의의 다양성의 원리와도 부합하는 것으로 보였다. 그들은 아테네의 자유민들에게 세속적인 가치와 이해관계를 정당화하는 실용적이며 경험적 지식과 설득의 기술을 가르치면서 신분 상승을 추구했던 그들의 욕구를 충족시켜주었다. 이 점에서 소피스트들은 자신들의 경험과 실용적 이해관계에 기초하여 주관주의, 상대주의 입장에서 윤리(도덕)와 지식(진리)을 주장했다는 평가를 받는다.

소크라테스는 소피스트들과는 반대되는 동기를 가지고 있었으며, 그렇기 때문에 상대적인 것이 아니라 절대적이고 보편적인 진리(지식)와 정의(正義)에 대한 믿음이 있었다. 그는 도덕적으로 절대 옳고 선한 지식이 있다고 확신했기 때문에, 언제나 누구에게나 어디에서나 절대적으로 옳은 보편적 삶의 방식을 탐구했다. 그는 인간이라면 마땅히 따라야 할 정신적 가치와 이상적인 삶의 방식이 있다고 믿었기 때문에 스스로가 항상 '무지에 대한 자각'에 기초해 알려고 노력하는 (즉, 덕 있는) 사람이 되어야 한다고 가르쳤다. 그는 참된 앎(지식)을 지닌 사람은 그에 따라 자발적으로 행동하기 때문에 행복·선과 동일한 반면, 무지한 사람은 자신의 행동 자체가 비자발적인 것이기 때문에 불행·악으로 이어질 수밖에 없다고 보았다. 이러한 그의 입장을 주지주의에 기초한 지복덕합일설, 지행합일설이라고 부른다. 그리고 소크라테스의 가르침은 그의 제자 플라톤을 통해서 한층 발전적인 모습으로 체계화되었다.

우리는 개인의 주관적인 경험과 이해관계에 기초하여 지식의 실용성을 추구했던 소피스트로부터 목적론적 윤리의 싹과 목적에 상관없이 마땅히 따라야 할 가치나 의무를 추구했던 소크라테스나 플라톤으로부터 의무론적 윤리의 싹을 발견할 수 있다.

# 고대 상대주의 : 프로타고라스

(Protagoras, B.C. 485? ~ B.C. 414?)

첫째, 가장 전형적인 고대의 상대주의자로 언급되는 인물은 "만물의 척도는 인간(즉, 인간은 모든 것의 기준)"이라고 주장한 프로타고라스이다. 이때 '인간'은 자신이 속해 있는 집단 전체를 의미하든 그 집단을 이루는 '개인'을 의미하든 상대주의라는 개념에 포함된다. 다시 말해 인간 공동체나 집단들은 서로 다른 문화적 관습이나 전통을 갖고 있으며, 이에 근거하여 도덕과 가치 판단을 한다는 의미에서 상대주의적이고, 또 개인들이 자신의 감각적 경험과 성격·가치관에 따라 같은 것도 서로 다르게 판단한다는 의미에서 주관적이고 상대주의적이다. 이런 관점을 따르면 도덕과 가치, 지식과 진리, 법과 규범 등 우리의 삶과 관련된 모든 주제들에 대해서 우리는 '보편적으로 타당'하거나, '객관적', '절대적'이라는 용어를 부정하는 대신, '감각적 경험', '주관적', '상대적', '개인(또는 집단)의 이해관계', '자신이 처한 상황'이라는 용어를 판단의 기준으로 강조하게 된다. 따라서 어떤 집단(공동체)이나 개인이 서로 다른 방식으로 사물을 지각한다면, 어떤 집단이나 개인의 지각이 옳고 그른지 검증할 수 없기 때문에 지식이란 상대적이 된다. 이 때문에 극작가인 아리스토파네스는 프로타고라스와 같은 소피스트들에 대해 수탉에게서 있지도 않은 암탉을 만들어내는 자들이라고 풍자하기도 했다.

> "만물의 척도는 인간이다. 존재하는 것들에 대해서는 그것이 왜 존재하는가에 대한 척도이고, 존재하지 않는 것들에 대해서는 왜 존재하지 않는가에 대한 척도이다."

"신들에 대해서 말한다면, 나는 그들이 존재하는지 아니면 존재하지 않는지에 대해 확실히 알지 못하며, 그들의 형상이 어떠한지도 알지 못한다. 왜냐하면 그 주제의 모호함과 우리의 짧은 인생은 그러한 지식의 확실성을 탐구하는데 방해가 되기 때문이다."

PROTAGORAS

둘째, 지식과 문화에 대해 소피스트들이 이처럼 경험적이고 상대주의적 관점을 갖게 된 바탕에는 그들이 여러 섬들로 이루어진 지역들을 여행하면서 각 지역들의 문화와 관습을 접촉했으며, 이를 통해 폭넓은 지식과 문화적 다양성을 깨달았다는 점이 작용하고 있다. 즉 그들은 서로 다른 공동체와 집단들에는 저마다 자신들이 처해있는 상황과 환경에 알맞은 실용적인 관습과 지식들이 있다는 사실을 발견했다. 이런 배경에서 획득된 그들의 진리관이 아테네 민주 정치와 만나면서 자유민들의 실용적 지식에 대한 욕구를 충족시켜주는데 중요한 역할을 했다. 이 점에서 그들의 주장은 '인간이 어떠어떠하게 살아가고 있다'라는 경험적 사실에서 출발했으며, 당시 아테네 민주주의라는 시대적 요구가 낳은 결과물이기도 했다. 그리고 이러한 성격 때문에 그들이 가르쳤던 지식의 상대적이고 실용적인 성격은 '거짓 지식을 파는 상인'이라는 비판을 받을 받는 원인이 되기도 했다. 왜냐하면 이런 입장을 따르게 되면, 맛과 냄새, 추위와 더위, 노예제도나 인종말살 정책 등에 대해 어떤 판단이든 가능해지기 때문이다. 이 때문에 소피스트의 상대주의는 트라시마코스처럼 '강자의 이익(즉 힘)이 곧 정의(正義)'라는 주장을 낳기도 했고, 고르기아스에 와서는 극단에 이른 회의주의적 모습을 드러낸다. 그는 "아무것도 존재하지 않으며, 우리는 어떤 것이 존재한다고 해도 그것을 알 수 없으며, 설령 안다고 하더라도 전달할 수 없다"고 주장했다. 왜냐하면 우리가 알고 있는 것은 단어로써 전달되지만, 단어란 상징과 기호로 이루어져 있어 실제 사물과 동일할 수 없기 때문이고, 또 개인이 같은 단어에 대해 서로 다른 판단을 할 수 있어 다른 사람에게 무엇을 전달하는 것도 불가능하기 때문이다. 그렇지만 이러한 부정적인 평가에도 불구하고, 그들은 소크라테스와 함께 철학의 주제와 관심을 '자연'으로부터 '인간'과 인간의 정신, 그리고 인간이 살아가는 현실 사회로 전환했다는 점에서 긍정적인 평가를 받기도 한다.

"법률로 인해 인간은 폭군이 되어 자연에 역행하는 짓을 많이 하게 된다. (왜냐하면 법은 관습에 따른 규약이지만 자연은 영원하고 불변하는 것이기 때문이다.)"

"법이란 약자를 억압하기 위한 권력자의 도구이다(트라시마코스)."

"법이란 강자로부터 약자를 보호하는 보호막이다(칼리클레스)."

"법이란 시민의 생명과 재산에 대한 상호 보장이다(리코프론)."

"아무 것도 존재하지 않는다. 어떤 것이 존재하더라도 우리는 그것을 알 수 없다. 우리가 그것을 인식할 수 있을지라도 그것을(다른 사람에게) 전달할 수는 없다(고르기아스)."

## 2 고대 보편주의 : 소크라테스, 플라톤

### (1) 소크라테스(Socrates, B.C. 469? - B.C. 399)

첫째, 스토아학파의 키케로는 소크라테스를 "철학을 하늘로부터 끌어내려 도시에 안주시켰고, 심지어 집안으로 끌어들여 인간의 삶과 도덕, 선과 악에 대해 묻고 탐구한 첫 번째 인물"이라고 평가했다. 소크라테스는 소피스트들처럼 철학의 관심과 주제를 인간과 공동체의 문제로 전환했다는 점에서 공통점이 있다. 그렇지만 소크라테스는 절대적이고 보편적 진리를 부정하는 소피스트들과는 반대로 도덕 윤리의 문제들에 대해 절대적이고 보편적인 정의(正義)에 관한 보편적 정의(定義)에 깊은 관심을 가졌다. 이 점에서 그의 진리와 도덕에 대한 입장은 절대주의적이었다. 그는 잘못된 지식과 선입견에 갇혀 어떤 문제의식이나 탐구도 하지 못했던 당시 사람들과 대화를 하면서 이들이 자신의 잘못된 지식(무지)을 스스로 깨닫게 도와주었고, 최종적으로 이들의 정신과 영혼이 영원하고 참된 보편적 지식(=덕)을 획득하도록 이끌어주었다.

"(영혼이란) 우리 내부에 존재하는 것으로 우리는 그것을 통해 지혜로운지 어리석은지, 선한지 악한지 판별할 수 있다… (우리의 관심은) 가능하면 영혼을 선하게 만드는 것이다."

둘째, 도덕과 진리(지식)에 대한 소크라테스의 절대주의적 입장은 '주지주의(主知主義)'로 연결된다. 왜냐하면 우리의 영혼과 정신이 영원히 변함없는 절대적인 지식의 존재를 깨닫는다는 것은 곧 합리적 이성에 의한 인간의 지적 깨달음(통찰)을 의미하기 때문이다. 더 나아가 소크라테스에게는 이러한 참된 지식에 대한 깨달음은 반드시 그와 일치하는 행동으로 이어진다는 확신이 있었다. 즉 '참된 지식과 행위'를 동일시하는 지행합일설을 주장했다. 뿐만 아니라 그는 '지행합일'을 통해 누구든 '덕있는 사람', '행복한 사람'이 될 수 있기 때문에 '지·복·덕'이 하나라는 '지복덕합일설'을 주장한 것으로 평가받는다. 소크라테스의 이러한 생각의 바탕에는 누구도 의도적으로 잘못을 저지르지 않으며, 자신의 지식(앎)과 반대되는 행동을 하지는 않는다는 믿음이 있었다. 즉 우리는 선(좋음, good)에 대해 올바로 알면 알수록 그만큼 도덕적인 행동을 하게 되고, 우리가 선에 대해 무지하면 할수록 그만큼 악과 불행을 저지른다는 것이다. 따라서 소크라테스는 선이나 덕(예를 들면 용기, 정의)에 대해 무지한 사람이 어떤 행동을 했다면, 그것은 참된 의미의 자발적인 행위도 아니고, 용기나 정의도 아닌 무모한 행동일 뿐이라고 생각했다. 왜냐하면 덕에 대해 무지한 사람이 덕 있는 행동을 할 수는 없기 때문이다. 마찬가지로 그는 덕에 대한 참된 지혜를 지닌 사람만이 덕 있는 행동을 할 수 있다고 보았다. 왜냐하면 누구도 자신의 무지 때문에 스스로를 해롭게 하지는 않을 것이고, 덕에 대해 참된 지혜를 갖고, 이를 통해 자신에게 유익하도록 행동하면서 행복한 삶을 추구하기 때문이다. 이처럼 소크라테스는 우리를 소피스트적인 개인의 주관적 판단이나 사회적 관습이 초래하는 무지로부터 영혼의 깨달음이라는 참된 지혜(앎, 지식)로 인도하여 도덕적 가치와 진리의 절대적이고 객관적인 기준을 찾으려고 했다. 그렇지만 그의 지나친 주지주의적인 주장은 절제력이 부족하여 실제 행동으로 옮기지 못하는 나약한 의지의 문제를 소홀히 했다는 비판을 받고 있다.

"(에우티프론은 잘못을 저지른 자신의 아버지를 고발함으로써 신들을 기쁘게 해주는 행동은 '경건한' 행동을 했다고 주장한다. 이에 대해 소크라테스는 다음과 같이 말한다.) 만약에 당신이 경건함과 불경스러움에 대해 정확하게 모른다면 당신은 결코 당신의 아버지를 고발해서는 안 된다."

"자신을 안다는 것은 단순히 자신의 이름만을 안다는 뜻이 아니다. 자신이 인류를 위해 봉사하고, 스스로 인류를 위해 봉사하는 데 적합한지 성찰하고, 그러한 능력이 있는지 돌아보는 것이다. 또 자신을 안다는 것은 자신에게 적합한 일이 무엇인지 아는 것이며, 자신이 할 수 있는 일과 할 수 없는 일이 무엇인지 아는 것이다. 이를 통해 우리는 비로소 자신을 실현할 수 있고, 비난받지 않을 수 있으며, 불행을 예방할 수 있다."

"(자신의 삶을) 비판적으로 성찰(음미)하지 않는 사람의 삶이란 더 이상 살 가치가 없는 삶이다."

"(우리는) 자기 자신을 잘 돌보아야 하며, 자신의 사적인 이익을 돌보기 전에 덕과 지혜를 찾도록 해야 하고, 국가의 이익을 돌보기 전에 국가 자체를 돌봐야 한다. … 이것이 (소크라테스 자신이) 모든 행동에서 지킨 질서였다."

"의술은 의사에게 이익이 되는 것이 아니라 몸에 이익이 되는지 생각해야 하며, … 모든 기술은 자신에게 이익이 되는 것이 아니라 그 기술과 관련된 대상에게 이익이 되도록 해야 한다. 지식도 더 강한 자의 이익이 아니라 더 약하며 관리를 받는 자의 이익을 생각해야 한다. 의사란 엄밀한 의미에서 돈벌이를 하는 자가 아니라 몸을 관리하는 자라야 한다. 통치자도 자신의 이익이 아니라 통솔을 받는 사람들의 편에 서야 한다. [그러므로 '강자의 이익 또는 권력이 정의'라는 주장은 그릇된 것이다. 또한 이것이 올바름(正義)에 대한 보편적 정의(定義)이다.]"

> "지혜(지식)를 지닌 사람이 자발적으로 남에게 부당한 행동을 하지는 않는다. (왜냐하면 모든 나쁜 행위는 선악에 대한 무지에서 비롯되기 때문이다.)"

## (2) 플라톤(Plato, B.C. 428/427 - B.C. 348/347)

첫째, 이처럼 보편적이며 절대적 정의(正義)가 존재하며, 정치에서의 정의란 소수의 지배 계급이 아닌 공동체 전체를 위해야 한다는 것이 소크라테스의 입장이었다. 우리가 신문을 읽을 때 먼저 헤드라인을 읽은 다음에 구체적인 내용을 살피듯이, 소크라테스는 국가의 큰 윤곽을 그린 다음 국가의 덕에 상응하는 개인의 덕을 그려내려 했다. 그리고 이러한 그의 생각은 제자인 플라톤에게 이어지는데, 플라톤은 『국가 : 정의에 관하여』에서 정의로운 국가의 모습을 그린다. 그는 저마다 타고난 성향에 따라 개인을 한 가지 일에 배치해서 '철학자 왕'에 기초한 모두를 위한 '하나의 나라'를 만들어야 한다고 주장한다. 이렇게 볼 때, 플라톤의 '정의로운 국가'는 통일성과 일체성을 지닌 유기체와 비슷한 성격을 갖는다. 따라서 국가를 이루는 각각의 계층은 고유한 능력(영혼)을 지닌 각 기관들에 비유할 수 있다. 또 국가가 전체로서 하나이면서 각각의 계층(기관, 영혼)을 이루듯이, 개인 또한 전체로서 하나이면서 각각의 능력(기관, 이성·기개·욕망의 영혼)을 갖는다. 이 점에서 '국가는 큰 개인'이라 할 수 있다. 국가에 관한 그의 생각의 바탕에는 모든 개인은 누구든지 타인의 도움을 통해 자신의 다양한 욕구를 충족시킬 수밖에 없다는 생각이 깔려 있다. 그런데 이러한 분업 체제는 단순한 물질적 욕구를 넘어 사치와 허영 같은 다양한 욕구로 확대되는데, 이를 원활하게 수행하려면 또 다른 새로운 정치적 계층, 즉 명령을 내리는 수호자 계층과 이를 수행하는 계층이 있어야 한다. 특히 수호자들은 자신들의 역할이 국가의 타락과 쇠망을 지키고 국가 전체의 행복이 바로 자신의 행복이라는 참된 의미의 선(good)을 '인식'(주지주의)하는 계층이다. 따라서 수호자 계층의 삶은 국가를 위해 헌신해야 하며, 이들을 경제 활동으로부터 엄격하게 분리해야 한다. 왜냐하면 이들이 경제적 이익을 추구하면, 국가 전체가 아니라 자신들의 이익 때문에 국가 전체의 행복과 통일성을 유지할 수 없게 되기 때문이다. 이 때문에 플라톤은 수호자 계층에 대해 재산과 가족의 소유를 금지시키고, 집과 부인·자녀에 대해 공동 소유와 공동 관리를 주장한다.

"국가를 수립하는 이유는 어느 한 집단만 행복하게 하려는 것이 아니다. 그것은 시민 전체가 행복하게 하려는 것이다. 왜냐하면 그것이 정의(올바름)에 가장 잘 부합하기 때문이다. 행복한 나라를 만들기 위해서는 소수의 사람들을 분리하는데 이는 그들만이 아니라 시민 전체가 행복하도록 이끌기 위해서이다."
"확실히 각자 타고난 성향에 따라 한 가지 일에 한 명을 배치해야 한다. 이렇게 하면 나라 전체가 여럿이 아닌 '하나의 나라'가 된다."
"(수호자 계층이) 개인 소유의 토지와 집과 금전을 갖게 되면, 그들은 국가 수호자 대신에 재산 관리자와 농부가 될 것이며, 다른 시민을 돕기보다는 오히려 적대적인 소유주가 될 것이다. 그들은 서로 미워하고, 미움 받는 사이가 되거나 음모를 꾸미고 다른 사람들의 음모의 대상이 될 것이다."

> "(수호자들에게는) 여자들을 공유하도록 하고, 개인적으로 동거하지 못하게 한다. 또한 아이들도 자신의 부모가 누구인지 알지 못하게 공유한다."

둘째, 플라톤은 이렇게 만든 '건강한 국가', '이상적인 국가'는 당시 일반적으로 받아들여졌던 주요한 네 가지 덕목들, 즉 지혜, 용기, 절제, 정의를 갖추어야 한다고 주장한다. 예를 들어 수호자(통치자)에게 필요한 덕은 지혜인데, 지혜는 서로 다른 각각의 능력과 기술들이 공동체 전체를 위한 올바른 방향을 향하도록 이끄는 '선(좋음)의 지식'을 의미한다. 한편, 정의란 각 계층(또는 각각의 영혼들)이 자신의 고유한 임무와 기능만을 탁월하게 수행하면서 실현된다. 여기서 국가의 지혜는 소수의 통치자(수호자) 계층에게 있고, 국가의 용기는 보조자 계급에, 국가의 절제는 피지배계층이 수호자 계층에게 당연히 복종하는 데 있는데, 이러한 조화가 정의로운 국가를 만든다. 인간은 저마다 다른 성향을 가지고 태어난다는 믿음에 기초하는 그의 이상국가론은 철인 통치를 이상적인 모습으로 제시하면서 부유한 계층이 통치하는 과두정치나 자유를 잘못 이해해서 등장하는 민주주의에 대해 비판적이다. 그에 따르면 자유란 자기가 원하는 것에 따라 제멋대로 행동하는 방종과 혼동되어서는 안 된다고 강조한다. 그에게 자유란 이성을 통해 선(좋음)을 인식하고, 이를 행하는 것이며, 이것은 올바른 교육(음악, 문학, 체육, 수학과, 기하학 등)을 통해서만 가능하다고 보았다.

> "국가가 정의로운 까닭은 그것을 구성하는 세 계층이 저마다 자신이 맡은 고유한 역활을 수행하기 때문이라는 점을 우리는 명심해야 한다."
> "(국가는) 사악하고 무절제하며 노예 근성을 표현하는 추한 (것을 만들지 못

하게 통제하고), 세련되고 우아한 것들을 추구할 줄 아는 장인들을 발굴하여 젊은이들이 마치 좋은 곳에서 거주함으로써 건강하게 되듯이 모든 것에서 덕(탁월함)을 발견할 수 있게 도와주고, 아름다운 작품이 눈과 귀를 자극하여 건강을 실어다 주는 것처럼 어린 시절부터 자신도 모르게 이성의 아름다움을 닮고, 그것과 친근하게 느끼고, 그것과 조화를 이루도록 이끌어야 한다."

셋째, 절대주의적이고 보편적인 진리(지식)에 대한 플라톤의 믿음은 그의 '이데아(Idea)' 개념에 기초하고 있다. 이데아란 감각과 경험을 초월하는 참된 존재(즉 보편적 본질 또는 개념)를 의미한다. 쉽게 말해, 이데아란 A가 B나 C가 아니라 바로 A가 되는 성질을 말한다. 우리가 아름다운 것을 보고 '아름다움 그 자체(선이나 좋음 그 자체)'라 하는데, 이때 다른 것과 구별되는 오직 '그 자체'란 의미가 이데아이다. 따라서 우리가 '그는 용기 있는 사람'이라 했다면, 이것은 우리가 그의 행동에서 '용기'의 이데아를 닮았기 때문이라고 할 수 있다. 플라톤이 그렸던 '정의로운(이상적인, 건강한) 국가', 그리고 국가의 축소판이라 할 수 있는 '정의로운 인간'이란 각각의 영혼들(즉 이성, 기개, 욕구)들이 각각의 덕들(arete, 지혜, 용기, 절제)을 가장 탁월하게 수행함으로써 전체적으로 조화를 이루는 모습으로 이해할 수 있다. 또 국가와 개인은 모두 자신을 통제할 수 있어야하기 때문에 절제의 덕은 모든 계층에게 공통적으로 요구되는 덕목이라 할 수 있다. 왜냐하면 수호자들의 지혜는 극단을 피하려는 노력의 결과이고, 보조자의 용기와 생산자의 절제는 수호자의 지혜를 따르는 자신들의 임무에 필요하기 때문이다. 그리고 정의란 각 계층의 덕목들이 충실하게 수행되어 조화와 균형을 이뤄 '각자가 자신의 몫을 행하고 분배받음(즉 정의)'으로 실현된다. 이것이 플라톤의 이데아를 가장 닮은 개인, 이데아를 가장 닮은 국가로서 정의롭고 건강한 개인과 국가의 의미이다. 따라서 이데아는 모든 개인과 국가가 추구해야 할 궁극적인 목적의 역할을 하며, 우리가 살아가는 현실 세계의 모든 것들을 측정하고 평가할 때 기준이 되는 절대적이며 관념적 실재이다.

"우리는 여러 가지 것들에 대해 '아름답다(~은 아름답다)' 또는 '좋다(~은 좋은 것이다)'라고 말한다. 그런가 하면 아름다운 것 '그 자체', 좋은 것 '그 자체'라고 말하기도 한다. 또 우리는 여러 가지 것들에는 하나의 이데아가 있다고 전제하고, 그 이데아에 근거해 각각의 것들에 '~이 있다(~이다)'고 말한다. '~이 있다'는 말은 우리의 감각을 통해 보이며 지성(nous)을 통해 인식되지 않는다. 그렇지만 이데아들은 우리의 지성을 통해 인식되며 눈(감각)에 보이지 않는다."

"그러므로 인식되는 것들이 진리가 되고, 인식하는 자에게 힘을 주는 것은 '좋음(선)의 이데아'라고 할 수 있다. 이 이데아는 인식(지식)과 진리의 근원이지만, 우리는 흔히 '인식되는 것'이라고 한다. 그렇기 때문에 이데아가 인식과 같은 것은 아니다."

"만약에 더 나은 어떤 것이 그보다 못한 것을 지배하는 경우를 가리켜 마땅히 절제가 있고 자기 통제를 잘 한다고 하면, 그 국가는 당연히 자기 통제를 잘 하는 국가라고 불러야 할 것이다."

**문제 1]** (가)를 (나)와 같이 설명하는 고대 사상가의 주장으로 가장 적절한 것은?

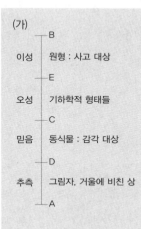

(가)
```
          B
이성   원형 : 사고 대상
        E
오성   기하학적 형태들
        C
믿음   동식물 : 감각 대상
        D
추측   그림자, 거울에 비친 상
        A
```

(나) 선분 AB에서 그림자의 존재는 오직 그것의 모양이나 형태가 있을 경우에만 존재하기 때문에 실제 사물로부터 독립적이지 못하다. 이 선분은 보편자-개별자, 사물-그림자 관계를 설명할 때도 유용하다. 예를 들어 한 사물은 수적으로 볼 때 다른 여러 가지 그림으로 모사될 수 있다. 이때 그림들은 각각 서로 다른 다양한 방식으로 그것의 원형을 모사할 수 있다. 이처럼 우리는 선분의 비유를 통해 각 선분의 부분들에 해당하는 지식의 명확성과 진리성의 정도를 가늠할 수 있다. 그리고 그림의 상(像)을 통해 그것이 원형보다 훨씬 뒤떨어진다는 것도 알 수 있다.

① 보편적 정의(正義)는 존재하지 않지만, 보편적 정의(定義)는 존재한다.

② 사물로서 '의자'란 그것을 모사한 여러 '그림'들을 통해서 실제 사물이 된다.

③ 어떤 행동이 경건하다면, 그것은 신들이 그 행동을 좋아하기 때문이다.

④ 어떤 행동이 경건하다고 하기 위해서는 경건함 그 자체를 알아야 한다.

⑤ 선분 AC가 가지적 영역이라면, 선분 CB는 가시적 영역이다.

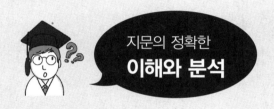

위의 '선분의 비유'는 '동굴의 비유', '마부와 마차의 비유'와 함께 고대 플라톤의 가장 유명한 비유이다. 주지주의자였던 플라톤은 세계를 이데아, 즉 이성(지성)에 의해서만 인식할 수 있는 세계와 변화하고 불완전한 세계, 즉 현상 세계로 나누었다. 원형인 이 데아계는 영원불변하는 절대적인 세계이며, 불완전한 세계의 현상 세계는 이데아를 모사한 그림자의 세계로 감각적이고 경험적인 세계를 의미한다. 지문의 내용처럼 '하 나의 사물이 수적으로 여러 가지 그림으로 모사될 수 있다'는 말의 뜻은 예를 들어 원 형인 삼각형이 있고, 이를 모사하고 본뜬 그림자로서 삼각형이 있는 경우를 생각해 볼 수 있다. 원형을 모사하고 그림자인 삼각형들을 우리가 삼각형이라 부르고 받아들 이는 이유는 이 그림자들이 모두 원형인 삼각형의 성질을 닮아 있기 때문이다. 이렇 게 볼 때 '그림자의 상(像)은 원형보다 훨씬 뒤떨어진다.' 한편, 플라톤은 모든 각각의 사물에는 각각의 이데아들이 있으며, 그 가운데 최고의 이데아를 선(good, 좋음)의 이 데아 또는 최고선의 이데아라고 주장했다. 또 플라톤은 '동굴의 비유'에서 우리가 살 고 있는 세계를 '현상 세계'로 보았고, 이를 동굴 속에서 살아가는 죄수들의 삶에 비 유했다. 그리고 동굴 밖 세계의 태양을 '선의 이데아'로 묘사하면서 철학자란 바로 이 선의 이데아를 인식한 자로 동굴 속 죄수를 가르치고 통치해야 할 존재로 그려냈다. 그리고 마부와 마차의 비유를 통해 마부인 이성이 백마인 기개와 흑마인 욕구를 통제 해야 한다고 주장했다.

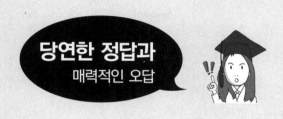

## 당연한 정답과
### 매력적인 오답

① 소크라테스와 플라톤은 공통적으로 보편적이며 절대적인 정의(正義, 올바름)는 그 자체로서 옳은 것이며, 또한 존재한다고 주장했기 때문에 이에 대한 보편적 정의(定義)도 가능하다고 생각했다. 이런 성격 때문에 지식과 진리에 대해 절대주의적 입장을 지녔다고 평가받는다.

② 지문이 플라톤의 주장임을 고려하면 문항 설명이 거꾸로 되었음을 알 수 있다. 이 때문에 '그림(그림자)'를 통해서 실제 사물이 되는 것이 아니라 실제 사물이 있기 때문에 사물의 그림자가 있을 뿐이다. 따라서 그림자란 인식(앎)의 관점에서 본다면 신뢰할 수 없는 가장 낮은 수준의 속견일 뿐이다.

③ ④ 소크라테스와 플라톤은 어떤 것(행동)이 경건한 이유는 그것이 '신들이 좋아하기 때문에' 그런 것이 아니라 그것이 '그 자체로서 경건하기 때문에' 신들이 좋아하는 것이고, 그 결과 또한 좋은(good) 것이라고 주장한다.

⑤ 선분 AC는 속견과 가시적 영역이고, 선분 CB는 가지적이며 지성의 영역이다. 플라톤은 '동굴의 비유'와 위의 '선분의 비유'를 통해 자신의 이원적 세계관과 이성에 의한 주지주의를 드러냈다.

**정답 ④**

**문제 2]** A의 내용을 B의 갑, 을, 병 고대 사상가와 바르게 연결한 것은?

A :

(가) 모든 감각 지각은 주관과 상황에 의존하기 때문에 한 개인의 감각 지각에 나타나는 그대로가 실재라고 할 수 있지.

(나) 알고 있는 상태에서 자발적으로 남에게 부당한 것을 행하는 사람은 없어. 왜냐하면 나쁜 행위는 선악에 대한 무지에서 비롯되기 때문이야.

(다) 타고난 성향과 본성에 따라 계층이 이루어지지만, 전체가 원활하게 기능하기 위해서는 각 계층에게 특별한 영혼(정신)의 특성이 필요할 수밖에 없겠지.

(라) 모든 것에는 서로 대립하는 두 개의 진술이 있는 법이야. 따라서 하나의 명제가 어떤 상황에서는 참이면서 다른 상황에는 거짓일 수도 있어. 결국 어떤 객관적인 사태도 존재하지 않는 셈이지. 바로 이것이 있는 것과 없는 것에 대해서 인간이 기준이란 말의 뜻이지.

B :

갑 : 상대주의 진리관

을 : 덕 또는 중용의 윤리

병 : 이데아론, 동굴의 비유

① (가), (나) - 갑 사상  ② (가), (라) - 갑 사상

③ (나) - 을 사상  ④ (다) - 을 사상

⑤ (라) - 병 사상

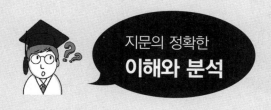
먼저 B의 갑, 을, 병이 모두 고대 사상가임을 단서로, 갑 사상이 '상대주의 진리관'을 주장하고 있기 때문에 소피스트인 프로타고라스의 주장이다. 을 사상은 '덕 또는 중용의 윤리'라는 사실에서 아리스토텔레스의 주장임을 알 수 있다. 마지막으로 병 사상은 '이데아론, 동굴의 비유'를 단서로 고대 플라톤의 주장임을 알 수 있다. 이를 근거로 A의 (가)가 '한 개인의 감각에 의한 지각'이 판단의 기준임을 주장하고 있기 때문에 이는 상대주의적 관점, 즉 갑의 프로타고라스 사상과 연결되었음을 알 수 있다. 이와 함께 (라)의 내용도 '하나의 명제가 상황과 조건에 따라' 변화하며, '인간이 모든 것의 기준'이고, '객관적인 사태란 존재하지 않는다'는 주장을 하기 때문에 갑의 프로타고라스의 입장과 일치함을 알 수 있다. 프로타고라스는 인간이 존재를 규정하기 때문에 모든 존재는 객관적이 아니라 주관적이며 변화 가능하다는 상대주의적 관점을 주장했다.

한편, (나)는 참된 앎 또는 지식을 지닌 사람이 반대의 행동을 하는 것은 불가능하며, 그렇기 때문에 잘못된 행동은 '무지와 비자발적인 행동'이라는 주장으로 볼 때 '지행합일'을 주장하는 주지주의자 소크라테스의 주장이다. 그는 지식과 행복, 덕을 하나로 보는 '지복덕' 합일설을 주장했고, 무지·악행·불행을 동일시했다.

마지막으로 (다)는 '타고난 성향과 본성에 따라 계층을 구분'한다는 주장, 각 계층에는 저마다 고유한 영혼(정신)의 특성이 있다는 주장에서 플라톤의 영혼 3분설(이성, 기개, 정욕)을 도출할 수 있다. 플라톤은 이것을 이상국가론에 적용하여 개인적이고 사적인 이익이 아니라 국가 전체에게 선이 무엇인지를 파악할 수 있는 지혜를 지닌 수호자 계층(철학자)에 의한 정의로운 국가를 구상했다.

당연한 정답과
매력적인 오답

①, ②, ③ 고대의 대표적인 상대주의자들은 소피스트이기 때문에 '갑 – (가), (라)'의 연결이 적절하다. (나)는 지복덕합일설과 지행합일을 주장하는 소크라테스의 주장이다. 그는 소피스트들과는 반대되는 진리관을 갖고 있었다.

④ 을 사상은 '덕과 중용의 윤리'이기 때문에 아리스토텔레스에 관한 내용이다. 그는 주지주의와 함께 특히 실천 의지와 습관을 중시하는 주의주의적 관점을 드러냈다.

⑤ 병 사상은 '이데아론과 동굴의 비유'와 관련이 있기 때문에 플라톤의 주장이다. (라)는 상대주의적 입장인 소피스트의 주장이므로 진리에 대해 절대적 관점을 지녔던 플라톤, 소크라테스, 아리스토텔레스의 입장과는 반대된다.

정답 ②

**문제 3]** 아래 흐름도에 나타난 고대 서양 사상가들의 관계를 가장 적절하게 설명하고 있는 것은?

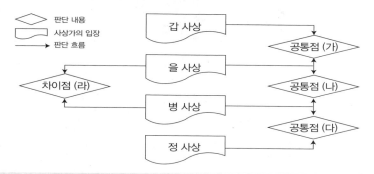

> 갑 : 모든 쾌락은 본성에서 선이기는 하지만, 그렇다고 모든 쾌락이 선택할만한 가치가 있다는 결론이 나오는 것은 아니다. 우리가 쾌락을 선이라 말할 때, 그것은 육체의 고통과 영혼의 혼란으로부터 해방이다.
>
> 을 : 신에 관하여 말한다면, 나는 그들이 존재하는지 그렇지 않은지에 대해 알지 못하며, 그들의 형상이 어떠한지도 모른다. 왜냐하면 주제의 모호함과 확실한 지식을 방해하는 인생의 유한함 때문이다.
>
> 병 : 우리는 무엇보다 자신을 돌봐야 하며, 자신의 사적인 이익을 돌보기 이전에 덕과 지혜를 찾아야 하고, 국가의 이익을 돌보기 전에 국가 자체를 돌봐야 한다. 그렇게 하기 위해서는 무엇보다 지혜와 덕을 획득함으로써 가장 고귀한 재산인 영혼을 돌봐야 한다.
>
> 정 : 도덕적 행위는 어떻게 이루어지는가? 먼저 행위자는 목적 A를 갈망하고, 숙고를 통해 B가 A의 적절한 수단이고 C는 B의 수단이라는 것을 알고, 상황에 따라 지금은 B를 선택한다. 이것이 목적에 비추어 행위를 결정하는 방식이다.

① (가) : 감각 또는 경험은 지식과 판단, 행위에서 중요한 작용을 한다.

② (나) : 객관적 진리를 강조하여 보편적, 도덕적 가치를 세우고자 노력했다.

③ (다) : 영혼의 비합리적인 부분을 인정하여 지식과 덕을 동일시했다.

④ (라) : 을은 이성에 의한 절대적 진리, 병은 절대적 진리에 회의적 입장을 지지했다.

⑤ (다) : 덕에 관한 지혜를 갖추면 덕 있는 사람이 된다고 보았다.

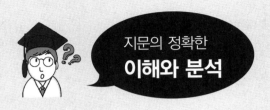

고대 서양 사상가들의 주장임을 염두에 두고 지문의 내용부터 살펴보자. 갑은 쾌락을 본질적으로 선이라 보고, 구체적으로 육체의 고통과 근심 걱정이 없는 영혼의 해방을 주장하고 있다. 따라서 헬레니즘 시대의 에피쿠로스의 쾌락주의임을 알 수 있다. 을은 절대적 존재인 신의 존재에 대해서 우리가 알지 못하는 이유를 그 주제가 모호하고, 확실한 지식을 추구하기에 우리의 인생이 짧다는 주장으로 볼 때 지식과 진리에 대해 주관적이며 상대적 관점을 지녔던 고대 프로타고라스의 입장임을 알 수 있다. 병은 자신의 세속적이고 개인적인 이익이 아니라 덕과 지혜 그 자체를 돌보고 추구할 것을 주장하고 있으며, 이를 통해 우리에게 가장 고귀한 '영혼'을 돌보고 수련하라고 가르치고 있다. 따라서 소크라테스의 주지주의를 도출할 수 있다. 마지막으로 정은 도덕적 행위를 자신의 '목적론적' 관점에 기초해 설명하고, '상황에 따라' 최선의 선택을 한다는 중용의 가르침을 암시하는 것으로 보아 아리스토텔레스의 목적론적 입장이라고 추론할 수 있다.

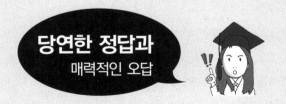

① (가)는 에피쿠로스와 소피스트의 공통점이 무엇인지 묻고 있다. 이 두 사상은 공통적으로 감각과 경험을 인식과 판단의 출발점으로 삼고 있다는 점에서 중요한 공통

점이 있다.

② (나)는 소피스트와 소크라테스의 공통점에 대해서 묻고 있다. 이 두 사상가는 지식과 진리에 대해 상대주의 대 절대주의라는 근본적인 차이점이 있지만, 철학의 주제를 자연 현상이 아니라 인간과 사회의 문제로 삼았다는 점에서는 중요한 공통점이 있다. 소피스트가 개인적이며 세속적인 이해관계를 중시했다면, 소크라테스는 절대주의, 보편주의 입장에서 객관적 진리를 강조하여 정신적이며 도덕적인 가치를 세우고자 노력했다.

③ (다)는 소크라테스와 아리스토텔레스의 공통점에 대해 묻기 때문에 주지주의라는 진술이 나와야 한다. 그런데 문항에서는 '영혼의 비합리적인 부분을 인정'했다고 하면서 '지식과 덕을 동일시'했다고 주장한다. 그러나 아리스토텔레스는 소크라테스가 '영혼의 비합리적인 부분을 인정하지 않고 지식과 덕을 동일시'하면서 지복덕합일설을 주장하게 되었다고 비판한다. 아리스토텔레스는 주지주의와 함께 주의주의, 즉 의지와 습관의 문제를 강조했다.

④ (라)는 소피스트와 소크라테스의 차이점을 묻는 것으로 문항의 진술 위치가 서로 뒤바뀌어 있다. 즉 '이성에 의한 절대적 진리'는 소크라테스, '절대적 진리에 회의적'인 상대주의는 소피스트의 입장이다.

⑤ 소크라테스의 지복덕합일과 지행합일, 주지주의 입장이다. 그는 용기·정의·절제의 덕에 관한 지혜를 갖춘 사람은 실제로 덕 있는 사람이 되고, 그 때문에 행복하다고 주장했다.

**정답** ①

# 2. 쾌락주의 대 금욕주의

그리스인들에게 알렉산드로스 왕의 정복 전쟁과 그의 죽음(기원전 323년)은 도시국가(polis) 중심의 삶과 가치관이 무너지면서 정신적인 혼란을 가져오기도 했지만, 다른 한편으로는 그들의 시야가 세계적인 관점으로 확대되는 계기가 되었다. 즉 이민족과의 잦은 교류와 접촉이 사회·정치적 혼란의 원인이기도 했지만, 새로운 문명과의 접촉은 과학기술이 발전하는 계기로 작용했다. 그럴더라도 사회·정치적으로 불확실하고 불안한 시대를 살아야 했던 사람들에게 어떻게 사는 것이 바람직한 삶인지에 대한 윤리적 지침은 매우 절실한 시대적 요청이었다. 바로 이러한 요구에 부응해 나타난 사상이 스토아학파와 에피쿠로스학파의 가르침이었다. 에피쿠로스는 지속적이고 정신적인 쾌락을 위해서 자연적이며 소박하고 단순한 삶의 실천을 가르쳤다. 반면, 스토아주의자들은 부자연스럽고 비이성적인 격정을 부정하고 로고스와 하나가 되는 금욕적이고 이성적인 삶이 덕 있는 삶이라고 가르쳤다. 이렇게 보면 헬레니즘 시대의 사상은 혼란한 시기에 등장한 사상이었기 때문에 당시 사람들에게 절제를 통해 마음이 평온할 수 있는 삶을 추구해야 한다고 가르친 점에서 공통점을 발견할 수 있다.

그렇지만 이 두 사상은 사회 정치에 대해 서로 상반되는 입장을 갖고 있었다. 에피쿠로스는 사회로부터 벗어나 마음이 맞는 사람들끼리의 소규모 공동체적인 삶을 지향했던 반면, 스토아학파에서는 부모와 자녀 간의 관계가 자연적이고 이성적이듯이 국가 또한 이성과 자연에 의한 것이라고 생각해 사회·정치적 삶을 이성적이고 자연적이라 생

각했다.

　감각과 경험을 지식과 판단의 기초로 삼았던 에피쿠로스의 사상은 근대 경험주의 인식론과도 통하는 측면이 있으며, 또 그의 정신적 쾌락주의는 근대 공리주의자인 밀의 질적 쾌락주의와도 중요한 연결고리를 형성하고 있다. 에피쿠로스의 쾌락주의와는 반대로 이성 중심의 금욕주의를 추구했던 스토아학파는 로마의 만민법과 근대 자연법 사상의 기초가 되었을 뿐만 아니라 근대 합리론자인 스피노자의 결정론적 세계관, 그리고 결과와 상관없이 이성의 법칙을 따르라는 칸트의 의무론에도 영향을 미쳤다.

# 고대 쾌락주의 : 에피쿠로스학파

첫째, 에피쿠로스는 원자론자이다. 그렇기 때문에 그는 앎(지식)이란 원자들의 운동, 즉 감각과 경험으로부터 시작된다고 믿었다. 그렇다면 우리의 정신이란 무엇일까? 이에 대해 에피쿠로스는 정신이란 가장 둥 글고 가장 미세한 원자(물질)라고 주장한다. 그런데 우리의 감각과 경험 은 고통에 대해서는 부정적으로 반응하지만, 즐거움과 만족에 대해서 는 긍정적으로 반응한다. 이로부터 에피쿠로스의 윤리적 입장인 쾌락주 의 윤리가 나온다.

> "진리의 기준은 감각 또는 감정이며, 감각은 개념에 앞선 다."
>
> "당신이 모든 감각에 대항하여 싸운다면, 당신은 감 각이 틀렸다고 말할 어떤 기준도 찾지 못할 것이 다."
>
> "나는 맛의 즐거움, 사랑의 쾌락, 듣는 즐거움, 아름다 운 모습을 보고 생기는 즐거운 감정을 모두 제외하면 선이 무엇이라고 생각 해야 할지 모르겠다."

둘째, 에피쿠로스가 쾌락주의자라고 해도 그가 맹목적이고 향락적인 쾌락주의라는 뜻은 결코 아니다. 오히려 그는 향락적이고 감각적 쾌락 만을 추구할 경우 '쾌락의 역설'에 부딪치기 때문에 건전한 사고와 판단 에서 비롯된 지속적이며 정신적 쾌락을 강조했다. 즉 원자인 정신이 고통을 회피하고 쾌락을 가치 있다고 판단하는 이상, 우리의 정신이 지속적으로 유지될 수 있는 쾌락을 추구하리라는 판단은 당연하다. 이 점에서 그가 강조하는 쾌락은 순간적인 것이 아닌 지속적, 정신적인 것이다.

> "쾌락은 축복받은 삶의 처음이자 끝이다."
> "쾌락이란 육체의 고통과 정신의 불안에서 해방된 것을 말한다."
> "사려 깊고 아름답고 정직하게 살기 위한 기준이 없는 사람은 즐겁게 살 수 없다."
> "아름다움과 탁월함(arete)은 쾌락을 제공하기 때문에 가치를 지닌다."

셋째, 에피쿠로스는 위의 주장에 근거하여 자연적이며 필수적인 욕구와 그것의 충족만을 중시했다. 왜냐하면 사치나 허영처럼 자연적이 아닌 인위적인 것에 대한 욕망을 늘리면, 단지 완벽하게 채워질 수 없는 욕망을 늘리는 것이기 때문에 고통의 원인만 늘리는 것과 같기 때문이다. 욕망을 줄이면 그 충족도 그만큼 쉬워지는 법이다.

> "가장 적은 양을 필요로 하는 사람이 가장 큰 기쁨을 느낀다. … 모든 자연적인 것은 얻기 쉽지만, 공허한 것은 얻기 어렵다."
> "결핍으로 인한 고통이 제거된다면, 단순한 음식도 우리에게 사치스런 음식과 같은 쾌락을 준다. 빵과 물은 그것을 필요로 하는 사람(배고픈 사람)에게 가장 큰 쾌락을 준다. 그러므로 사치스럽지 않고 단순한 음식에 길들여지는 것은 우리에게 완전한 건강을 주며, 우리가 생활하면서 꼭 필요한 것들에 대해 주저하지 않게 해준다."
> "자연적이며 필수적인 욕구를 통해서만 … 건강과 삶에 필요한 모든 것을 얻어야 한다."

"욕망에는 1) 자연적이면서 필수적인 것이 있고, 2) 자연적이지만 필수적이
지는 않은 것이 있고, 3) 자연적, 필수적이지도 않고 단지 허망한 생각에서
생겨난 것이 있다."

넷째, 에피쿠로스는 이 때문에 허무하고 거짓된 허망한 비자연적 욕
구를 쫓지 말고, 자연적이고 필수적인 욕구만을 충족할 수 있는 작은
공동체인 정원에서 마음이 맞는 친구들과의 대화와 우정을 추구하는
삶을 가르쳤다. 그는 이러한 삶이 육체적·정신적 고통을 일으키는 원인
에서 벗어나 자신의 유한한 삶을 오랫동안 지속적으로 누리는데 가장
바람직하다고 보았다. 그리고 여기서 얻은 쾌락, 즉 육체의 고통과 정신
적 동요·불안에서 벗어나 순수한 영혼의 평온함이 주는 아타락시아(At-
araxia, 혼란과 동요가 없는 마음 상태)를 가장 이상적인 상태로 보았다. 에피
쿠로스가 주장하는 절제와 쾌락은 "절제는 해야 하지만, 자연적인 욕구
를 완전히 부정하고 난 후 금욕의 안정을 누리기보다는 자연적 욕구를
존중하면서 안정을 누리고 고통을 느끼지 않는다면 그 편을 따르겠다"
는 뜻이다.

"몸과 마음의 고통, 이것이 악이다."
"행복한 사람은 … 우정이 가져다주는 장점을 최대한 즐긴다."
"소박한 삶은 쉽게 충족되므로 쉽게 실현된다."
"일생 동안의 축복을 만들기 위해 필요로 하는 지혜(sophia) 중에서
가장 위대한 것은 우정의 소유이다."
"내가 말하는 쾌락은 몸의 고통이나 마음의 혼란으로부터의 자유이다. 왜냐
하면 삶을 즐겁게 만드는 것은 술 마시며 흥청거리는 일, 욕구를 충족시키
는 일, 풍성한 식탁이 아니라 공허한 것들을 몰아내는 건전한 정신(즉, 사려

깊음)으로 계산하면서 비롯된다."

"우리는 스스로를 일상의 예속과 정치의 예속으로부터 해방시켜야 한다."

"자연의 목적에 따라 평가한다면, 가난은 큰 부이다. 반면, 무제한의 부는 큰 가난이다. … 우리는 자연에 거역하지 말고 복종해야 한다. 우리의 필연적인 욕망을 충족시킬 때, 우리에게 해를 끼치지 않은 육체적 욕망을 충족시키는 것이 자연에 복종하는 것이다."

"죽음은 아무 것도 아니다. 왜냐하면 분해되면 감각이 없기 때문이다."

## 고대 금욕주의 : 스토아학파

첫째, 스토아학파는 인간을 비롯해 우주와 신, 존재하는 모든 것들의 본성을 로고스(logos, 이성)라고 믿었다. 로고스란 이성·법칙·질서의 의미를 갖고 있는데, 이렇게 되면 인간과 자연 그리고 우주에는 우연이란 있을 수 없고 보편적 이성인 로고스의 원리가 깃들어 있는 질서와 법칙만이 있을 뿐이다. 또한 로고스의 본성을 함께 갖고 있는 한 인류는 형제자매로서 평등한 '세계 시민'이다.

"우주는 섭리(logos)로 가득차 있다. 우연처럼 보이는 것도 자연이 미리 예정한 것이다. 모든 것은 섭리로 다스려진다. 만물은 자연의 섭리에서 비롯되어 필연적이며, 이 필연성은 우주 전체에 유익하다."

"우주는 살아 있는 유기체이며, 유일한 실체이며 영혼이다."

"신은 하나이며, 이성이며, 운명이며, 제우스라 부른다."

둘째, 스토아학파의 첫 번째 특성으로부터 비이성적인 정념(pathos, 격정, 충동)을 부정하는 금욕주의가 나온다. 즉 비이성적인 정념은 충동과 본능에 불과하므로 여기서 초연(超然)해야 한다. 그렇지만 주의할 점은 스토아 사상이 모든 욕구를 부정하고 없애야 한다고 주장하진 않았으며, 자연적인 욕구나 정념(예를 들어 자신의 건강을 돌보는 일, 부모와 자녀 사이의 자연스런 친밀한 감정)은 인정했다는 사실이다. 스토아 사상가들이 부정한 것은 이성적인 판단을 흐리게 하는 정념이나 충동이었으며, 이것을 제거하라고 가르쳤다. 스토아학파에서 이상적인 경지로 제시하는 아파테이아(apatheia), 즉 그리스어로 '정념에 사로잡히지 않음'은 영어 단어 '무감각(apathy)'의 기원이기도 한데, 이것은 의지의 강건함을 통해 정념(감정)으로부터의 초연한 정도로 이해할 수 있다.

"나 자신으로 돌아갈 것. 나의 이성이 바라는 것은 올바른 일을 하며, 마음의 평온함을 얻는 것뿐이다. 망상을 버려라. 더 이상 감정의 노예가 되지 말라.

"지혜로운 사람은 모든 일에 안전을 기합니다. 모든 욕망을 절제하고, 자신의 의지대로 할 수 있는 일에만 관심을 기울이고, 자연에 어긋나는 모든 것을 피합니다. 또 모든 일에 절제를 합니다. 남들의 시선을 상관하지 않습니다. 숲 속에 매복하여 망을 보는 초병처럼 스스로에 대한 경계를 늦추지 않습니다."

"자기 자신의 주인이 되지 못하는 사람은 진정으로 자유로울 수 없다."

"지혜로운 사람은 마음의 평정을 잃지 않는 사람이다. 삶의 목적은 행복이며, 행복은 마음의 평정에 있다."

"내 영혼이 나를 괴롭히는 경우는 지금 내게 닥친 일로 괴로워하고,

쾌락이나 고통에 굴복할 때이다.
인간의 목적은 우주의 이성과 섭리를 따르는 것이다."

셋째, 스토아학파의 첫 번째 특성으로부터 이성에 따르는 삶, 정해진 운명에 따르는 충실한 삶이라는 가르침이 나온다. 이성에 따르는 삶을 사는 것은 곧 자연의 법칙에 따르는 삶을 사는 것과 같은 뜻이다. 모든 것은 로고스로부터 비롯되었기 때문이다. 바로 그곳에 진정한 행복이 있고, 그렇게 사는 것이 덕 있는 삶이다.

"자연의 이치에 벗어나는 일은 피해야 한다.
이성에 따라 행동하는 것이 자연의 섭리에 따르는 것이다."
"어떤 문제에 부딪쳐 괴로우면 지금 닥친 일은 불행이 아니며
그것을 참고 견디는 것이 행복이라 생각하자."
"세상의 모든 일이 그대가 바라는 대로 일어나기를 바라지 말라. 오히려 지금 일어나는 대로 진행되기를 바라야 한다. 그러면 평온한 삶을 살 수 있다."
"그대는 단지 작가의 의도대로 연극 속에 등장하는 배우일 뿐이다. 그대가 할 일은 작가의 의도대로 주어진 배역에 최선을 다해 연기를 하면 된다. 배역을 정하는 것은 네 일이 아니다."
"갖고 있던 어떤 것을 잃으면, 그것을 '잃었다'고 말하지 말고, '원래 있던 곳으로 되돌아갔다'고 생각하라. 그것들을 내게 준 그 분이 돌려달라고 한 것 뿐이다."

넷째, 스토아학파의 첫 번째 특성으로부터 세계시민주의를 이끌어낼 수 있다. 모든 존재하는 것들이 로고스의 결과라면, 모든 존재 안에 로

고스가 깃들어 있다는 뜻이기 때문에 모든 존재는 평등하다. 또 세계와 우주의 모든 존재가 이성(영혼)의 결과라고 보는 점에서 범신론적인 성격도 함께 드러난다. 주어진 운명을 자연의 법칙의 일부로 받아들일 것을 가르치는 스토아 사상은 이후 로마의 만민법, 근대의 이성주의와 자연법[1] 사상, 그리고 칸트의 윤리와 스피노자의 세계관에 중대한 영향을 미쳤다.

> "잘못을 저지른 사람도 나와 같은 사람이다. 나와 그는 모두 이성(logos), 신적인 본성의 일부를 공유했기 때문이다."
> "우주의 만물은 신성한 유대로 서로 연관되어 있다. 다른 것과 따로 존재하는 것은 하나도 없다. 모든 것이 미리 정해진 법칙에 의해 서로 결합해 질서 정연한 우주를 형성하고 있다. 이 우주는 하나이며, 만물에 내재하는 신도 하나이다. 인간의 이성도 하나이고, 진리도 하나이다. 인간이 같은 이성을 갖고 있는 한, 우리가 추구할 진리도 하나이다. … 이성에 따르는 행동은 곧 자연에 따르는 행동이다."

---

1) 자연법 이론은 이성을 통해 인간과 사회의 본성을 바라보고, 이를 통해 영구적이고 타당한 도덕 법칙의 존재를 발견할 수 있다고 믿는다.

## 고득점 심화 문제

**문제 1]** 다음은 고대 사상에 대한 설명이다. 갑, 을의 설명에서 옳은 것은?

> 갑 : "모든 것은 자연을 그 육체로 삼고, 신을 그 영혼으로 삼는 하나의 거대한 전체의 부분들에 불과하다." 신은 세계의 영혼이기 때문에 우리는 본질적으로 신에 의해 정해진 세계 질서에 복종하고 따라야 한다.
>
> 을 : 쾌락은 육체적인 고통이나 마음의 혼란으로부터의 자유인데, 이것이야말로 우리 삶의 시작이자 끝이다. 그러나 이러한 행복은 가장 적은 양의 필요를 가진 사람이 가장 큰 기쁨을 느낌으로써 가능하다.

---

〈보기〉

ㄱ. 갑은 운명을 신의 섭리라 보고 주어진 운명에 순응할 것을 주장한다.

ㄴ. 을은 욕망을 키워 이를 완전히 충족하기란 불가능하다고 본다.

ㄷ. 갑은 육체적 욕망에 대한 절제를 주장하고, 을은 완전히 제거하라고 주장한다.

ㄹ. 갑은 고통을 참고 견디며 받아들이는 삶을 지향하고, 을은 고통이 없는 삶을 지향한다.

---

① ㄱ, ㄷ.　　　　　　② ㄷ, ㄹ.

③ ㄴ, ㄷ, ㄹ.　　　　④ ㄱ, ㄹ.

⑤ ㄱ, ㄴ, ㄹ.

먼저, 발문에 '고대 사상가'라는 하나의 단서가 제시되어 있음을 알 수 있다. 그리고 "모든 것은 자연을 그 육체로 삼는다"는 말은 '모든 것은 자연의 일부'라는 뜻이며, "모든 것은 신을 그 영혼으로 삼는 하나의 거대한 전체의 부분들에 불과하다"는 말은 '모든 것은 신적인 원리에 의한 것'이라는 의미이고, 또 "모든 것이 하나의 거대한 전체의 부분"이란 말은 '각각의 존재는 전체에 속하는 일부분'이라는 뜻이다. 이 모든 내용을 정리하면, 갑은 1) 고대 사상이면서, 2) 모든 것을 자연이라는 전체의 일부분이라 주장하며, 3) 자연이 곧 신(영혼, 로고스)이라는 주장이기 때문데 스토아학파이다. 스토아학파에게 신이란 세계의 영혼이기 때문에 우리는 본질적으로 신이 정한 세계 질서에 복종하고 따라야 한다. 그것은 자연의 법칙과 이성의 법칙에 따르는 것이다. 스토아 사상은 충동 같은 정념이 주는 쾌락에 휩쓸리지 말라고 가르친다. 스토아 사상에서는 이처럼 '정념에 지배되지 않은 정신 상태'를 통해 아파테이아의 부동심이라고 주장하고, 이러한 경지를 인간이 추구해야 할 것으로 제시했다.

을은 '쾌락이 행복한 삶의 시작이자 끝'이라고 주장하는 고대의 쾌락주의에 대해 주장하고 있다. 또 쾌락을 '육체적 고통과 마음의 혼란이 없는 상태'로 규정한 것으로 볼 때, 헬레니즘 시대의 에피쿠로스의 사상임을 알 수 있다. 에피쿠로스는 지속적이며 정신적인 쾌락을 위해 절제를 주장했으며, 때로 금욕적인 측면까지 받아들였다.

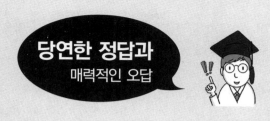

ㄱ. 스토아 사상은 자연과 신의 법칙에 순응할 것을 강조한다. 왜냐하면 인간을 비롯한 모든 존재는 신적 이성인 로고스의 일부이기 때문에 그 이치와 섭리를 따르는 것이 인간에게 덕 있는 삶이다. 그러므로 운명을 받아들이고 순응하라는 스토아 학파의 입장이다.

ㄴ. 에피쿠로스의 사상은 감각적 쾌락이 초래하는 '쾌락의 역설'을 극복하고자 했던 사상이기 때문에 욕망의 완전한 충족이란 불가능한 인위적이고 비자연적인 것으로 보고, 쉽고 지속적으로 충족할 수 있는 자연적이며 필수적인 욕구를 추구하라고 가르친다.

ㄷ. 에피쿠로스는 욕망의 절제를 강조했는데, 그에 따르면 절제란 곧 건건한 사고를 통해 이르게 되는 정신적 즐거움(쾌락)이다. 반면, 스토아학파는 격정인 파토스(pathos)로부터 초연한 금욕주의를 강조했다.

ㄹ. 스토아학파는 자신의 의지로 운명을 거슬러 개척하고 극복하려고 하지 말고, 주어진 운명을 긍정하고 받아들이고 견딜 것을 가르치는 사상이다. 왜냐하면 누구에게나 이미 정해진 법칙과 질서가 있기 때문이다. 한편, 에피쿠로스의 사상은 자신의 신체와 마음(정신)에 질병이나 고통(고민과 번민)이 없는 상태가 순수하고 진정한 쾌락의 상태라고 주장한다.

정답 ⑤

**문제 2]** 다음 '이 사상'이 〈물음〉에서 긍정의 답을 할 수 있는 것만을 고르면?

고대의 **이 사상**은 정치·사회 혼란기를 지혜롭게 살아갈 수 있는 가르침을 제시했다. 특히 유한한 삶을 행복하고 즐겁게 살 수 있는 방법을 제시했던 **이 사상**은 내세나 신에 대해 두려워할 필요가 없다고 가르쳤으며, 육체적 건강을 해치고 정신적 불안을 초래하는 허망한 것을 쫓지 말라고 경고했다. 마음의 평온함이란 건전한 사고와 절제에 있다고 보았기 때문이다.

| 〈물음〉 | 답 |
|---|---|
| 자연적인 것에 대한 탐구는 우리의 행복에서 무엇보다 중요한 요소인가? | ㄱ |
| 행복이란 개인적이면서 동시에 사회적 성격을 지니는가? | ㄴ |
| 선과 악, 앎과 지식은 감각과 경험으로부터 시작하는가? | ㄷ |
| 로고스를 함께 갖고 있는 인간과 우주의 만물은 평등한가? | ㄹ |
| 죽음이란 원자의 활동이 정지한 것이기 때문에 죽음이 왔을 때 우리는 존재하지 않는가? | ㅁ |

① ㄱ, ㄴ      ② ㄱ, ㄹ, ㅂ

③ ㄱ, ㄷ, ㅁ      ④ ㄷ, ㄹ, ㅁ

⑤ ㄴ, ㄷ, ㄹ

위 지문의 '고대의 이 사상은 정치·사회의 혼란기를 지혜롭게 살아갈 수 있도록 지혜를 제시'했다는 문구에서 이 사상이 헬레니즘 시대의 사상임을 유추할 수 있다. 그리고 '유한한 삶을 행복하고 즐겁게 살 수 있는 방법', '내세나 신에 대해 두려워할 필요가 없음', '육체적 건강을 해치고 정신적 불안을 초래하는 허망한 것을 쫓지 말라', '마음의 평온함이란 건전한 사고와 절제'에 있음을 주장하는 것으로 보아 에피쿠로스의 쾌락주의임을 추론할 수 있다. 원자론자였던 그는 죽음도 원자론적 관점에서 해석했다. 그에게 죽음이란 만물의 구성 요소인 원자(atom)로 돌아가는 자연스런 해체일 뿐이다. 따라서 죽음에 대한 이러한 통찰은 인간에게 불멸에 대한 집착인 허황된 욕심을 제거해 준다. 이렇게 행복은 정신을 혼란케 하는 잘못된 의견을 떨쳐버리는 건전한 사유에서 비롯된다는 것이 그의 생각이었다. 특히 그는 플라톤의 4덕을 수용하여 자신의 쾌락을 설명하는 논거로 활용했다.

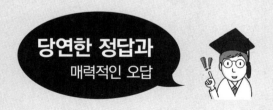

에피쿠로스는 행복이 곧 쾌락이라 생각했고, 행복(쾌락)은 자연적이며 필수적인 욕구를 충족하는 중에 이루어진다고 보았다. 또 그의 쾌락은 사회적 쾌락이 아니라 전원에서의 조용한 대화가 주는 소극적·개인적·정신적인 우정을 중시하는 쾌락이었다.

그리고 그는 원자론자이기 때문에 선악과 지식의 판단을 감정과 경험에서 찾으려 했다.

ㄴ : 쾌락의 개인적인 측면과 사회적 측면을 함께 추구했던 대표적인 사상은 근대의 영국 공리주의이다.

ㄹ : 로고스를 함께 갖고 있는 인간과 우주의 만물을 평등하다고 보았던 것은 스토아 사상에서 발견된다.

**정답** ③

**문제 3]** 〈보기〉에서 고대 서양 사상가들인 갑과 을에 대한 옳은 설명을 모두 고른 것은?

> 갑 : 마음의 평온함이란 모든 고통으로부터의 해방을 의미한다. 따라서 우리는 느낌과 감각에 주의를 기울여야 한다. 왜냐하면 우리는 이것들을 연구함으로써 사람들의 마음 속에 근심과 두려움이 생기는 원인을 찾아내서 해결할 수 있기 때문이다.
>
> 을 : 끊임없이 파도가 밀려와 부서져도 끄덕도 하지 않고 버티고서 노한 파도를 달래는 바위처럼, 나 그렇게 살리라! '이런 일이 나에게 일어나다니, 정말 운도 없지!'라고 말하는 대신, '그런 일에도 고통에 휘말리지 않고, 현재에 압도되지 않고 미래를 두려워하지 않으니 나는 얼마나 행복한가?'라고 받아들이라. "나는 단지 연극 배우로서 작가의 의지에 따라 단지 주어진 역할만 잘 연기하면 된다."

| 〈보기〉 |
| --- |
| ㄱ. 갑은 행복한 삶을 쾌락과의 단절과 동일시한다. |
| ㄴ. 을은 충동적 정념을 극복한 정신적 평온함을 강조한다. |
| ㄷ. 갑은 소박하고 단순한 삶, 을은 이성을 따르는 자유로운 삶을 추구한다. |
| ㄹ. 갑과 을은 자연 질서의 파악을 위해 보편적 이성을 강조한다. |
| ㅁ. 갑은 고통과 두려움을 피하는 행동, 을은 우주의 본성과 자연의 섭리를 강조한다. |

① ㄱ, ㄴ, ㄹ      ② ㄷ, ㄹ, ㅁ
③ ㄴ, ㄷ, ㅁ      ④ ㄱ, ㄹ, ㅁ
⑤ ㄴ, ㄷ, ㄹ

우선, 문제에서 고대 사상임을 명시하고 있음에 주목하자.

다음으로 갑은 '마음의 평온함'을 '고통에서 해방' 또는 고통이 없는 것에서 찾고 있다. 또 우리에게 고통을 일으키는 원인을 알기 위해 감각과 경험에 관심을 두어야 하고, 이를 통해 고통을 사라지게 하는 방법을 찾을 수 있다는 주장으로 보아 고통이 없는 '마음의 평온함' 상태를 행복과 동일시하는 쾌락주의임을 알 수 있다. 따라서 갑은 고대 에피쿠로스의 주장이다. 에피쿠로스는 죽음도 두려워 할 필요가 없다고 주장하는데, 그 이유는 죽음이란 원자의 운동 정지와 해체일 뿐이라고 보았기 때문이다. 이처럼 에피쿠로스는 "쾌락(행복)이 우리 삶의 궁극적인 목적인데, 쾌락이 없음으로 느끼는 고통스런 상태는 곧 쾌락을 필요로 한다는 뜻이며, 고통을 느끼지 않는다는 것은 더 이상 쾌락을 필요로 하지 않는다"는 뜻으로 이해했다. 쾌락에 대한 이러한 그의 입장 때문에 소극적이며 개인적인 쾌락을 중시했다는 평가를 받는다.

을의 전반부는 "문제에 부딪쳐 괴로울 때 지금 닥친 일은 불행이 아니며, 그것을 참고 견디는 것이 행복이라고 생각하자"는 아우렐리우스의 주장이고, 마지막 문장은 에픽테토스의 주장이다. 이들은 모두 스토아학파를 대표하는 인물들이다. 스토아 사상은 이성과 자연의 섭리에 따라 순응하는 삶을 가르쳤다. 따라서 이러한 섭리에 어긋나면 무엇이든 피해야 한다고 주장한다.

헬레니즘 시대의 이 두 사상은 절제를 통한 마음의 평온함을 공통적으로 강조했다.

ㄱ. 갑의 에피쿠로스는 행복과 쾌락을 동일시했던 쾌락주의자이다.

ㄴ. 을은 스토아학파이기 때문에 파토스에 대해서 초연하는 금욕주의와 이성에 따르는 삶을 강조한다.

ㄷ. 에피쿠로스는 검소하고 단순한 삶을 찬양했으며, 스토아학파는 자연과 이성의 법칙을 따르는 것이 곧 자유로운 삶이라는 입장이었다.

ㄹ. 보편적인 이성, 즉 신적인 보편 이성을 로고스로 보았던 입장은 스토아학파의 특징이다.

ㅁ. 에피쿠로스는 고통과 두려움을 피함으로써 고통이 없는 상태를 순수 쾌락(행복)이라 주장했고, 스토아학파에서는 우주의 본성과 자연의 섭리를 동일시하는 이성에 따르라고 주장했다.

정답 ③

**문제 4]** 다음 고대 사상에서 추론할 수 있는 인생관으로 가장 적절한 것은?

하루를 시작하기 전에 먼저 해야 할 일이 있다. 나는 오늘도 남의 일에 참견하기 좋아하는 사람, 은혜를 모르는 사람, 거만한 사람, 사기꾼, 시기심이 많은 사람, 비사회적인 사람을 만나게 될 것이라고 스스로에게 타이른다. 그들은 선과 악이 무엇인지 모르기 때문에 그렇다. 그러나 나는 선의 본질은 아름답고, 악의 본질은 추하다고 알고 있다. 또 잘못을 저지르는 사람 또한 나와 동류(同類)라는 것을 알고 있다. 그들이 나와 혈통이 같아서가 아니라 이성과 신성의 일부를 함께 공유하기 때문이다. 그러므로 그들의 잘못으로 내가 해를 입는 일은 없을 것이다. 스스로 선택하지 않으면 아무도 나를 추악한 일에 끌어들일 수 없기 때문이다.

① 그리스도교의 유일신과의 실존적 만남과 신의 은총을 강조한다.
② 현실 생활에 유용한 지식이 가치와 의미를 지닌다고 추구한다.
③ 예술과 동정심, 금욕적 삶을 통한 영혼의 안정을 추구한다.
④ 정념에서 벗어나 부동심의 참된 자유를 찾는 삶을 추구한다.
⑤ 존재의 주체적 결단을 통해 불안과 죽음의 두려움을 극복한다.

이 문제를 해결하기 위해서는 먼저, 지문 속에서 어떤 사상인지에 대한 단서를 찾는 것이 중요하다. '남의 일에 참견하기 좋아하는 사람, 은혜를 모르는 사람, 거만한 사람, 사기꾼, 시기심이 많은 사람, 비사회적인 사람들'은 공통적으로 시기와 질투, 이기적인 욕망에 사로잡힌 사람들에게 나타나는 특징들이다. 이들은 '이성과 신성'에 따라 자신을 선택하는 것이 아니라 비이성적이고 이기적인 감정과 정념(파토스)으로 이성을 지배하고 구속하려는 사람들이다. 따라서 나 자신이 이러한 충동이나 욕망에 굴복하지 않는 한, 즉 스스로 이성과 자연의 법칙, 신의 섭리를 따르는 한 나는 이것들에서 초연하고 자유로울 수 있다. 결론적으로 이 글은 우리에게 이기적이고 이성적인 판단을 흐리는 정념의 지배를 받지 말고, 모두가 평등하게 갖고 있는 이성과 신성에 따르라는 가르침을 주고 있기 때문에 스토아학파의 주장이라 할 수 있다. 이 글은 황제 마르쿠스 아우렐리우스가 지은 『명상록』의 일부분이다. 스토아 사상은 우주의 원리와 자연의 법칙에 순응하고, 생각과 태도·관념을 바꾸면 감정의 지배로부터 자유롭거나 초연할 수 있으며, 이성으로 신과 친구가 되고, 이성과 자연을 따라야 진정한 행복이 있다고 가르친다.

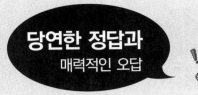

당연한 정답과
매력적인 오답

① 신과의 실존적 만남과 신의 은총을 중시하는 것은 신을 인격신·유일신이라고 주장하는 것이기 때문에 중세 아우구스티누스에게서 두드러진다. 교부 철학자들은 그리스의 플라톤 사상을 받아들여 신앙을 체계화했다.

② 현실의 삶에서 유용성을 지식의 기준으로 삼는 것은 실용주의적 입장이다.

③ 예술과 동정심의 도덕, 금욕적 삶을 통해 영혼의 안정이라는 해탈을 주장하는 것은 생철학자인 쇼펜하우어의 주장이다. 그는 삶을 고통으로 보는 불교의 영향을 받았다.

④ 비이성적인 격렬한 감정과 정념으로부터 벗어나 스스로 '영혼을 치료하는 의사'가 되어 참된 자유를 누리라고 강조하는 것은 스토아학파의 아파테이아, 즉 부동심을 의미한다.

⑤ 불안과 죽음의 극복, 주체적 결단을 강조하는 주장은 실존주의 입장이다.

정답 ④

# II. 근대 윤리

"오늘날 우리가 자연에 대해 적용하고 있는 추론은 (경솔하고 미숙하기 때문에) '자연에 대한 예단(우상과 선입견)'이라 부르고, 사물로부터 적절하게 추론된 것을 '자연에 대한 해석(귀납법)'이라고 부르자."

# 1. 경험주의와 이성주의

중세의 신 중심 사고는 르네상스와 종교개혁의 과정을 거치면서 근본적인 변화를 겪는다. 르네상스를 통해 부활한 인간 중심의 가치는 근대 개인주의의 발전에 영향을 미쳤고, 종교개혁은 교회가 독점하던 성서의 해석에 대해 절대적 권위와 역할을 부정하는 한편, 오직 신앙과 오직 성서에만 기초해 인간과 신이 직접 교감할 수 있다는 종교의 자유에 관한 신념을 확산시켰다. 이처럼 중세적인 신적 권위와 봉건제의 붕괴를 통해 인간의 합리성과 다양성 그리고 경험을 중시하는 경향은 중세와 근대를 구분하는 기준이 되었다.

중세에서 근대로, 즉 신학의 관점에서 인간중심의 관점으로의 전환에 이처럼 근대적인 자아의식 이외에 다른 요인이 있는데, 바로 자연과학의 발달이다. 자연과학의 발달에 기여한 두 가지 학문 방법은 귀납법과 연역법이었다. 전자와 관계 깊은 영국의 경험주의 전통은 산업혁명기의 공리주의와 미국의 실용주의로 이어졌으며, 후자는 대륙에서 이성주의를 중심으로 전개되었다. 경험주의를 대표하는 사상가들로 베이컨, 홉스, 로크, 흄이 있고, 이성주의를 대표하는 사상가들로 데카르트, 스피노자, 라이프니츠가 있다.

한편, 인식(앎)에 대해 경험주의는 모든 지식이 감각적 경험과 관찰에서 시작한다고 주장하는 반면, 합리주의는 이성을 절대 신뢰하면서 이성과 연역적 방법을 통해 참된 진리에 이를 수 있다고 주장한다. 또 윤리와 행복에 대해서도 경험주의는 인간이 맞닥뜨리는 현실 문제와 생존, 그리고 사회적 이익에 기여함으로써 만족감 증대에 관심을

두었다. 예를 들어 홉스는 사회 계약론을 통해 근대 시민 국가의 형성에 영향을 주었고, 흄은 공감 능력과 사회적 차원에서의 효용과 이익을 강조하여 공리주의의 선구가 되었다. 반면, 이성주의는 인간의 이성을 통해 우주의 참된 질서를 인식하는 지적 즐거움에 관심을 두는가 하면, 칸트처럼 실천 이성을 통해 보편적 도덕 법칙을 추구했다.

# 1 경험주의 : 베이컨, 홉스, 로크, 흄

## (1) 베이컨(Francis Bacon, 1561-1626)

 첫째, 근대 실험 과학의 선구자인 베이컨은 경험론자이기 때문에 아리스토텔레스와 같은 연역 삼단 논증에 강한 거부감을 갖고 있었다. 그는 연역적 방법은 이미 알고 있는 지식에 대해 동의를 이끌어낼 때는 도움이 되지만, 자연에 대한 새로운 지식을 '발견'하려고 할 때는 전혀 도움이 되지 않는다고 비판한다. 이 때문에 그는 자연을 해석하고 탐구하는 참된 방법으로 귀납적 방법을 제시했다. 왜냐하면 그에게 앎(지식)이란 경험과 관찰에 기초해야 하기 때문이다. 그는 이러한 귀납적 방법을 세계와 소통하지 못하는 거미와 자료의 수집에만 매달리는 개미의 방법이 아니라 자료의 수집과 소화를 통해 새로운 것을 만들어내는 꿀벌의 방법에 비유하기도 했다.

 "맨손으로는 아무 일도 할 수 없고 손도 도구가 있어야 일을 할 수 있듯이, 지성도 도구가 있어야 무슨 일을 할 수 있다. 이를 통해 인간의 지성도 촉진되고 보호된다. 인간의 지식(앎)이 곧 인간의 힘이다. 원인을 밝히지 못하면 어떤 효과도 낼 수 없다. 자연은 오로지 복종해야 복종시킬 수 있기 때문이다."
 "삼단 논증은 명제로 구성되며, 명제는 단어로, 단어는 개념을 담은 기호로 구성된다. 따라서 가장 기초가 되는 개념적 기호가 모호하거나 사려 깊지 못하면 견고할 수 없다. 그렇기 때문에 우리가 희망을 걸어야 할 유일한 방법은 귀납법뿐이다."

"오늘날 우리가 자연에 대해 적용하고 있는 추론은 (경솔하고 미숙하기 때문에) '자연에 대한 예단(우상과 선입견)'이라 부르고, 사물로부터 적절하게 추론된 것을 '자연에 대한 해석(귀납법)'이라고 부르자."

"자연의 사용자로서 또는 자연의 해석자로서 인간은 자연의 질서를 직접 관찰하고, 고찰한 만큼만 자연에 대해 무엇인가를 이해하고 할 수 있다. … 이를 통해 우리는 자연의 가장 중심이 되는 곳으로 들어갈 수 있다."

"감각과 구체적인 것에서 시작하여 일반적인 명제에 이른 다음, 이것을 더 이상 논쟁의 여지가 없는 제1원리로 삼고 여기서 중간적 진리를 구하는 (연역적) 방법은 동의를 이끌어내기에는 의미 있는 방법이지만, 자연의 해석에는 적절한 방법이 아니다. 감각과 구체적이고 개별적인 것에서 시작하여 지속적이며 점진적으로 나아간 다음, 최종적으로 일반적인 명제에 이르는 귀납적 방법만이 … 참된 의미의 진리 탐구 방법이다."

둘째, 베이컨은 자신의 귀납적 방법을 주장하기 위해 먼저 우리가 갖고 있는 기존의 잘못된 지식과 믿음, 관습과 전통을 깨뜨리려고 했다. 그는 그러한 잘못된 선입견과 고정관념을 자신의 『신기관 : 자연의 해석과 인간의 자연 지배에 관한 지혜의 책』에서 '우상'이라 규정하고, 그것을 종족의 우상, 동굴의 우상, 시장의 우상, 극장의 우상이라는 4가지 형식으로 제시한다. 그에 의하면, 이러한 우상들은 우리 정신의 진보를 가로막고, 우리가 있는 그대로의 자연을 관찰하고 해석하는데 장애를 일으켜 자연에 대한 우리의 과학적 지배력을 약화시키는 장애물로 이해되었다.

"종족의 우상은 (인간이기 때문에 갖고 있는) 인간성 자체로부터 발생한다.
…

동굴의 우상은 개인이 갖고 있는 (성격, 선입견, 경험에 의한) 우상이다. …

시장의 우상은 (우리가 근거 없이 사용하는) 언어와 명칭에서 비롯되는 우상이다. …

극장의 우상은 (사상, 종교, 학설처럼) 그럴듯한 각본과 같은 것이다."

셋째, 경험론자인 베이컨은 자연에 대한 올바른 해석과 인간의 자연 지배를 위해 관찰과 경험, 실험정신을 강조했으며, 이를 통해 인류의 진보와 새로운 이상사회를 꿈꾸었다. 그리고 그의 이러한 꿈은 과학자와 과학기술이 중심이 되는 『새로운 아틀란티스』에서 '벤살렘 왕국'으로 구체화되었다.

"학술원의 목적은 사물의 숨겨진 원인과 작용을 탐구하고, 이를 통해 자연을 인간의 의도에 맞게 변형하여 인간의 활동 영역을 넓히는 것이다. … (이런 일을 수행하는 사람들을 가리켜) '빛의 상인', '자연의 해석자'라고 부른다."

"동물 실험은 인간의 삶을 향상시킬 수 있는 효용성을 발견하기 위한 것이다."

## (2) 홉스(Thomas Hobbes, 1588-1679)

첫째, 홉스는 모든 것을 물체와 물체의 운동으로 환원하는 유물론자였기 때문에 철학(학문)을 오직 물체의 운동만을 연구하는 것으로 이해했다. 이 때문에 비물질적 실체인 신(神)은 철학의 연구 대상이 아니라는 것(무신론자)이 그의 입장이다. 그는 또 물체의 운동에 대해서도 기계적 운동(영양섭취와 혈액순환)과 자발적 운동(욕구와 혐오)으로 나누어 이해했는데, 이 자발적 운동인 '욕구와 혐오'로부터 선과 악의 개념을 이끌어낸다. 즉 우리가 무엇을 욕구하면 그것이 우리에게 '자기 보존'과 만족을 제공하기 때문에 선이 되고, 우리가 어떤 것을 혐오하면 그것이 우리에게 고통을 주는 것이기 때문에 악이라는 주장이다. 이처럼 그는 생존과 '자기 보존'에 도움을 주면 선, 자기 보존에 도움이 되지 않으면 악으로 보았다. 홉스가 선과 악을 이렇게 보았던 이유는 그가 인간을 '자기보존 욕구'를 지닌 이기적인 존재로 이해했기 때문이다. 그렇지만 그의 이러한 인간관은 경험적으로 관찰되는 사실적인 행동 경향만을 가지고 추론한 것이어서 인간의 이타적인 본성, 즉 선한 측면을 소홀히 했다는 비판도 받고 있다. 즉 사실적이고 경험적인 행동 경향을 기술하고, 이로부터 선과 악에 관한 도덕적 판단 기준을 마련하는 '윤리적 자연주의'와 '윤리적 이기주의(즉 우리는 자기 이익을 위해 도덕적으로 행동해야 한다)'는 인간의 이타적인 도덕 감정을 제대로 설명하지 못한다는 것이다.

"철학이 다루는 주제는 … 합성과 분해가 가능한 모든 물체이다. … 그러므로 철학은 신학을 배제한다."

"어떤 사람이 욕구하거나 욕망하는 것은 그것
이 무엇이든 선이며, 그가 혐오하는 것은 무엇
이든 악이다."

"모든 유기체는 자신의 생명 활동을 보존하려고 하
며, 그렇기 때문에 죽음을 회피하려고 노력한다. 각자
는 자신에게 어떤 것이 좋은 것인지 스스로 결정한다."

"인간은 본질적으로 이기적인 존재이고, 자신의 생명을 위해 공격적이고 파
괴적인 일까지 할 준비가 되어 있다."

둘째, 홉스는 사회계약론자이기 때문에 사회·정치적 입장을 전개할
때 '자연 상태'에서 시작한다. 그런데 위에서 본 것처럼 이 자연 상태에
서 인간은 이기적인 존재이기 때문에 자기 보존을 위해서는 어떤 행동
이든 할 수 있다. 결국 자연 상태는 '만인의 만인에 대한 전쟁'을 초래한
다. 그렇지만 이러한 상황에서는 지속적인 자기 생존과 보존이 불가능
하다고 깨달은 개인들은 이성을 통해 자연법을 깨닫고 자연법에 따라
평화를 추구하는 계약을 맺는다. 그리고 이 계약을 통해 자신의 자연권
일체를 '리바이어던(지상의 신, 국가, 인공적 인격체)'에게 위임하고 '공동의
권력(정치 공동체, 시민 사회)'을 형성한다. 결론적으로 각 개인은 자연 상
태에서 벗어나 계약을 통해 국가('지상의 신')와 군주의 절대 권력 아래에
서 자기 생존과 보존, 평화와 질서의 상태에 놓이게 된다.

"인간의 이기심과 불신, 명예에 대한 열망은 분쟁과 갈등의 원인이 된다."
"자연 상태에서 인간은 만인의 만인에 대한 투쟁 상태에 빠지게 된다."
"자연 상태에서 인간의 삶은 고독하고 빈곤하며, 잔인하고 짧다."

"국가! 지상에서 이보다 더 강력한 자는 없다."

"제1자연법 : 평화를 추구하고 따르라. 제2자연법 : 평화와 자기 보존을 위해 필요하다고 판단되면 모든 권리(자연권)를 다른 사람과 똑같이 기꺼이 포기하라. 제3자연법 : 각 개인들이 맺은 신약은 반드시 이행해야 한다. 부정의란 계약을 지키지 않는 것이다. 국가가 없는 곳에 소유권도 없다."

"사람들은 자신들의 인격을 떠맡고 있는 통치자들에게 통치권을 양도했기 때문에 만일 그들이 통치자를 물러나게 한다면, 이것은 통치자로부터 통치자 자신의 것을 빼앗는 것이 되므로 정의롭지 못하다."

**문제 1]** 근대 서양 사상가 갑, 을에 대한 설명으로 가장 옳은 것은?

> 갑 : 자기 보존을 향한 노력을 욕구와 욕망이라 부르고, 여기서 멀어지려는 노력을 혐오라고 부른다. 욕구와 혐오라는 자발적인 운동을 통해 우리는 선과 악의 기준을 마련할 수 있다. 즉 어떤 사람이 욕구하는 것은 모두 선이고, 그 반대는 모두 악이다. 사회·정치도 여기에 기초해 설명할 수 있다. 즉 각 개인은 자신의 자기 보존을 위해 최종적으로 이성이 발견한 자연법에 따라 평화를 추구할 수 있는 공동의 권력을 형성하고, 이를 통해 평화와 질서를 보장받는다.
>
> 을 : 인간은 태어나면서부터 자유롭고 평등하며 독립적이기 때문에 어느 누구도 자신의 동의 없이 이 상태로부터 추방되어 다른 사람의 정치권력에 복종시킬 수는 없다. 인간이 자신의 자연적 자유를 포기하고 시민 사회의 구속을 받는 유일한 길은 서로 결합해 동의해서 하나의 공동체를 이룩하는 것이다.

① 갑은 국가의 역할이 오직 시민의 기본권 보호로 제한되어야 한다고 강조한다.

② 을은 사회적 효용성에 기초해 인간의 도덕적 공감 능력과 감수성을 강조한다.

③ 갑과 을은 이성에 의한 자연법을 인정하고 정치 공동체를 계약의 산물로 이해한다.

④ 갑과 을은 국가의 소극적인 역할을 강조한다.

⑤ 갑과 을은 인간을 자체 목적인 도덕 법칙을 실천할 능력을 지닌 존재로 파악한다.

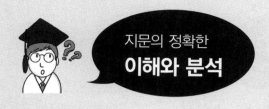

문제의 지문은 근대 서양의 사회계약론자인 홉스와 로크의 주장을 설명하고 있다.

갑은 '자기 보존'에 근거해 '욕구와 욕망 대 혐오'를 선과 악의 기준으로 제시한다. 즉, '욕구=선, 혐오=악'의 관계를 설정하고 있으며, 사회·정치 공동체(즉 공동의 권력)를 이성이 발견한 자연법에 기초한 계약의 결과로 이해하고 있다. 또 제1자연법인 '평화를 추구하라'는 내용 등을 모두 종합해 볼 때, 홉스의 주장임을 쉽게 추론할 수 있다. 홉스는 계약 이전의 자연 상태를 '공동의 권력이 없는 전쟁 상태'라고 주장했는데, 이는 이기적 존재인 인간들이 저마다 자신의 자연권을 제재 받지 않고 평등하게 행사하기 때문에 나타나는 결과이다.

다음으로 을은 자연 상태의 인간을 '태어나면서부터 자유롭고 평등하며 독립적인' 존재로 묘사하고, 이것은 기본권이기 때문에 정당한 이유 없이 권력이 복종하도록 강요할 수 없다고 주장한다. 이처럼 로크는 자연 상태를 홉스의 '전쟁 상태'와는 반대로 이성의 자연법이 지배하는 평화로운 상태로 묘사했다. 로크에게 국가는 자유권, 평등권, 소유권 같은 인간의 자연권을 보호하기 위한 수단일 뿐이다.

①, ④ 국가의 역할을 인간의 자연적인 기본권을 보호하는 소극적인 역할로 제한하는 것은 로크와 같은 자유주의자들의 기본 입장이다.

② 인간의 도덕적 감수성, 즉 공감 능력을 사회적 효용성과 연관해서 자신의 도덕 이론을 전개한 대표적인 인물은 경험주의자 흄이다. 흄은 인간의 행동을 이끄는 근원을 이성이 아니라 고통, 사랑, 혐오, 쾌와 불쾌 같은 감정에서 찾았다.

③ 홉스는 인간이 자연 상태의 혼란과 공포 속에서도 자기 보존과 자기 이해에 가장 적합한 행동 규칙이 무엇인지 이성을 통해 발견하는데, 이것을 자연법이라 했다. 이에 따라 인간은 자기 생존과 보존을 위한 가장 합리적 선택으로 계약을 맺는다는 것이다. 또 로크는 자연 상태의 인간이 이성적 동물로서 자연법의 지배를 받는다고 주장했다. 이들은 계약론에 기초하여 시민 사회와 정치공동체(공동의 권력)를 설명했다.

⑤ 도덕 법칙을 따라야 할 그 자체 목적으로 이해하는 것은 칸트의 정언 명령과 관련이 있으며, 이에 따르면 인간은 이성을 통해 자율적 판단과 실천이 가능하다고 본다.

정답 ③

**문제 2]** 다음 (A)와 (B)에 대한 설명으로 가장 올바른 것은?

> 감각과 구체적인 것에서 시작하여 일반적인 명제에 이른 다음, 이것을 더 이상 논쟁의 여지가 없는 제1원리로 삼고 여기서 중간적 진리를 구하는 (A) **방법**은 동의를 구하기에는 의미 있지만, 자연의 해석에는 적절한 방법이 아니다. 감각과 구체적이고 개별적인 것에서 시작해 지속적이며 점진적으로 나아간 다음, 최종적으로 일반적인 명제에 이르는 (B) **새로운** 방법만이 참된 의미의 진리 탐구 방법이다.

① (A)는 지식의 출발점을 관찰과 경험, 감각에 둔다.
② (B)는 타고난 본래적 본유 관념에 기초해 경험적 지식을 추구한다.
③ (A)는 참된 지식의 기준을 이성에서, (B)는 경험과 관찰에서 찾는다.
④ (A)는 학문 연구에서 귀납적 방법, (B)는 연역적 방법을 추구한다.
⑤ (A)와 (B)는 종교개혁과 르네상스 이전의 신학적 세계관에 기초한다.

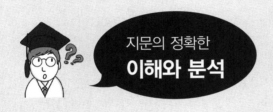
지문에서 (A)는 아리스토텔레스가 추구했던 연역 논증에 기초한 탐구 방법이다. 근대 데카르트는 이미 확인된 자명한 원리로부터 수학적·논리적 추론을 통해 사물의 이치를 설명하는 연역적 방법을 가장 이상적인 탐구 방법으로 제시했다. 반면, 베이컨은 이러한 연역적 방법을 '거미'의 독단론에 비유해 비판하고, '꿀벌'의 방법인 귀납적 방법(B)을 제시한다. 그는 객관적인 실험과 관찰을 통해 공통된 사례들을 수집하고 분류하여 점증적으로 일반적인 원리로 나갈 것을 주장했는데, 이를 귀납적 방법이라 강조했다. 베이컨은 삼단 논증의 형식을 갖춘 전통적인 연역적 방법이 이미 확정된 사실을 설명하는 데에는 의미가 있지만, 새로운 사실을 발견하고 얻는 데에는 전혀 도움이 되지 않는다고 비판했다. 따라서 자연을 정확하게 해석하고, 이를 통해 자연에 대한 인간의 과학적 지배력을 높이기 위해서는 관찰과 실험에 기초한 귀납적인 방법이 가장 유용하다고 주장했다.

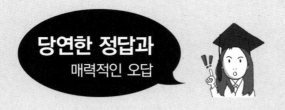

## 당연한 정답과
### 매력적인 오답

①, ④ (A)는 이성에 기초해 직관과 연역을 강조하는 데카르트의 연역적 방법이고, (B)는 경험과 관찰에 기초해 자연에 대한 지식 탐구를 강조하는 베이컨의 귀납적 방법이다.

② 본유 관념 또는 생득 관념에 기초한 직관과 연역을 강조하는 것은 데카르트의 연역적 방법(A)이다.

⑤ 데카르트는 근대의 합리론, 베이컨은 근대 경험론의 시조라고 할 수 있다. 종교개혁과 르네상스를 거쳐 등장한 근대 합리론과 경험론은 중세의 신학적 세계관을 대체하는 새로운 방법론이다.

**정답 ③**

**문제 3]** 다음 서양 사상가 갑과 을의 국가에 대한 견해로 옳은 것은?

갑 : 국가란 우리 각자가 필요로 하는 것을 스스로 충족할 수 없기 때문에 이를 충족하기 위해서 생겨난 것이다. 각 개인은 자신만의 특징적인 능력도 있지만, 한계도 있기 때문에 자신의 욕구를 동시에 완전히 충족할 수 없다. 따라서 자연적 재능에 따라 노동의 분업이 이루어지면 모두가 만족할 수 있다. 따라서 국가는 구성원 각자의 타고난 능력과 재능에 따라 조직화될 때 더욱 큰 성공을 거둘 수 있다. 결론적으로 건강한 국가는 이성, 기개, 욕망의 영혼과 관련된 부분에 각각 상응하는 계급으로 구성되어야 한다.

을 : 외부의 침입과 상해로부터 보호받고, 번성하고 만족스럽게 살아가기 위해서는 우리 모두의 권력과 힘을·한 사람 또는 여러 사람의 집합체에 양도하는 것이 바람직하다. 이를 통해 다양한 목소리가 하나의 의지로 통합된다. 우리는 우리의 의지가 그의 의지에, 우리들의 판단이 그의 판단에 복종하도록 해야 한다. 이 한 사람 또는 집합체로서 국가는 구성원의 자연권을 위임받은 절대적인 권력 기구이다.

① 갑과 을은 국가의 운영 원리로 민주주의를 강조한다.

② 갑은 국가를 자기 보존을 위해 이루어진 개인들의 계약 결과로 바라본다.

③ 을은 국가를 '지상의 신'으로 받아들여 절대 왕정을 옹호했다.

④ 갑과 을은 국가를 객관화된 절대 정신으로 이해했다.

⑤ 갑은 국가를 자유방임주의적 관점에서, 을은 자기 이익을 위한 생존 수단으로 본다.

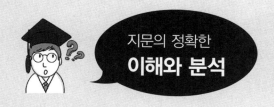

문제는 두 사상가의 국가에 대한 견해를 묻고 있다.

갑은 '이상적인', '건강한' 또는 '이성적인' 국가에서는 타고난 본성과 성향에 기초하여 계층 간 구분이 필요하다는 주장을 하고 있다. 또 국가가 원활하게 기능하기 위해서는 '자연적 재능에 따라 노동의 분업', 즉 각 계층의 구성원들에게 특별한 영혼(정신)의 특성이 필요하고 주장하면서, 이를 이성, 기개, 욕망의 영혼에 따라 지혜, 용기, 절제의 덕으로 제시한다. 이처럼 수호자, 보조자, 생산자처럼 타고난 본성에 따라 각자에게 서로 다른 사회적 책임과 역할을 배분해야 하고, 이들 계층 간 조화가 중요하다고 주장하는 인물은 고대의 플라톤이다.

을은 국가를 '자연권을 위임받은 절대적 권력기구'라 말하고 있기 때문에 근대 사회계약론자인 홉스의 국가관이다. 그는 『리바이어던』에서 국가를 사회 계약의 강제적 이행을 위해서 반드시 필요한 공동 권력(common power)이라고 주장한다. 왜냐하면 말(word)로만 맺은 약속은 구속력이 없어 언제든지 어길 수 있기 때문이다. 홉스는 이를 위해 국가(즉 인위적인 물체, 인공적 물체)에 대해 강제력(sword)을 부여해서 약속을 이행하도록 해야 한다고 주장한다. 이런 그의 입장은 위의 지문에서 "우리 모두의 권력과 힘을 한 사람 또는 여러 사람의 집합체에 양도하는 것이 바람직하다. 이를 통해 다양한 목소리가 하나의 의지(즉 국가라는 강제력)로 통합된다. 우리는 우리의 의지가 그의 의지에, 우리들의 판단이 그의 판단에 복종하도록 해야 한다"는 주장에서 잘 드러난다.

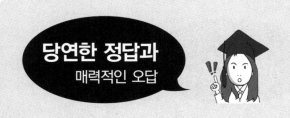
① 갑은 플라톤의 주장으로 그의 사상은 소수 엘리트 중심의 귀족주의 경향이 짙다. 또 그는 민주주의를 매우 열등한 형태의 정부 구조로 파악했기 때문에 아리스토텔 레스와 함께 민주주의에 대해서 비판적이었다. 을은 홉스의 사상으로 그에게는 사 회 계약이라는 근대적 측면과 함께 절대 왕정과 국가를 절대시하는 보수주의적 측 면이 혼재한다.

② 국가를 '자기 보존'을 위한 계약의 산물로 이해하는 것은 홉스의 사회계약론이다.

③ 을은 홉스로, 그는 국가를 '천상의 신' 아래에 있는 '지상의 신'으로 보았으며, 이 지상의 신인 공동의 권력, 인공적 인격체에 의지함으로써 평화와 안전이 유지될 수 있다고 보았다.

④ 국가를 변증법적 발전의 완성태인 인륜적 실체, 즉 절대 정신의 객관화로 파악했 던 사상가는 관념론자 헤겔이다.

⑤ 스미스는 국가를 자유방임주의적 관점에서 이해했기 때문에 국가의 권한은 최소 한에 그쳐야 한다고 강조했고, 홉스는 국가를 자기 보존 욕구를 충족하기 위한 생 존 수단으로 강조했다.

**정답 ③**

## (3) 로크(John Locke, 1632~1704)

첫째, 로크는 철학적으로 전형적인 경험론자이기 때문에 '생득관념'에 근거해 지식의 확실성을 주장하는 데카르트와 같은 합리론자의 입장을 부정한다. 로크는 우리의 마음을 마치 '백지(빈 서판, tabula rasa)'와 같은 것으로 이해했기 때문에 우리의 지식, 신념, 세계에 대한 관점과 같은 모든 관념들이 경험에서 비롯된다고 주장한다.

"우리의 마음은 어디에서 이성과 지식의 재료들을 얻는가? 나는 한마디로 경험에서라고 대답한다. 우리의 모든 지식은 경험에 근거하며, 궁극적으로 지식 그 자체를 경험에서 끌어낸다."

"구름 위로 솟아 하늘만큼 높이 도달한 그러한 숭고한 모든 생각도 여기서(즉 감각과 경험) 발생하며, 여기에 근거를 둔다."

"개별적인 감각 대상들에 친숙한 우리의 감각 기관들이 마음에 여러 다른 지각을 전달한다. … 우리의 모든 관념은 감각에서 나온다."

둘째, 사회·정치 사상가로서 로크는 사회계약론자이기 때문에 자연 상태로부터 자신의 생각을 펼쳐나간다. 로크는 자연 상태에서 인간은 이성이라는 자연법의 지배를 받으며 살아간다고 가정한 다음, 이 이성을 통해 모든 사람이 평등하고 독립적이라는 것을 안다고 생각했다. 따라서 자연 상태에서 인간은 이성에 따라 자신의 생명, 건강, 자유 또는 소유물이 침해받아서는 안 된다고(자연법적 기본권) 알고 있다. 그러나 로크는 비록 자연 상태에서 인간이 이성적이라도, 이해관계의 충돌 문제,

그리고 이런 문제를 처리하려 할 때 자신에 대해서는 지나치게 관대한 측면이 있기 때문에 자신의 생명, 자유, 재산 같은 기본권을 서로 잘 보존하기 위해서 사회를 만드는 맹약(compact), 즉 사회계약(social contract)이라는 동의를 통해 시민사회를 형성한다고 주장한다.

"사람은 태어나면서부터 모두 자유롭고, 평등하며, 독립적이기 때문에 어느 누구도 그 자신의 동의 없이 이 상태에서 쫓겨나 다른 사람의 정치권력에 복종 당하게 할 수 없다. 인간이 그의 자연적 자유를 포기하고 시민 사회의 구속을 받는 유일한 경우는 오직 다른 사람들과의 동의를 통해 서로 결합하여 하나의 공동체(common wealth)를 형성하는 것이다. 그런데 그 목적은 자기들의 재산을 안전하게 향유하며, 그 공동체의 일원이 아닌 사람들로부터 안전을 보장받아 서로 안락하고 안전하며 평화로운 생활을 하기 위한 것이다."

"인류는 자연 상태의 모든 특권에도 불구하고, 이 상태에 머물러 있는 한 오히려 악조건 속에 있는 것과 같기 때문에(왜냐하면 범죄의 처벌이나 이해관계의 충돌 해결에 편견이 작용하기 때문) 신속히 사회를 만들게 된다. … 사람들이 결합하여 국가를 수립하고 그 통치에 따르려는 주요 목적은 그들의 재산(자유, 생명, 재산)의 상호 보존에 있다."

셋째, 사회계약을 통해 시민 사회를 형성하는 이유가 자유, 건강, 재산, 생명을 안전하게 누리려는 데 있기 때문에 통치자의 지위나 정부의 권력은 오직 이 목적을 위해서만 행사되어야 한다. 따라서 만약에 통치자나 정부의 권력이 이 목적을 위해 사용되지 않는다면, 정부와 통치자를 전복하는 혁명적 저항 행위를 정당화할 수 있다. 이처럼 로크는 통치자의 절대권을 강조했던 홉스와 달리 국가의 역할을 오직 시민의 기본권 보호로 제한했다. 그는 권력의 집중이 초래하는 권력 남용과 독재의 폐해를 막기 위해 권력 분립과 입헌주의를 주장해서 근대 민주주의 발전, 즉 영국의 명예혁명과 미국의 독립 혁명, 프랑스 혁명의 이념적 기초가 되었다.

> "몇몇 소수의 사람들이 세상의 유일한 정부로 여기는 절대 군주제는 사실상 시민 사회와 모순되므로 결코 (다수의 의지로 형성된) 시민 정부의 형태가 될 수 없다."
>
> "모든 국가들의 가장 근본적인 실정법은 적합하다고 생각되는 사람들의 손에 입법권(최고 권력)을 위임해 확립한다(의회 민주주의). 만약에 그렇지 않으면 그들의 평화, 재산, 안정은 여전히 자연 상태에 있었을 때와 마찬가지로 불확실한 상태에 있게 될 것이다."
>
> "피치자들은 정부의 권력 남용에 대해 … 스스로를 보호하고 침략자에 맞서 저항할 권리를 갖는다. … 양이 절대 폭군인 늑대에게 저항 한 번 해보지 못하고 자신의 모가지를 비틀고 찢도록 내맡긴다면, 과연 그것이 강자와 약자 사이의 적합한 평화로 비춰질 수 있단 말인가?"
>
> "(나는 입법부의 권력 남용과 이에 대한 혁명의 합법성을 누가 판단하는가라는 물음에 대해) 나는 국민들이 심판관이 되리라고 대답하겠다."

(4) 흄(David Hume, 1711~1776)


첫째, 경험론자인 흄은 로크의 인식론의 영향을 받았기 때문에 우리 마음(또는 지식)의 내용이 경험에서 비롯된다고 생각했다. 그런데 흄은 더 나아가 모든 지식은 우리 마음의 상태나 경험의 제약을 받기 때문에 우리가 확신할 수 있는 것도 바로 이것들뿐이라 생각하고, 나머지 것들에 대해서는 확실성과 진리성을 인정하지 않았다. 따라서 우리가 믿고 있는 관념(지식)을 진리라고 확신시켜줄 수 있는 '자아'나 실체는 인정하지 않았다. 뿐만 아니라 그는 우리가 알고 있는 '인과 법칙(인과율)'이란 단지 우리의 경험이 지속적으로 쌓여 하나의 습관을 만들고, 이 습관적인 경험에 따라 마치 정말로 원인과 결과가 존재하는 것처럼 믿게 된 것이지 실제로 원인과 결과가 존재하는 것은 아니라는 회의적 입장을 제시한다. 이렇게 되면 과학적, 귀납적 방법과 지식은 보편타당하다고 인정받을 수 없게 된다.

"가장 활발한 사고도 가장 둔한 감각보다 못하다."

"내가 눈을 감고 내 방을 생각할 때 내가 형성하는 관념은 내가 느꼈던 인상의 정확한 표상이다. … 인상에서 발견할 수 없는 관념이란 없다. … 관념과 인상은 서로 상응하는 것처럼 보인다."

"내가 지금까지 보아왔던 모든 도덕성에 관한 주장들은 어느 정도까지는 일상적인 방식으로 추론을 하다가 갑자기 신의 존재를 확립하고 인간의 행동들에 대해 주장한다. 그리고 일반적인 '~이다'와 '~아니다' 대신에 '해야만 한다', '해서는 안 된다'로 연결되는 사실을 발견하고 깜짝 놀랐다. 그렇지만 '해야 한다', '해서는 안 된다'는 주장은 전혀 새로운 주장이기 때문에 반드시 그에 대한 설명이 있어야 한다. … 나는 이처럼 조그마한 관심이 통속적인 도덕 체계를 무너뜨릴 것이라 확신한다. 또 덕과 악덕의 구별은 이성을 통해서는 알 수 없다는 것

둘째, 그렇다면 우리는 어떻게 해서 관념과 지식을 갖는가? 또 그러한 관념과 관념들의 결합 결과인 더 복잡한 관념은 어떻게 갖는가? 이에 대해 흄은 우리가 어떤 것을 경험해서 갖는 첫 '인상(impression)'이 있고, 시간이 지나 우리가 이것을 기억하려고 할 때 나오는 것들이 있는데, 이 것을 '관념(idea)'이라고 주장한다. 즉 관념이란 일종의 '인상의 복사물'과 같다. 물론 이렇게 되면 절대적인 관념, 생득관념, '실체로서의 자아' 같 은 데카르트가 주장했던 개념들은 부정하게 된다.

"내가 눈을 감고 내 방을 생각할 때 내가 형성하는 관념은 내가 느꼈던 인 상의 표상이다. … 인상에서 발견되지 않는 관념의 상황이란 있을 수 없다. … (따라서) 관념과 인상은 서로 상응하는 것처럼 보인다."
"가장 힘 있고 강렬하게 들어오는 지각을 우리는 인상이라고 부를 수 있다. 나는 우리의 모든 감각, 정념, 감정이 영혼에 처음 나타났을 때 그것을 인상 으로 파악한다. 관념이란 사유와 추리에 의한 이것(인상)들의 희미한 심상을 의미한다."

셋째, 흄처럼 인상과 관념을 이해하게 되면 우리가 지금까지 알고 있 었던 '인과법칙(인과율)'은 받아들일 수 없게 된다. 왜냐하면 각 개인에게 경험으로서의 인상과 기억으로서의 관념은 주관적이거나 습관적인 경 험의 연속된 결과가 만들어냈을 뿐이기 때문이다. 예를 들어 우리의 습 관적인 경험이 수반하는 인상은 건반을 누르면 소리가 나는 것이지만, 실제로 모든 피아노의 건반을 눌렀다고 항상 소리가 나는 것은 아니기 때문이다. 이렇게 보면, 경험론이 강조했던 귀납적 방법이란 단지 우리의 경험 속에서 잘 작용했던 일종의 습관과 관습이었지 이성의 작용이 아닌 셈이다. 이렇게 흄에 이르러 경험론은 막다른 지점에 이르게 된다.

"우리가 아이에게 주홍색 또는 오렌지색의 관념, 오렌지 맛의 관념을 알려 주려면, 우리는 아이에게 직접 오렌지를 가리키거나 내가 경험한 인상을 전달하면 된다."
"우리는 계속된 습관적인 경험에 따라 어떤 일이 일어나면 그것이 함께 일으켰을 것으로 생각되는 마음을 직접 느낀다. 그렇다면 필연성은 관찰의 결과일 뿐이며, 우리 마음의 내적인 인상과 결정에 불과한 것이다. 단지 습관이 산출했던 것으로 넘어가려는 경향성만 있을 뿐이다."
"습관이 우리의 마음에게 미래에도 과거와 일치할 것이라고 상정하게 만든다."

넷째, 위의 내용이 흄의 인식론이라면, 이제 그의 윤리사상을 정리해 보자. 흄은 경험론의 입장에서 인과적 필연성이 존재하지 않는다는 위의 논리를 인간의 행위와 도덕 판단에도 적용했다. 따라서 그는 이성이 아니라 감정의 역할에 주목하고, 감정을 도덕성의 기초로 삼았다. 즉 도덕이란 어떤 행위에 대해서 갖는 시인(승인)과 부인의 정서(감정) 표현과 관련된다는 뜻이다. 그는 이런 정서 중에서도 특히, 사회 전체의 행복에 기여하는 모든 감정은 우리에게 시인과 호의를 불러일으키는 성질(공감, sympathy)을 지니기 때문에 도덕적이라고 주장한다. 즉 모두에게 유용한 쾌감(쾌락)을 일으키는가 아니면 고통(혐오)의 감정을 일으키는지가 선악을 판단하는 기준이라고 본 것이다. 이처럼 그는 타인의 행복과 불행을 함께 느낄 수 있는 시인과 부인의 '공감 능력'을 도덕성의 기초로 삼았다(정의주의, emotive theory of ethics).

"이성은 참과 거짓을 발견한다. 참과 거짓은 사실과의 일치와 불일치로 이루어진다. … 그런데 우리의 감정과 행위는 이러한 일치와 불일치의 문제가 아니다. … 감정과 행위는 참과 거짓의 문제가 아니며, 따라서 이성과 상반되지 않으며 일치할 수 없다."

"어떤 감정이 공감을 통해 주입될 때, 그 감정은 관념을 표현하는 표정과 대화에 나타나는 외적인 표시들을 통해서만 알려진다."

"도덕이 (승인과 비난을 각인하는) 적극적인 원리가 되게 하고, 덕을 우리의 행복으로 결정하고, 악덕을 우리의 불행으로 결정하는 최종적인 판단은 자연이 전 인류에게 보편적으로 부여한 어떤 내적인 감정(느낌)이나 감각에 의존하는 것 같다(즉 도덕 감정과 공감 능력)."

"도덕성이 (이성을 통해) 증명될 수 있다는 주장을 어떤 철학자가 유포해 왔다. (그렇지만 시인과 비난, 쾌감과 불쾌감 같은 도덕 감정이 공정한 행동의 기준이 되므로)… 도덕성은 판단되기보다는 느껴진다고 표현하는 것이 더 적절하다."

"이성은 의지적 행위의 동기가 될 수 없고, 정념과 대립할 수 없다. … 이성은 정념의 노예이고, 또한 그래야만 한다."

"유용성은 호감을 주며 우리의 시인을 이끌어낸다. 그것은 확실히 어떤 사람의 이익과 관련된다. 만약 유용성이 도덕 감정(moral sentiment)의 원천이고, 이 유용성이 항상 자신만을 고려하지 않고, 사회의 행복에 기여하는 것이라면, 이 모든 것은 우리의 시인과 호의를 일으키며, 도덕의 기원을 설명하는 원리이다."

"'자비롭고 사교적이며, 마음씨가 착하고 인정 많으며, 관대하고 이타심이 많은'과 같은 형용사들은 인간 본성이 지닐 수 있는 최고의 가치를 보편적으로 보여준다."

"사회 전체(공공)의 유용성이 정의의 유일한 근원이다."

## 고득점 심화 문제

문제 1] (가) 사상에 근거해 (나)의 중심 주제들에 대해 추론할 때, 가장 옳은 내용은?

(가) 국가는 개인들이 모여 이룬 가장 큰 사회이다. 그렇지만 국가가 공동선을 목적으로 개인의 자유를 침해해서는 안 된다. 또 개인은 태어나면서부터 자유와 권리를 지녔다는 점에서 모두 평등하다. 따라서 구체적인 개인만이 궁극적인 가치를 가지며, 어떤 사람도 수단으로 이용될 수는 없다.

(나) 중심 주제 :
- 개인의 자유와 권리
- 국가와 정부의 권위
- 개인과 공동체의 관계
- 다수결의 원리
- 개인의 정체성과 자아

① (가)는 개인과 공동체에 대해 유기체적 관계를 강조할 것이다.

② (가)는 개인의 자아와 정체성을 사회적 관계 속에서 파악할 것이다.

③ (가)는 개인의 자유와 권리보다 공동체의 의식을 강조할 것이다.

④ (가)는 국가와 정부의 권위를 강조하기 때문에 다수결의 원리에 거부감을 가질 것이다.

⑤ (가)는 다양성과 권력의 분산을 주장하고, 개인의 정체성을 사회와 독립된 관점에서 이해할 것이다.

제시문 (가)는 국가가 공공의 이익을 목적으로 해도 개인의 기본적 권리를 침해할 수 없다고 주장하고 있다. 또 개인은 어떤 경우에도 수단이 될 수 없으며, 각 개인은 자유와 권리를 동등하게 지녔다는 점에서 평등한 존재라 주장하고 있다. 일반적으로 이러한 주장은 자유주의와 개인주의자들이 공통적으로 주장하는 내용이다. 그리고 우리는 이와 같은 자유주의의 고전 형식을 근대 경험론자인 로크의 자유주의와 사회계약론에서 발견할 수 있다. 그는 자연 상태에서 각 개인은 건강, 생명, 자유, 재산에 대해 동등한 권리(자연법적 기본권)를 가지며, 국가 또한 개인의 이러한 권리들을 보호하기 위해서 필요하다고 주장한다.

한편, 키케로는 '자연법'을 '인간이 만든 시민법(시민이 지켜야 할 법)과 만민법(모든 사람을 위한 법)에 우선하는 대자연의 원리'라고 정의한다. 이러한 자연법 사상은 근대에 와서 인간은 사회제도나 법률보다 우선하며, 따라서 '모든 인간이 평등한 권리를 갖는다'는 생각으로 발전했다. 그리고 자유롭고 평등한 개인들은 자신의 권리를 한층 더 잘 보호하기 위해 사회 계약에 동의하고, 그 결과 정치 공동체를 형성한다는 사회계약론으로 발전하면서 현대 민주주의의 이념인 '인간의 존엄성 실현'을 위한 이념적 기반이 되었다.

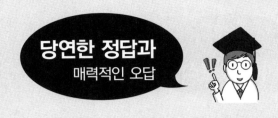

**당연한 정답과**
매력적인 오답

①, ②, ③ (가)는 자유주의와 개인주의에 관한 내용이기 때문에 개인의 인격권과 기본적 권리를 강조한다. 자유주의자들은 다수결의 원리가 '다수에 의한 독재'로 소수, 즉 개인의 자유를 침해하는 문제가 초래된다고 본다. 반면에 개인과 사회의 유기적 관계를 강조하는 것은 일반적으로 공동체주의자들의 입장이다. 매킨타이어와 같은 공동체주의자는 개인의 삶과 정체성을 그가 속한 '거대한 이야기 속에서' 파악하기 때문에 사회와 공동체가 개인에게 갖는 의미와 영향을 중시한다. 이외에도 우리에게 잘 알려진 『정의란 무엇인가』의 저자인 마이클 샌델 또한 공동체주의 관점에서 미덕과 가치를 강조한다. 결론적으로 ①, ②, ③은 자유주의자들보다는 공동체주의자들의 입장과 관련이 깊다고 할 수 있다.

④ 국가와 정부의 권위를 강조하는 것은 다양성이나 권력의 분산과는 반대 입장으로 홉스와 같은 절대주의 또는 권위주의적인 정부 형태에서 발견된다. 또 민주주의적인 의사결정 방식으로 강조되는 다수결의 원리에 대해서 자유주의자들은 소수의 의견이 억압될 수 있다는 이유로 거부감이 있다. 따라서 이 문항은 (가)의 자유주의 입장과는 상반되는 관점이다.

⑤ 자유주의자들은 권력의 분산과 다양성을 추구하며, 공동체주의자들과 달리 개인의 정체성을 사회와 독립된 관점에서 이해한다.

**정답 ⑤**

**문제 2]** 갑 사상가의 주장으로 (가)를 완성하려 할 때, (A), (B), (C), (D)
에 들어갈 질문 또는 진술로 옳은 것은?

> 갑 : 사회의 행복에 기여하는 모든 것은 직접적으로 우리에게 시인과 호의를 일으킨다. 왜
> 우리가 타인들에 대해 인간애와 동료의식을 갖는지 묻는 것은 불필요하다. 이것은 인
> 간 본성 안에 있는 원리로 경험된다는 것으로 충분하기 때문이다. 공동의 이익에 유
> 익한 결과라는 일반적인 인식이 정의의 유일한 토대이다.

(가)

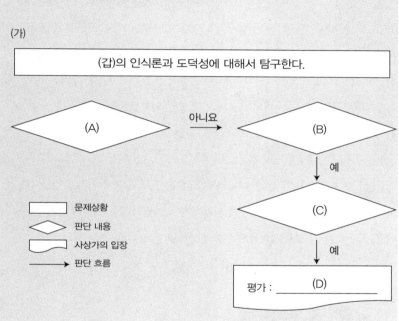

① (A) : 도덕성의 기초는 공감 능력인가?

② (A) : 관념과 지식은 인상과 경험에서 나오는가?

③ (B) : 실천적 지혜가 도덕적 덕을 갖추는데 필수적인가?

④ (C) : 어떤 행동을 하게 만드는 것은 공적 효용과 관련된 정서적 반응인가?

⑤ (D) : 주관주의를 비판하며 이성적 객관주의를 추구했다.

제시문 (가)의 내용이 누구인지를 파악하기 위해서는 먼저, 선인지 아닌지의 판단 기준으로 승인과 거부, 또는 시인과 부인을 제시했다는 것에 주목한다. 그 다음 어떤 행동이 도덕적인 지 판단할 때 '인간 사이의 자연스런 느낌'이라는 문구에 주목하며, 이두 가지를 종합하면 영국의 경험론자 흄이라는 사실을 알 수 있다. 흄은 느낌, 즉 감정을 이성보다 강조했으며, 이성이 아니라 감정이 모든 행위의 원인이라는 주장을 했다. 또 그는 어떤 행위가 사회적으로 시인과 부인의 정서를 낳는지의 기준으로 선과 악을 판단할 수 있다고 보았다. 마지막으로 그는 표에 있는 내용처럼 '이타심'과 같은 인정 많고 관대한 감정은 인류의 시인과 호의를 일으키기 때문에 최고의 가치를 지닌다고 강조했다. 이것이 이타심(자비심)의 덕이다. 흄은 제3자에게 기쁜 공감을 주는 행위를 악기의 현(絃)에 비유하여, 마치 악기의 현의 울림이 다른 나머지 현에 전달되어 울림을 주는 것처럼 모든 사람에게 기쁨의 정서를 일으킨다고 주장했다.

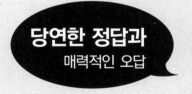

① 흄은 도덕성을 판단할 때 감정(정서)을 중시한다. 그가 강조했던 '도덕감'이란 다름 아닌 '도덕 감정'을 의미하며, '공감 능력' 또한 다른 사람의 행복과 불행을 함께 느 낄 수 있는 감정 능력을 의미한다. 그렇지만 보기의 흐름도에서는 '예'가 아니라,

'아니오'로 연결되어야 하기 때문에 틀린 물음이 나와야 한다. 그러므로 '도덕성의 기초가 공감 능력'이란 말은 흄의 주장이지만, '아니요'와 연결되어야 하기 때문에 정답이 아니다.

② ①과 마찬가지로 매력적인 오답이다. 흄은 경험론자이기 때문에 감정과 경험을 강조했다. 그는 우리가 오렌지 맛에 대한 관념을 알려주려면, 먼저 직접 오렌지를 가리키거나 아니면 우리가 경험한 오렌지에 대한 인상을 전달하면 된다고 주장한다. 이처럼 그는 감정과 경험을 중시한 경험론자였다. 또한 그는 우리의 감정 중에서 사회적 차원에서의 시인과 혐오(부인)의 정서(감정)를 특히 강조했다.

③ 고대의 대표적인 '덕 윤리'론자였던 아리스토텔레스는 도덕적인 덕의 형성을 강조하면서 특히 '실천적 지혜'가 필수적이라고 강조했다.

④ 흄은 정서주의(또는 주정주의)자이면서 또한 사회적 주관주의(즉 사회적 효용에 근거한 시인과 부인의 정서)를 주장한 인물이다. 그렇기 때문에 그는 사회적 유용성을 강조하는 공적 효용에 기초한 행위와 정서가 도덕적 가치를 지닌다고 생각했다. 결론적으로 흄은 감정과 정서를 행동의 원인으로 보았고, 사회적 유용성을 강조했던 인물로 공리주의 윤리에 중요한 영향을 주었다.

⑤ ④에서 말한 것처럼 흄은 정서주의자이면서 사회적 습관과 관습(전통)을 중시한 사회적 주관주의자이다. 그렇기 때문에 이성적 객관주의를 추구했던 칸트와는 다른 입장이다.

**정답 ④**

**문제 3]** 가), 나) 사상가의 내용을 충족하는 (A), (B)의 질문으로 가장 옳은 것은?

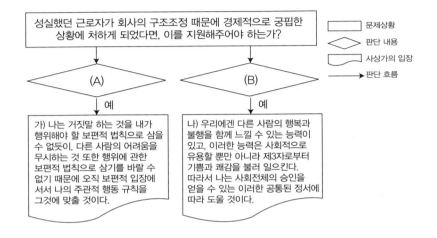

① (A) : 보편적 도덕 법칙에 지배를 받는 타율적 행위를 강조하는가?

② (A) : 이성은 선의지가 아니라 정서의 지배를 받는 역할을 하는가?

③ (B) : 도덕적 행위와 판단에서 중요한 것은 공통된 감정의 승인 여부인가?

④ (B) : 반복된 경험에 따른 습관이 곧 인과법칙을 형성하는가?

⑤ (A) : 이타적 정서가, (B) : 선의지가 도덕성의 주요한 요소인가?

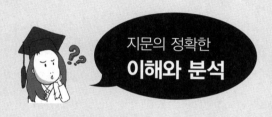
제시된 표의 가) 사상가는 언제나 보편적 관점에 비추어 자신의 행동 규칙인 격률(또는 준칙)이 보편적이고 객관적인 법칙과 일치해야 한다고 주장한다. 어떤 이유나 의도한 목적이 아니라 오직 옳기 때문에, 또는 행위의 보편적 법칙으로 받아들여도 좋다고 자신이 바랄 수 있는 그 자체로 따라야 할 법칙을 전제하는 것은 칸트의 의무론적 관점이다.

나) 사상가는 이타심이나 동정심 같은 인류의 보편적 정서인 감정에 기초해 어려운 처지의 사람을 돕는 행위는 우리 모두를 기쁘게 하고, 사회 전체로도 유용하다는 사회적 효용을 강조하기 때문에 흄의 입장이라고 할 수 있다. 그는 이성을 정서(감정)의 지배 아래 두었으며, 우리의 정서 중에서 타인의 행복과 불행을 함께 할 수 있는 공감 능력과 사회적으로 승인받을 수 있는 이타심의 정서를 도덕적 판단에서 가장 중요하게 여겼다.

**당연한 정답과**
매력적인 오답

① 칸트는 보편적 도덕 법칙을 자신이 따라야 할 의무로서 인식하고, 오직 이것만을 원인으로 하는 행위만이 선이라고 주장한다. 그래서 의무론적 윤리라고 하는 것이다. 그리고 이성을 통해 인식한 도덕 법칙을 따르는 행위를 칸트는 타율적 행위가

아니라 자율적이고 자발적인 행위라고 주장했다.

② 칸트는 오직 선을 실천하려는 선의지만이 무조건 선하다고 강조했다. 이성의 사명은 바로 이 선의지를 이끄는 것이다. 반면, 흄은 이성을 감정의 지배 아래 두면서 감정을 중시한 정서주의자이며, 특히 사회적 차원에서의 시인과 승인, 혐오와 부인이라는 정서를 선악을 판단하는 도덕 기준으로 삼았다. 그래서 사회적 주관주의라고 부른다.

③ 흄은 도덕적 정서(감정)를 '전체 인류에게 확장 가능한' 것으로 이해했다. 또 우리가 '도덕적'이라고 말할 수 있는 것은 '인류에게 공통된 정서', 즉 이타심이나 자비심 같은 감정이라고 생각했다. 따라서 이와 같은 도덕 감정에서 비롯된 행위는 우리의 '공감 능력'을 자극해 사회적으로 쾌감과 기쁨, 승인과 시인을 일으키기 때문에 도덕적이라고 주장한다.

④ 영국의 경험론은 흄에 이르러 막다른 지점에 이르는데, 특히 그는 인과 법칙, 즉 인과율을 인정하지 않았다. 그는 우리가 반복된 경험을 계속함으로써 형성된 습관적 믿음을 마치 원인과 결과가 확실히 존재하는 것처럼 믿게 되는 것이지 실제로 원인과 결과라는 법칙이 존재하는 것은 아니라고 주장했다.

⑤ 흄은 이타심처럼 도덕 감정에 기초해 공감을 일으키는 행위가 도덕적이라 주장했다. 반면, 칸트는 동정심이 인간의 자연적 경향성에서 나오는 것이기 때문에 도덕 기준으로 삼아서는 안 된다고 보았다.

정답 ③

**문제 4]** 갑과 을을 주장한 근대 사상가들과 관련된 내용으로 가장 옳은 것은?

> 갑 : 대개의 경우 사람들은 A와 B가 근접해 있고, A가 B보다 먼저 일어나 반복되는 경우들을 경험한 다음, A와 B 사이에 '일정한 결합'이 가능하다 생각하고, 나아가 A와 B 사이에 인과적 필연성이 있다고 믿는다. 이것은 미래는 과거와 비슷할 것이라는 습관의 결과일 뿐이다.
>
> 을 : 우리는 오직 이성과 지식의 모든 재료들을 경험으로부터 얻는다. 이렇게 보면 모든 관념들은 백지 상태에서 궁극적으로 감각과 반성으로부터 나온다. 모든 지식은 경험 안에 기초하고 있으며, 지식 자체는 경험으로부터 비롯된다. 하늘만큼 높고 숭고한 생각도 모두 경험에서 시작한다.

① 갑은 인과적 필연성은 존재하며 이는 경험과 습관에 의해 정당화된다고 주장한다.

② 갑은 생명과 건강, 자유와 재산을 국가 권력으로부터 침해받아서는 안 될 기본권으로 이해했다.

③ 갑과 을은 백지라는 본유 관념에 기초해 직관과 연역을 강조했다.

④ 갑은 이성을 감정 아래에 두고 행위의 동기를 감정에서 찾았다.

⑤ 갑은 합리적 이성을, 을은 감각적 경험과 관찰을 중시했다.

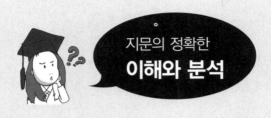

제시문의 갑은 지식과 관념이 어떻게 형성되는가에 대해서 시간적인 순서에 따라 일어나는 반복되는 습관적인 경험이 마치 A와 B 사이에 인과적 필연성이 존재하는 것으로 믿게 하는 관념을 형성한다고 주장한다. 따라서 참된 인과적 필연성이 존재하는 것이 아니라 미래에도 그럴 것이라는 습관적 경험에 의해 우리의 관념만이 존재하는 것이다. 흄은 이것을 우리의 관념이 서로 유사한 것들, 서로 근접한 것들, 그리고 서로 관계있다고 믿는 것들 사이에 어떤 인과적 법칙이 있다고 믿어서 나타난다고 주장한다. 즉 일종의 의식의 작용이지 실제로 인과적 필연성이 존재하는 것은 아니라는 뜻이다.

제시문의 을은 영국의 전형적인 경험론자인 로크의 주장이다. 우리는 그 단서를 ① 경험이 이성과 지식의 모든 재료이고, ② 지식은 백지 상태에서 경험으로부터 비롯되며, ③ 아무리 숭고한 생각일지라도 그 시작은 경험이라는 주장에서 발견할 수 있다.

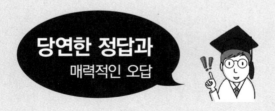

① 자칫 인과적 필연성이 있는 것으로 오해할 수 있지만 내용을 꼼꼼히 읽으면 인과적 필연성이 있는 것으로 '믿는다', 그것은 '습관의 결과'일 뿐이라는 결정적인 단서가 있다. 흄은 관념끼리의 결합 같은 의식의 작용이 있지 인과적 필연성이 정말로

있지는 않다고 보았다. 또 경험론자인 로크나 흄은 모두 합리론자들이 주장하는 생득관념(본유관념)을 인정하지 않는다. 왜냐하면 그들은 지식의 근거를 경험에서 찾기 때문이다.

② 갑은 흄의 주장이기 때문에 로크의 주장인 '생명과 건강, 자유와 재산은 국가 권력으로부터 침해받아서는 안 될 기본권'과 연결할 수 없다.

③ 그럴듯한 용어들의 나열로 묶인 문장이지만 의미가 통하지 않는 모순된 문장이다. 왜냐하면 '백지'란 로크의 개념이고, '본유 관념, 직관과 연역'은 데카르트 같은 합리론자의 개념이기 때문이다.

④ 흄은 이성은 감정의 노예일 수밖에 없다고 주장하여 정서의 중요성을 부각시켰다.

⑤ 로크와 흄은 모두 근대 영국의 경험론을 대표하는 사상가들이다. 그리고 흄에 이르러 영국의 경험론은 보편 지식의 타당성을 의심하는 회의적 성격을 드러낸다. 그렇지만 사상적으로 흄의 윤리는 사회적 유용성을 부각시켜 공리주의 윤리에 큰 영향을 미쳤다. 문항의 내용에서 감각적 경험과 관찰을 강조하는 것은 경험론이고, 합리적 이성을 강조하는 것은 이성주의의 주장이다.

정답 ④

# 2 이성주의 : 데카르트, 스피노자, 라이프니츠

## (1) 데카르트(René Descartes, 1596 – 1650)

첫째, 어떤 건물이 견고한 설계와 확실한 기초 공사 위에서 세워졌다면, 그 건물은 강한 지진에도 끄떡없이 견딜 것이다. 마찬가지로 '의심의 여지가 없는 확실한' 토대 위에 세워진 지식이라는 구조물이 있다면, 어떤 의심이나 회의에도 흔들리지 않고 견고할 것이다. 그러나 반대로 지식의 구조물이 감각이나 경험처럼 믿기 어려운 것을 통해 얻은 것이라면 작은 의심에도 쉽게 흔들리고 무너질 것이다. 그래서 어떤 회의주의자도 더 이상 의심할 수 없는 '명석하고 판명한(clear and distinct)' 지식의 구조물을 짓기 위해 데카르트는 지금까지 참이라고 여겼지만, 사실은 우리를 속였을지도 모를 견고하지 못한 지식과 신념들을 불확실하다고 '의심'하고, 이를 대체할 새롭고 '의심의 여지가 없는 지식'의 기초를 만들려고 했다. 이를 위해 그가 사용했던 방법을 '데카르트의 회의(의심)적 방법(또는 방법적 회의)'이라고 한다.

"내가 지금까지 참된 것이라고 간주해 온 것은 모두 감각을 통해 받아들인 것들이었다. 그런데 감각은 종종 우리를 속인다는 것을 이제 경험했고, 한 번이라도 우리를 속인 것이라면 그것은 전적으로 신뢰하지 않는 것이 현명한 일이다."

> "나는 유능하고 교활한 악령이 온 힘을 다해 나를 속이려 한다고 가정해서, … 의심해보았다."
> "만약에 당신의 통 속에 있는 썩은 사과들을 걱정한다면, 그 사과를 모두 쏟아낸 뒤, 그것들을 하나씩 검사해서 통 속에 다시 넣어야 할 것이다. 당신이 검사한 사과가 온전하다고 확신할 경우에만, 그것들을 통 속에 다시 넣어야 한다. 단 하나의 썩은 사과가 나머지 모든 사과를 썩게 할 수 있기 때문이다."

둘째, 데카르트는 모든 것을 의심하면서도 이 모든 것들을 '의심하고 있는 자신(즉, 생각하고 있는 자신의 의식)'만은 의심할 수 없었고, 또 이 의심하고 있는 것만큼은 반드시 존재해야 한다고 생각하기에 이르렀다. 이렇게 나온 명제가 '나는 생각한다. 그러므로 나는 존재한다(Cogito ergo sum)'이다. 그는 이것이 더 이상 어떤 의심도 필요 없는 자명하고 명증적인 것이라 생각하고, 이것을 진리 인식을 시작하는 제1원리인 '아르키메데스의 기점(더 이상 흔들림이 없는 지식의 확실한 기초이자 근본 토대가 되는 자명한 진리, 공리)'으로 삼았다. 또한 데카르트는 우리 정신이 지식을 탐구할 때 반드시 지켜야 할 규칙을 제시하고, 확실한 지식에 이를 수 있는 것은 '본유 관념(또는 생득관념)' 때문이라 주장한다. 그리고 이를 통해 더 이상 의심의 여지가 없는 참된 지식을 '직관과 연역'을 통해 논리적으로 추론할 수 있다고 확신했다.

> "나는 이전에 내 정신 안으로 들어왔던 모든 것들을 꿈속의 환영처럼 더 이상 참이 아니라고 가정했다. 그렇지만 이렇게 거짓으로 간주하는 동안에도 의심(생각)하는 나 자신만큼은 여전히 그 무엇이어야 했다. 그러므로 '나는 생각한다. 그러므로 나는 존재한다.'"

"내가 참이라는 것을 명확하게 알지 못한 것은 결코 참이라고 받아들이지 말라. 어떤 의심도 없이 분명하게 나의 정신에 제시되는 것 이외에 나의 판단에 어떤 다른 것도 포함시키지 말라."

"정신을 지도하는 규칙 2 : 정신이 의심할 수 없는 인식을 만족스럽게 얻을 수 있다고 판단되는 대상만 다루어야 한다. 모든 지식은 명증적이기 때문에 개연적인 것은 버리고, 더 이상 의심할 수 없는 것만 신뢰해야 한다. … 정신을 지도하기 위한 규칙 3 : 우리가 다루려는 대상은 예측이나 억측이 아니라 명증적인 직관이나 확실한 연역이 가능해야만 한다. 오직 이것만이 지식을 획득할 수 있기 때문이다."

"명증적 직관(evident intuition)과 필연적 연역(necessary deduction)을 제외하고는 진리의 확실한 인식에 이르는 길은 없다."

"직관이란 감각적 믿음이나 그릇된 상상력에 의한 판단이 아니라 순수하고 주의를 집중하는 정신에 의한 단순하고 판명한 파악이기 때문에 이렇게 인식된 것은 어떤 의심을 품을 수도 없다. 예를 들어 우리 각자가 존재하고 있는 것, 사유하는 것, 삼각형은 세 변이며, 원은 단일한 표면으로 둘러싸여 있다는 것 등이다."

"연역이란 어떤 하나가 확실하게 인식되는 다른 어떤 하나에서 필연적으로 도출된다는 것을 말한다. 마치 길게 연결된 사슬의 처음과 마지막이 연결되어 있는 것처럼. 그러므로 직관과 연역은 차이가 있다."

"(진리는) 본래부터 우리의 영혼 속에 존재하는 진리들의 싹 이외의 어떤 것으로부터도 나올 수 없다. … (우리는) 생득 관념과 관계하려는 어떤 경향을 가지고 태어난다."

셋째, 이처럼 데카르트는 '생각(사유, thought, consciousness)하고 있는 자아(의식)'가 확실히 존재한다는 것을 명석판명(clear and distinct)하다고 확신했고, 이것을 사유 능력이 없는 나머지 모든 것들과 대비시킨다. 이로써 생각하는 자아와 이러한 능력을 갖지 못하는 사물(자연)이 존재한다는 것이 명확해졌다. 그는 이에 근거하여 존재하는 것들을 두 가지, 즉 전자의 정신적인 것(정신적인 실체)과 후자의 물질적인 것(연장적인 실체)으로 구분한다. 또 그는 동물에 대해서는 사유 능력이 존재하지 않는 일종의 기계적 '자동장치'라 규정한다. 인간중심주의에 기초한 그의 이러한 이분법은 인간의 자연 지배를 정당화하고 있을 뿐만 아니라 근대 이성주의 사고의 전형을 보여주고 있다.

> "동물은 정신을 갖고 있지 않으며, 기관의 배치에 따라 작동하는 바로 그 자연이다. 그것은 바퀴와 태엽만으로 만들어진 시계가 우리의 모든 능력 이상으로 정확하게 시간을 가리키는 것과 같은 것이다."
> "나를 나이게 해주는 정신은 물체와는 전혀 다른 것이며, 심지어 물체보다 쉽게 인식되며, 심지어 물체가 존재하지 않는다 해도 정신은 스스로 존재한다."

## (2) 스피노자(Baruch de Spinoza, 1632 - 1677)

첫째, 스피노자는 데카르트 학문의 영향을 받았기 때문에 이성에 의한 연역적·수학적 원리를 학문 방법으로 중시했다. 그는 이 세계가 마치 수학적인 법칙적 질서에 따라 운영되는 거대한 하나의 기계라고 생각했다. 따라서 모든 현상은 우연이 아니라 원인과 결과라는 인과적 필연성에 의한 것이라 주장했다.

"[제1부 정리29] 우주에서 우연한 것이란 없다. 이미 신적인 필연성에 의해서 결정되어 있다."

"[제1부 정리25] 신은 사물이 존재하도록 하는 원인일 뿐만 아니라 사물의 본질을 이루는 원인이기도 하다."

"[제2부 정리44] 사물을 우연이 아니라 (영원의 상 아래에서) 필연적으로 고찰하는 것이 사물의 본성이다."

둘째, 스피노자는 동시에 데카르트의 정신 대 육체라는 이원론을 극복하기 위해 일원론적인 범신론적 체계를 주장했는데, 이것이 '신 즉 자연'이라는 개념이다. 신이란 다른 어떤 존재로부터 나올 수 없는 절대적이며 그 자체로서 존재하는 영원하고 무한한 존재, 즉 실체이다. 이런 신은 오직 자기 스스로의 원리에 따라 운영되기 때문에 어떤 간섭이나 강요를 받지 않는다. 스피노자는 이처럼 무한한 속성과 자기 스스로의 원리에 따라 운영되는 것을 '자연'이라고 보았기 때문에 그에게 신이란 그리스도교의 유일신이 아니라 유기적 자연과 동일한 의미이다.

"[제2부 정리1] 신은 사유의 속성이며, [제2부 정리2] 연장 (또한) 신의 속성이다."

"[제1부 정리17] 신은 오직 자기 본성(신적 필연성)에 따라 활동하기 때문에 다른 어떤 것에 강요받거나 구속되지 않는다."

"[제1부 정의3] 실체란 그 자체로서 존재하며 다른 실체에서 산출될 수 없다. 실체는 무한한 속성을 지니며 자기 원리에 따라 법칙적으로 운영되기 때문이다."

"[공리4] 신은 사물이 존재하도록 하는 원인이자, 모든 사물의 본질을 이루

셋째, 신이 곧 자연이고, 모든 것이 자연의 필연적 원리에 의한 것이라면, 인간 또한 우연이 아니라 필연의 결과이다. 따라서 우리의 몫은 우리가 진정으로 이성적인 존재가 되어 사물들에 내재하는 신(자연)의 필연적 인과 법칙을 깨닫고, 그 안에서 세계(우주) 자연과 조화를 이루고 지적으로 만족하면 그만이다. 또 우리가 우주·자연과 조화를 이룬다는 것은 우리의 마음을 불안하고 혼란(동요)스럽게 하는 수동적이고 우연적인 감정과 욕망의 지배로부터 벗어나 진정한 자유인, 즉 신적인 필연성의 원리를 이성으로 관조[2]한다는 것을 의미한다. 스피노자는 이 상태에서 우리가 참된 마음의 평화와 안정을 이루고, 이웃·우주와도 조화를 이룰 수 있다고 보았다. 그리고 이러한 경지를 인간이 느낄 수 있는 유일한 최고선(행복, 자기만족, 평온한 행복)이라 생각했다.

"[제2부 정리44] 이성의 본성은 사물을 우연이 아니라 필연에 의해서 고찰하는 것이다."
"[제2부 정리32] 우리 모든 관념은 신과의 관련성 안에서만 참이다."
"[제4부 정리35] 인간은 이성을 따를 때에만 언제나 본성과 필연적으로 일치한다."
"[제4부 정리52] 자기만족은 이성으로부터 나오며, 이성으로부터 나오는 이 만족만이 최고의 것이다."

---

2) 관조(觀照) : ① 고요한 마음으로 사물이나 현상을 관찰하거나 비춰 봄. ② 미(美)를 직접적으로 인식하는 일. ③ 지혜로 모든 사물의 참모습과 나아가 영원히 변하지 않는 진리를 비춰 봄.

"[제2부 정리41] 감각과 막연한 경험에 의한 인식은 오류의 유일한 원인이다. 그러나 이성과 직관에 의한 인식은 필연적으로 참이다."

"[제3부 정리53] 정신은 자기 자신과 함께 자신의 활동 능력을 인식할 때 기쁨을 느낀다. 그리고 자신의 활동 능력을 자신과 함께 보다 명확하게 인식하면 할수록 더 큰 기쁨을 느낀다."

"[제1부 정의8] 자유란 오직 자신의 본성에 의한 필연성에 따라서만 존재한다."

"[제4부 정리24] 참으로 덕 있는 행동이란 이성의 지도에 따라 자기 이익을 추구하는 것이다."

"[제4부 정리53] 겸손이나 후회는 이성에서 나오지 않기 때문에 덕이 될 수 없다."

"[제4부 정리52] 자기만족은 이성으로부터 나오며, 이성으로부터 나오는 만족만이 최고의 것이다."

"[제4부 부록] 가장 유익한 삶이란 지성 또는 이성을 완전하게 하는 삶이다. 이것만이 최고의 행복(지복)에 이르게 할 수 있다. 이것은 신을 직관적으로 인식하면서 얻는 정신적 만족이다."

### (3) 라이프니츠(Gottfried Wilhelm von Leibniz, 1646 - 1716)

첫째, 라이프니츠는 데카르트의 실체 이원론(연장적 실체, 정신적 실체)을 부정했는데, 그 이유는 인간에게 이 두 실체가 어떻게 상호작용하는지 설명이 어렵기 때문이었다. 그는 또 스피노자의 실체론도 거부했는데, 그 이유는 스피노자의 범신론적 일원론은 신과 자연(만물)을 동일시하여 자연이 자연의 일부라 보았기 때문이다.[3] 대신 라이프니츠는 참된 유일한 실체를 '단자(單子, 단일성, monad)'라고 주장한다. 그에 의하면 하나의 사물(복합 실체)은 여러 개의 단순한 실체(단자)들의 총합에 지나지 않는다. '전체란 부분의 총합에 불과'하기 때문에 하나의 사물을 이루기 위해서는 가장 최소 단위의 실체, 즉 단자가 있어야 한다는 것이다. 그렇지만 그는 고대 원자론자들처럼 실체를 물질적 원자라고 보지 않았다. 왜냐하면 그것은 생명과 영혼이 없기 때문이다. 이 때문에 그는 역동적인 힘을 지닌 단일한 정신적 단위의 실체를 주장했는데, 그것이 '단자'이다. 그에게 이 단자는 우주의 기본 단위이자 궁극적인 참된 실체인 것이다.

"복합 실체가 있기 때문에 단순 실체가 있어야 한다는 것은 당연하다. 왜냐하면 복합물은 단순 실체들의 단순한 집합이거나 집합체에 지나지 않기 때문이다."

"복합 실체는 단자들의 집합이다."

GOTTFRIED WILHELM VON LEIBNIZ

둘째, 각각의 실체인 단자들은 서로 독립적이기 때문에 자기만의 고유한 활동 원리를 갖고 있고, 그 원리에 따라 활동한다. 따라서 신·인간·동물·식물·무생물은 모두 단자(영혼, 정신)로 이루어져 있으며, 이를

---

3) 라이프니츠는 "모나드(실체)의 문제만 제외하면 스피노자의 입장은 옳았다"라고 말한 적이 있다. 라이프니츠에 의하면 정신은 더 높은 단계의 명료성을 지닌 모나드들로 구성되어 있고, 육체는 더 낮은 명료성을 지닌 모나드들로 구성되어 있다. 또 이 둘은 서로 독립적이지만 신에 의해 서로 함께 하도록 예정된다.

이루는 단자들 사이에 질적인 차이는 전혀 없다. 단지, 깨어남에서의 차이를 뜻하는 정신적인 명료성(clearness, 깨어남)만 차이가 있다. 즉 모든 것은 단자(정신, 영혼)로 존재하며, 깨어난 정도에서만 차이가 있을 뿐이다. 그럼에도 단자들은 서로 질서 정연하게 조화를 이루고 있는데, 그 이유는 신이 각각의 단자들에 대해서 고유한 목적을 이미 부여했기 때문이라고 그는 주장한다. 이렇게 되면 세계는 보편적 조화를 가능하게 하는 신에 의해 미리 조화롭도록 예정되어 있다는 논리가 성립하게 된다. 즉 자기충족적인 신이 모든 단자들을 질서 있게 배열함으로써 미리 조화를 예정했다는 것(예정조화설)이다. 이제 우리 인간은 자신의 고차적인 정신 능력을 통해 자신과 세계에 대한 이러한 진리, 즉 예정 조화를 인식할 수 있도록 노력해야 하며, 그러한 인식을 통해 자유가 가능해진다. 결론적으로 정신과 육체는 데카르트나 스피노자와 달리 신에 의해 미리 조화를 이루도록 예정되어 있는 것이다.

"단자들 사이에는 창이 없다(독립성)."

"음악가들이 연주하는 여러 악기와 합창단(또는 교향악단)처럼 이들은 제각각 연주되고 각자의 자리를 잡고 있기 때문에 서로 독립적임에도 불구하고, 이들은 완전한 화음과 조화를 이룬다."

"신은 각각의 실체(모나드)가 자신의 고유한 법칙만을 준수해도 서로 조화를 이룰 수 있도록 실체의 속성을 미리 정해놓았다."

"자유란 (신이 정해놓은) 자기의 내적 본성의 전개이지 선택 능력이나 의지력이 아니다."

"왜 하필이면 다른 사물이 아니고 현재의 사물이 되어 존재하는가에 대한 참된 원인은 신의 의지의 자유로운 규율에서 비롯된다."

셋째, 라이프니츠에게 악이란 완전성이 결여된 '결핍'에 불과한 것이다. 이 말은 악이란 전체적인 조화를 위해 필요불가결한 결핍이라는 뜻이다. 예를 들어 잘 짜여진 한 폭의 그림에서 볼품없이 그려진 작은 부분들은 모두 작가의 의도이며, 바로 이 때문에 그 그림은 더욱 입체적이고 작품성을 더 하게 된다. 마치 침묵 때문에 소리가 드러나고, 어둠 때문에 빛이 드러나는 것과 같다. 그러므로 결핍과 불완전함을 뜻하는 악은 전체적인 선을 위해 필요한 신의 예정에 따른 것이다. 그런데 인간은 더욱 명료한(깨어난) 정신을 갖고 있기 때문에 신의 뜻이 전개되고 실현되는 과정을 인식함으로써 자유로울 수 있다.

**문제 1]** 다음 내용을 주장한 서양 사상가와 관련된 내용으로 가장 옳은 것은?

○ 우리의 정신을 지도하는 규칙 2 :

정신이 의심할 수 없는 인식을 만족스럽게 얻을 수 있다고 여겨지는 대상만 다루어야 한다. 모든 지식은 명증적이어야 하기 때문에 개연적인 것은 버리고, 더 이상 의심할 수 없는 것만 신뢰해야 한다.

○ 우리의 정신을 지도하는 규칙 3 :

우리가 다루려는 대상은 예측이나 억측이 아니라 명증적인 직관이나 확실한 연역이 가능한 것이어야 한다. 오직 이것만이 지식을 획득할 수 있기 때문이다. 이렇게 볼 때 우리가 눈으로 보는 것은 가짜일 수 있으며, 기억하고 있는 모든 것도 거짓일 수 있다. 심지어 우리의 기억이란 발생한 적이 없을 수도 있다.

① 진정한 자유인은 자신의 정신을 자연과 하나가 되도록 관조하는 삶을 살아간다.

② 진리의 객관적인 기준은 실용성에 있으며, 그것은 경험세계에 대한 관찰에서 시작된다.

③ 자명한 진리는 직관과 이성에 의한 논리적 추론을 통해 가능하다.

④ 지식의 근원은 이성과 사유 능력이 아닌 감각적 경험이다.

⑤ 자연은 인과법칙을 따르는 유기적으로 구성된 거대한 하나의 기계이다.

위의 지문은 근대 합리론자인 데카르트의 '정신지도를 위한 규칙'의 일부 내용이다. 이를 몰라도, 우선 '우리의 정신이 다루어야 할 것은 더 이상 의심의 여지가 없는' '명증적'인 것이어야 한다는 점, 다음으로 '참된 지식은 억측이 아니라 직관과 연역에만 근거해야 한다는 것'으로 보아 이성과 사고 능력을 절대적으로 신뢰했던 데카르트의 주장임을 추론할 수 있다. 또 우리가 '보고 있는 것이 가짜일 수 있으며, 기억하고 있는 모든 것도 거짓일 수 있다'라는 문장을 음미하면 그것이 '방법적 회의'와 관련 있다고 추론할 수 있을 뿐만 아니라, 감각과 경험·상상력은 신뢰할 수 없는 불확실한 것이라는 판단도 끌어낼 수 있다. 이것은 데카르트가 자신의 『방법서설』, 『성찰』에서 공통적으로 언급하고 있는 내용인데, 그는 감각과 경험적 관찰, 그리고 우리의 기억이나 상상력을 '꿈속의 환영처럼' 참된 것이 아니라고 부정했다. 그는 확실하지 않은 지금까지의 신념을 모두 의심하고 폐기함으로써 더 이상 의심할 수 없는 확실성을 지닌 원리를 '방법적 회의'를 통해 발견하려고 했다. 그는 의심이라는 사고와 의식 작용을 통해 최종적으로 이렇게 의심하고 있는 자신의 정신이 존재한다는 것만큼은 더 이상 의심할 수 없다는 결론에 이르는데, 그것이 정신적 실체인 '사유하는 자아'에 대한 확신이다.

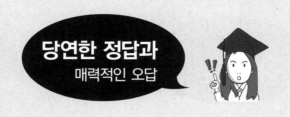

당연한 정답과
매력적인 오답

① 스피노자는 우리가 이성에 의한 지식이 부족하고 결핍될 때 정념과 욕망에 사로 잡히고, 이처럼 정신이 수동적 상태로 구속될 때 타당한 관념을 갖지 못해 오류를 저지른다고 주장한다. 그렇기 때문에 그는 우리의 정신이 온전하게 이성적이 되어 타당한 관념과 필연성에 따라 활동해야 한다고 강조한다. 그리고 이러한 이성의 작용을 따르는 것을 '자유'라 했고, 그러한 상태에 이르는 사람을 '자유인'이라고 보았다.

② 진리의 기준을 실용성에 두는 대표적인 사상은 실용주의이다. 그리고 경험 세계에 대한 관찰과 실험을 통해 지식에 이르려고 하는 것은 근대의 경험론이 추구하는 인식론이다. 데카르트는 경험론이 주관적이고 단편적이어서 지식의 근원으로 적절하지 않다고 보았다.

③ 지식의 근원을 우리의 정신 속에 포함된 진리, 즉 태어날 때부터 우리의 영혼 속에 존재하는 '본유 관념'이라 주장하고, 이를 이성을 통해 직관 및 연역함으로써 획득할 수 있다고 주장하는 것이 데카르트의 인식론이다.

④ 지식의 근원을 이성에 두는 것은 이성주의 입장이고, 감각 경험에 두는 것은 경험주의 입장이다.

⑤ 자연이 곧 신이며, 우주 자연을 인과 법칙이 지배하는 유기적으로 이루어진 거대한 하나의 기계라고 묘사하는 것은 스피노자의 범신론이다. 그는 이성을 통해 이러한 필연성을 인식하고 따르는 것을 '자유'라고 생각했다.

정답 ③

**문제 2]** 갑과 을을 주장한 사상가들과 관련된 내용으로 가장 옳은 것은?

> 갑 : 현실의 모든 물체는 공간이나 질량 같은 연장(extension)의 속성을 갖기 때문에 그 사물을 지배하는 역학적, 수학적 법칙에 따라 작용한다. 동물도 마찬가지인데, 이 점에서 동물은 일종의 '자동장치'이다.
>
> 을 : 존재하는 것은 모두 신 안에 있으며, 신이 없는 사물이란 상상할 수 없다. 따라서 신은 절대적으로 무한한 존재이다. 우리는 신에 대한 지식이 부족할 때 욕망에 사로잡히게 되기 때문에 신에 대한 지적인 사랑이 필요하다.

① 갑은 참된 진리를 찾기 위해 주관적 지식에 대한 신뢰로부터 출발했다.
② 을은 신을 실존을 통해 만나야 할 인격적 존재로 보았다.
③ 을은 신앙과 이성을 대립이 아니라 보완적 관점에서 보려고 했다.
④ 갑과 을은 직관과 연역을 진리 발견의 원칙으로 강조한다.
⑤ 갑은 사유, 을은 주체적 삶을 통해 진리를 추구했다.

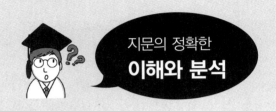

지문의 정확한
이해와 분석

사상가의 사상을 체계적으로 이해하지 못하고 있는 학생들에게 혼란을 초래하는 몇 개의 개념들이 두 번째 지시문에 제시되어 있다. 예를 들어 '신', '절대적이며 무한한 존재인 신'이 그렇다. 이런 문장은 문구만 따로 읽지 말고 전체로 파악해야 한다.

갑은 '살아있는 물체'는 '연장'의 성질을 갖고, 필연성(역학, 수학적)의 법칙에 따라 지배된다고 함으로써 어떤 사상인지 명확하게 암시하고 있다. 즉 생물이나 동물을 물체로 파악하면서 그것들이 마치 기계처럼 자동적인 기계 장치와 같다고 말하고 있다. 또 이것들은 자신이 존재하기 위해 연장의 속성을 갖는다고 말하고 있다. 따라서 제시문은 데카르트임을 알 수 있다. 왜냐하면 데카르트는 실체를 정신적 실체와 연장적 실체로 구분했고, 동물과 같은 자연을 자동적인 법칙에 따라 운영되는 기계와 같은 것으로 파악했기 때문이다.

을은 스피노자의 사상이다. 그에 의하면 유일한 실체로서 신, 즉 자연은 무한한 속성을 지녔기 때문에 자신의 질서와 법칙에 따라 필연적으로 전개된다. 따라서 인간은 이성을 통해 이러한 신의 법칙을 알기 위해 '신에 대한 지적인 사랑'을 해야 하며, 이성적 존재인 인간 또한 신적 자연의 일부이기 때문에 자신의 이성적 본성에 따라 필연적으로 행동해야 한다. 왜냐하면 모든 것은 '자신의 본성과 일치하는 경우에만 필연적으로 선'이기 때문이다. 따라서 인간은 이성의 지도를 받아 신적인 '영원의 상(像) 아래서' 행동해야 한다. 또 이렇게 해야만 유한하고 불충분한 지식이 초래하는 마음의 동요나 불안에서 벗어나 온전히 이성적일 수 있다. 그에게 진정한 자유란 '오직 자신의 본성에 의해 필연성을 따르는 것이다. 그렇지 않으면 욕망이나 충동에 지배를 받아 이것의 노예와 예속의 상태에 머물게 된다. 따라서 행위의 필연성을 강조하는

그의 사상에서 자신의 목적을 스스로 세우고 선택하며, 현실의 처지를 바꾸고 개척
또는 극복하려는 일반적인 의미의 자유 의지에 대한 강조는 발견하기 어렵다.

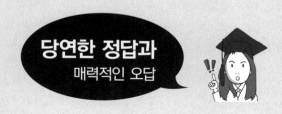

① 합리론자인 데카르트는 진리 탐구에서 이성을 신뢰했기 때문에 주관적 지식을 폐
   기했다.

② 신을 실존을 통해 만나야 할 인격적인 존재로 파악한 것은 중세 교부철학자인 아
   우구스티누스의 입장이다.

③ 신앙과 이성을 상호 보완의 관점에서 파악한 것은 스콜라 철학의 입장이다.

④ 데카르트와 스피노자는 모두 합리론자이기 때문에 직관과 연역이 진리 탐구에서
   가장 이상적인 방법이라고 생각했다.

⑤ 합리론자들은 이성과 사유를 신뢰했으며, 주체적 삶을 진리와 연관시킨 것은 실존
   주의자의 관점이다. 스피노자는 자유란 자신의 신적인 본성, 즉 필연성을 따르는
   것이며, 그와 반대되는 것은 외부의 원인에 지배를 받는 예속 상태로 보았다.

정답 ④

**문제 3]** 갑과 을을 주장한 사상가들과 관련된 내용으로 가장 옳은 것은?

> 갑 : 우주의 모든 존재(인간, 동식물, 물질)는 영혼으로 존재하며, 그들 사이에는 질적인 차이는 없고 명료성(clearness)의 정도만 차이가 있을 뿐이다.
>
> 을 : 우리 삶에서 가장 중요한 것은 몸의 고통과 마음의 불안을 없애는 것이다. 왜냐하면 이것만으로 쾌락에 이를 수 있기 때문이다. 허황된 욕구와 감각적 쾌락을 지나치게 추구하기보다는 최소한의 욕망에 만족하는 삶을 살아야 한다.

① 갑은 참된 궁극적 실체를 물질적 원자론에 기초하여 단자라고 주장한다.
② 을은 정신과 영혼이 지닌 역동적 힘과 실체 이원론을 주장했다.
③ 갑은 정신적 실체를 참된 것으로, 을은 감각과 경험을 판단 기준으로 삼았다.
④ 갑은 영혼 사이의 상호의존성을, 을은 이성과 자연의 법칙을 강조했다.
⑤ 갑은 자연적이며 필수적인 것을, 을은 우주의 예정조화를 강조했다.

갑 : 인간, 동식물, 물질 등 우주의 모든 존재가 정신적 단일 실체인 영혼, 즉 단자들로 이루어져 있다고 주장한 사상가는 합리주의자 라이프니츠이다. 그는 단자들 사이에는 깨어남(명료성)에서만 차이가 있을 뿐 질적인 차이는 없다고 보았다. 그리고 인간은 보다 높은 고차적 정신 능력과 반성 능력이 있기 때문에 자신과 세계의 참된 질서에 대해 인식할 수 있다고 보았다. 또 그는 단자를 하나의 '축소된 세계', '우주의 거울', '소우주'에 비유했는데, 그 이유는 단자 하나하나가 모두 자신들의 정신의 명료성에 따라 우주를 반영한다고 보았기 때문이다.

을 : 우리 삶에서 가장 중요한 것이 몸의 고통과 마음의 불안을 없애는 것이라고 주장한 사상가는 에피쿠로스이다. 그는 이처럼 고통이 없는 상태를 순수한 쾌락의 상태, 즉 아타락시아라고 강조했다. 이 상태를 위해서는 세속적인 삶에 적극적으로 참여하기보다는 조용하고 은둔적인 삶이 중요하다고 주장했다. 그리고 최소한의 욕망만으로 절제와 검소를 실천해야 한다고 가르쳤다. 또 에피쿠로스는 쾌락과 행복(선)을 동일시했으며, 자연적이며 필수적인 것에 대한 욕구를 중시하면서 지나친 욕망을 줄이라는 절제와 검소를 요구했다.

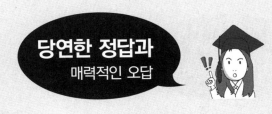

**당연한 정답과**
매력적인 오답

① 고대 물질적 원자론자였던 데모크리토스와 달리 라이프니츠는 참된 궁극적 실체를 정신적 단위의 실체인 모나드라 하면서 단자설을 주장했다.

② 라이프니츠는 실체가 생명, 역동적 힘을 지녀야 한다고 생각했기 때문에 정신적 실체인 단자를 주장했고, 실체 이원론을 주장한 근대의 대표적인 합리론자는 데카르트이다.

③ 합리주의에는 데카르트, 스피노자, 라이프니츠 등이 있으며, 이들은 모두 공통적으로 이성을 통해 참된 진리를 인식해야 한다고 강조했다. 반면에 에피쿠로스는 감각 지각을 진리의 기준으로 삼았다.

④ 라이프니츠는 단자들은 각각 정신적 단일체들이기 때문에 독립적이지만, 창조된 목적에 따라 각자 행동하기 때문에 교향악단처럼 완전한 화음을 이루는 조화를 만들어낸다고 보았다. 스토아 사상은 이성과 자연의 법칙을 따를 것을 강조했다.

⑤ 갑과 을의 위치가 바뀌었다. '을'의 에피쿠로스는 자연적이며 필수적인 욕구를 따를 것을 강조했다. 에피쿠로스의 쾌락주의는 지속적이며 정신적인 쾌락을 강조했으며, 때로는 절제를 주장했고, 부분적으로 금욕적 성격을 드러내기도 했다. '갑'의 라이프니츠는 단자들이 창조된 목적에 따라 행동하며, 이렇게 해서 이루어지는 단자들 사이의 질서 정연한 조화를 신이 미리 예정해 놓았다는 예정 조화를 주장했다.

정답 ③

**문제 4]** 그림의 (가)와 (나)에 해당하는 사상가들의 관점으로 가장 옳은 것은?

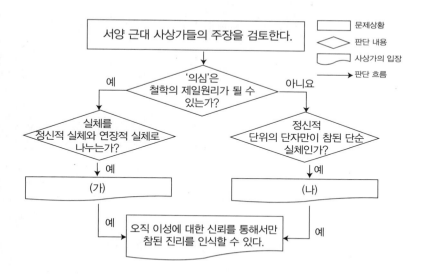

① (가)는 인간과 자연을 신, 자연의 관점에서 이해했다.
② (나)는 단자들의 우연한 배열이 조화를 낳는다고 보았다.
③ (가)는 신을 능산적 자연과 소산적 자연으로 분류했다.
④ (나)는 본래부터 우리의 영혼 속에 진리의 싹이라 할 수 있는 생득관념이 있다고 보았다.
⑤ (가)는 사유하는 자아, (나)는 단자의 역동적인 힘을 강조했다.

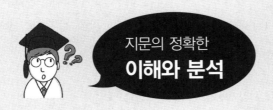

위의 표는 근대 합리주의자인 (가)데카르트와 (나)라이프니츠에 관한 내용이다. 데카르트는 더 이상 의심의 여지가 없는 자명하고 확실한 지식의 기초를 확립하기 위해 '의심'이라는 방법, 즉 '방법적 회의'를 사용했으며, 이를 통해 'Cogito ergo sum'이라는 제1원리를 발견한다. 그는 이에 근거하여 사고하는 자아를 '정신적 실체', 그리고 이러한 능력을 결여한 자연과 동물을 의식이 없는 자동 기계장치, 즉 연장적 실체라는 이분법으로 구분했다.

라이프니츠는 외부의 힘을 받지 않는 능동성을 지닌 단자를 참된 정신적 실체로 파악했다. 라이프니츠의 모나드는 네 가지 특성이 있다. 1) 모나드는 형이상학적인 '점'이다. 즉 존재하는 것들의 본래 근거는 점과 같은 형태의 실체들이다. 따라서 연속성을 가질 수 없다(독립적). 이제 막 발명된 현미경은 그에게 이런 믿음을 더욱 굳게 했다. 2) 모나드는 힘이며, 힘의 중심체이다. 즉 하나의 물체는 수많은 힘들의 중심이 이루어지는 복합체이다. 3) 모나드는 영혼이다. 특히 인간의 영혼은 한층 높은 단계의 의식을 갖고 있다. 또 가장 높은 단계의 신에게는 무한한 의식과 전지전능이 있다. 4) 모나드는 개체이다. 동일한 모나드는 존재하지 않으며, 신에서 최하위의 모나드까지 빈틈없는 연속적인 계열을 이루고 있다. 그러므로 인간은 이를 이해하려고 노력해야 한다.

데카르트와 라이프니츠는 데카르트와 함께 근대 합리주의 사상가로 이성에 대한 신뢰에 기초해 진리를 파악했으며 기계론적 관점을 받아들였다.

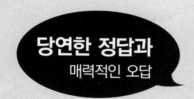

① '신 = 자연'은 고대 스토아 사상과 근대 스피노자의 합리론에서 나타나는 주장이다. 스토아 사상은 신을 우주적 이성 또는 로고스로 보았고, 스피노자는 자연 그 자체를 신으로 인식했다.

② 라이프니츠는 조화를 단자들의 우연한 배열이 아니라 신의 활동에 의한 필연적 결과로 이해했다. 그는 신의 예정 조화를 주장했다.

③ 자연, 즉 신을 능산적 자연과 소산적 자연으로 구분한 것은 스피노자의 관점이다. 그는 신적인 필연성에 따르는 것을 능산적, 신적인 필연성에서 비롯되는 것을 소산적이라 했다.

④ 데카르트는 본래부터 우리의 영혼 속에 진리의 싹이라 할 수 있는 생득관념이 있다고 보았다.

⑤ 데카르트는 사유하는 자아로서 정신적 실체와 시간과 공간 개념이 적용되는 사물에 대해 연장적 실체라는 개념을 사용했다. 그리고 라이프니츠는 실체인 단자의 생명과 역동성을 강조했다.

정답 ⑤

## 2. 공리주의와 관념론

영국의 경험주의 전통은 사회적 효용을 강조했던 흄(1711-1776)과 '보이지 않는 손'을 주장한 스미스(1723-1790), 그리고 산업혁명과 자본주의의 발전을 통해 새로운 국면을 맞이하는데, 그 결과가 공리주의이다. 산업 혁명은 농촌에서 도시로의 인구 집중을 가져왔지만, 또한 빈곤과 실업, 악취와 범죄 같은 복잡한 새로운 문제들의 원인이었다. 이 때문에 영국 사회 전반에 걸쳐 자유주의에 기초한 개혁이 필요했지만, 보수적인 귀족과 지배 계급은 무관심했다. 공리주의는 이처럼 변화와 개혁이 필요했던 영국의 현실을 반영한 개혁주의 사상이며, 공리주의자들은 자신들이 스스로 '철학적 급진주의'자임을 내세웠다. 이러한 공리주의를 대표하는 인물로 양적 공리주의자인 벤담과 그의 제자인 질적 공리주의자 존 스튜어트 밀이 있다. 일반적으로 벤담과 밀의 고전적 공리주의는 행복과 불행, 쾌락과 고통, 좋음과 나쁨의 판단 기준을 어떤 행동이 가져오는 결과에 두었기 때문에 '결과주의 윤리'라 부른다. 또 밀의 공리주의는 질적으로 우월하고 바람직한 쾌락을 모두 경험해서 이를 잘 알고 있는 '쾌락의 전문가'들이 '선호'하는 판단을 행동의 기준으로 삼아야 한다고 주장했기 때문에 '선호 공리주의'라고도 부른다. 이들의 주장에 나타난 차이점에도 불구하고, 공리주의의 근본 원리에는 '유용성(효용성, utility)'의 원리가 공통적으로 작동하고 있음을 놓치지 말아야 한다. 그것은 어떤 행동에 따라 영향을 받는 '모든 관련된 사람들의 행복과 불행'에 대한 관심이다. 공리주의자들은 행복을 증대시키고, 고통을 감소시키는 경향이 있는 것을 도덕과 좋음의 기준으로 제시했다.

JOHN STUART MILL

공리주의자들은 삶의 목적을 '행복의 증진'에 두었으며, 이들은 '행복'을 '쾌락'과 같은 의미로 이해했다. 따라서 그들은 행복의 극대화 또는 고통의 최소화에 기여하는 것(행동, 제도, 사회규범)을 선(또는 좋음), 반대되는 것을 악(또는 나쁨)으로 삼았다. 산업 혁명과 자본주의를 배경으로 등장한 공리주의는 개인의 행복(쾌락)을 추구하는 동시에 사회 전체의 행복에도 관심을 가졌다. 왜냐하면 개인과 마찬가지로 사회도 행복(이익)을 추구하기 때문에 '최대 다수'의 행복(이익)에 기여하는 것은 자연스럽게 '좋은' 것으로 이해되었다. 그들에게 사회란 각각의 개인들로 이루어진 집합체이기 때문에 개인과 마찬가지로 사회가 쾌락을 추구하는 것은 당연했다. 그들은 개인의 이익과 사회적 차원의 이익이 극대화되고, 또 서로 조화를 이룰 수 있다면 가장 바람직하다고 생각했다.

어떤 행동(사회 제도나 규범)이 추구하는 '결과(행복 또는 쾌락의 증진)'에 관심을 두었던 결과주의, 즉 공리주의가 영국에서 탄생했을 때, 대륙의 독일에서는 이와 상반되는 칸트의 동기주의 윤리가 등장한다. 칸트는 행위의 결과는 경우에 따라 우리가 통제할 수 없는 성격의 것이기 때문에 우리는 오직 행위를 하려는 순수한 동기와 의지에만 관심을 두어야 한다고 주장했다. 따라서 그는 오직 도덕 그 자체를 실천하려는 순수한 의지인 '선의지'만이 그 자체로서 '옳은 것'이라 생각했고, 우리는 오직 이 선의지를 행동으로 옮기라는 명령에 무조건 따르면 된다고 주장했다. 이것이 '정언 명령' 또는 '도덕 법칙', '보편화 가능성의 원리'이다. 칸트는 우리에게 이런 능력이 있다는 것을 '이성'으로부터 발견했고, 이 이성만이 인간을 의지의 자유를 지닌 존재로 만들고, 인간을 존엄

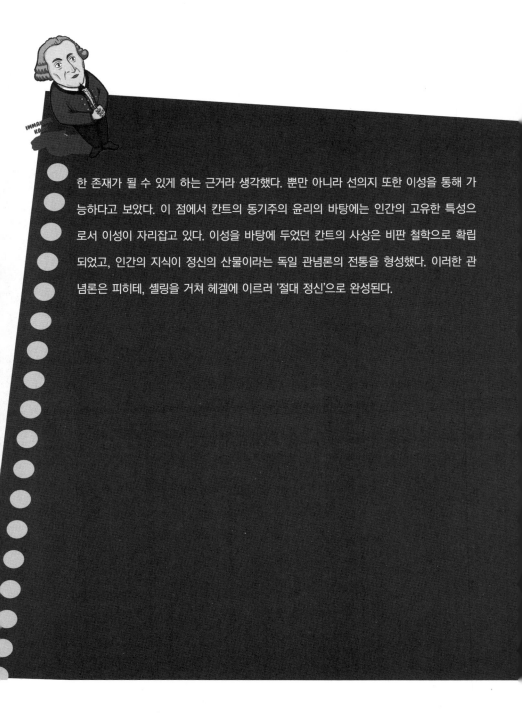

한 존재가 될 수 있게 하는 근거라 생각했다. 뿐만 아니라 선의지 또한 이성을 통해 가능하다고 보았다. 이 점에서 칸트의 동기주의 윤리의 바탕에는 인간의 고유한 특성으로서 이성이 자리잡고 있다. 이성을 바탕에 두었던 칸트의 사상은 비판 철학으로 확립되었고, 인간의 지식이 정신의 산물이라는 독일 관념론의 전통을 형성했다. 이러한 관념론은 피히테, 셸링을 거쳐 헤겔에 이르러 '절대 정신'으로 완성된다.

# 1 양적 공리주의(쾌락주의) : 벤담(Jeremy Bentham, 1748-1832)

첫째, 벤담은 우리가 내리는 모든 선택이 쾌락을 극대화하거나 아니면 고통을 최소화하는 것과 관련이 있다고 보았다. 즉 우리는 어떤 선택을 할 때 쾌락 아니면 고통에 대해서 반드시 계산을 하고, 그에 따라 쾌락을 늘리거나 고통을 줄이는 쪽으로 선택과 행동을 한다고 주장했다. 이렇게 볼 때 그는 고대 쾌락주의의 전통을 따르고 있다. 이러한 논리로 그는 법적인 처벌에 대해서 모든 처벌은 고통을 초래하기 때문에 '원칙적으로 악'이라고 주장한다. 그런데 모든 법은 '사회 전체의 행복을 공통된 목적으로 하기' 때문에, 처벌은 사회적으로 더 큰 고통과 해악을 억제하는 한에서 정당하다고 주장한다. 물론 법이 아닌 개인적인 '보복'은 사회 전체로 보면 고통을 일으키는 경향이 더 크기 때문에 정당화될 수 없다. 따라서 벤담은 ① 처벌은 위법 행위로부터 얻는 이익보다 커야 하고, ② 위법 행위가 클수록 처벌도 커야 하며, ③ 처벌의 양은 그것을 제재하는데 필요한 최소한에 그쳐야 하며, ④ 위법 행위가 습관적인 경우는 발견되지 않은 위법 행위까지 고려해야 한다고 주장한다.

"자연은 인류를 두 명의 군주의 지배 아래 두었다. 하나는 쾌락이며, 다른 하나는 고통이다. 우리가 무엇을 할 것인지는 모두 이 두 군주의 지배를 받게 되어 있다."
"쾌락과 고통이 우리를 지배하고 있음을 인정하고, 이것을 사회 전체 체계의 기초로 삼아야 한다. 이것은 이성

둘째, 쾌락과 고통은 개인적 차원은 물론 사회·정치적 차원에서도 똑같이 고려된다고 주장했다. 즉 그는 도덕과 법의 목적은 공통적으로 사회적 차원에서 쾌락(행복, 이익)을 각자 증진시키거나 고통을 감소시키려는 데에 있다고 보았다. 이처럼 벤담은 개인적 차원의 쾌락(행복)과 사회 전체 차원에서의 행복(쾌락)을 동시에 고려했다. 우리가 알고 있는 '최대 다수의 최대 행복'이란 이것을 두고 한 말이다. 그런데 쾌락 또는 고통이 나올지는 행위(실천)의 결과, 즉 의도했던 목적이 실현되었는지를 보고 판단할 수 있기 때문에 그의 공리주의는 행위 공리주의, 결과주의 또는 목적론적 윤리설이라고 부른다.

"우리를 지배하고 있는 것이 쾌락과 고통임을 인정하고 그것을 사회 전체 체계의 기초로 삼아야 한다."
"유용성의 원리란 어떤 행위가 관련된 사람들의 이익을 증대시키는지 감소시키는지를 기준으로 승인이나 부인한다. 즉 어떤 행동이 (결과로서) 행복을 증진하는 경향인가 감소시키는 경향인가를 기준으로 행동을 판단하는 것이다."

셋째, 벤담은 쾌락과 고통의 판단 기준으로 유용성(효용성, utility)을 제시했는데, 이것은 어떤 행위와 관련해 자신은 물론, 그 행위의 영향을 받는 다른 사람들의 쾌락과 고통을 말하는 것이다. 다시 말해 어떤 행동이 행복을 늘리는데 기여했는가, 아니면 고통을 줄이는데 기여했는가 하는 행위의 결과가 곧 그 행위의 유용성이며, 이를 통해 그 행위의 좋고 나쁨(선과 악)을 판단할 수 있다. 즉 그것을 도덕성의 판단 기준으로 삼는다.

> "선과 악이란 쾌락을 산출하는 경향이 있거나 고통을 줄이는 경향이 있으면 선이고, 고통을 산출하거나 쾌락을 피하는 경향이 있으면 악이다."

넷째, 벤담은 공리주의의 근본인 유용성의 원리와 반대되는 원리들을 제시하고, 이를 부정하였다. 예를 들어 사람들의 행복을 감소시키는 행동을 승인하는 금욕주의자들의 주장이나 한 개인의 감정·성향에 따라 달라지는 동정이나 혐오감, 그리고 우리 자신이 아닌 신의 뜻을 기준으로 옳고 그름을 의뢰하는 종교적인 주장들은 모두 쾌락과 고통을 적절하게 설명할 수 없기 때문에 부정해야 한다고 강조했다. 이 때문에 벤담은 칸트주의, 절제를 강조했던 에피쿠로스주의, 도덕 감정이나 동정심, 종교적인 금욕주의에 대해 거부감이 있었다.

> "금욕의 원리는 고통을 찬양하는 경향이 있고, … 동정의 원리는 개인의 성향에 따라 달라질 수 있으며, … (신학적 원리는) 신의 의지에 일치하는지에 따라 옳고 그름을 파악하려 한다."

마지막으로 그는 쾌락과 고통이 수학처럼 정확하게 계산될 수 있다고 생각하고, 쾌락과 고통의 계산을 위한 7가지 구체적인 기준을 제시했다. 그는 쾌락이나 고통은 모두 질적으로 같기 때문에 동일한 기준으로 계산할 수 있다고 보았던 것이다. 이처럼 벤담은 쾌락과 고통의 양(수량)을 문제 삼았기 때문에 양적 공리주의자라 불린다. 결론적으로 벤담의 공리주의는 쾌락주의, 결과주의, 효용(유용성)의 극대화, 쾌락의 계산이라는 주요 개념들로 이루어졌음을 알 수 있다.

> "쾌락과 고통은 모든 입법가들이 갖고 있어야 할 기준으로, 강렬함(얼마나 강한 쾌락인가?)의 정도, 지속성(얼마나 오래 지속되는 쾌락인가?)의 정도, 확실함(확실히 쾌락을 낳는가?)의 정도, 원근성(쾌락이 바로 나오는가?)의 정도, 다산성(한 번의 쾌락이 계속해서 다른 쾌락을 낳는가?)의 정도, 순수성(순수하게 쾌락만을 낳는가?)의 정도, 미치는 범위(관련된 여러 사람들에게 쾌락을 가져다주는가?)를 고려해야 한다."

## ❷ 질적 공리주의(쾌락주의) : 밀(John Stuart Mill, 1806 – 1873)

첫째, 밀은 벤담의 공리(효용, 유용성)와 최대 행복의 원리에는 동의하지만, 벤담의 양적 쾌락주의는 거부하는 대신 질적 쾌락주의를 주장한다. 다시 말해 그에게 모든 쾌락은 양적으로 동일한 의미가 아니라 서로 다른 차원에서 질적인 차이와 가치를 갖는다. 이에 따라 그는 쾌락의 양적 측면만 주장하는 벤담의 공리주의(쾌락주의)를 '돼지의 철학'과 같다고 비판하면서 교양과 '품위감'에 기초한 질적 공리주의(쾌락주의)를 주장한다.

> "어떤 종류의 쾌락이 다른 종류의 쾌락보다 가치 있다고 인정하는 것이 공리주의 원리에 결코 어긋나진 않는다. 다른 것을 고려할 때는 양뿐만이 아니라 질을 고려하면서, 쾌락에 대해 평가할 때는 오직 양만 따져야 한다고

주장하는 것은 설득력이 없다."

"효용(유용성)과 최대 행복의 원리를 도덕의 기초로 삼는 이론은 행복을 증대시키는 경향일수록 옳고, 상반된 경향일수록 옳지 못하다고 주장한다. 여기서 행복이란 쾌락과 고통이 없는 상태를 말한다. 따라서 쾌락의 결핍과 고통은 행복과 반대되는 것이다. … 고통으로부터 자유와 쾌락이야말로 유일하게 목적으로 바람직하다. … 고통을 막고 쾌락을 늘리는 것이 공리주의의 핵심 명제이다."

"만족한 돼지보다 불만족한 인간이 낫고, 만족한 바보보다 불만족한 소크라테스가 낫다. 바보나 돼지는 한 쪽만 알지만, 인간과 소크라테스는 양쪽 모두를 알고 있기 때문이다."

둘째, 그렇다면 우리는 쾌락의 질적인 차이를 어떻게 알 수 있는가? 이에 대해 밀은 양적·질적 쾌락을 모두 경험한 정통한 사람들의 판단과 선호가 중요하다고 강조한다. 그는 '교육을 통해' '교양 있는 마음', '상상력과 지적인 쾌락', 그리고 '도덕적 정서'를 지니고 있는 전문가의 소양을 갖춘 사람들이 '선호'하는 것, 즉 품위감(sense of dignity)이야말로 질적·정신적 쾌락의 진정한 기준이 될 수 있다고 보았다.

"짐승이 누리는 쾌락을 마음껏 즐기게 해준다고 스스로 하급 동물이 되겠다고 하는 사람은 없을 것이다. 누군가 아무리 설득을 해도, 지성을 갖춘 사람이 바보가 되고, 교양 있는 사람이 무식한 사람이 되며, 감정과 양심을 가진 사람이 이기적이고 저급한 사람이 되려고 하지는 않을 것이다. 왜 모든 욕망을 합한 것보다 더 많은 것을 가진 사람들이 자신의 것을 포기하겠는가? … 모든 것을 종합할 때 인간으로서 품위야말로 행복을 구성하는 필수 요소가 된다."

"두 종류의 쾌락에 익숙하고 정통한 사람들의 판단이 존중되어야 한다. …
자신의 행복만이 아니라 관련된 모든 사람들의 행복을 위해서는 고상한 인
품과 함께 사회 전체 구성원들의 인격이 도야되어야 한다. 최대 행복의 원리
라는 궁극적인 목적에 비추어 볼 때, 모든 것이 이것과 관련될 때 바람직하
다."

"우리의 삶을 불만족스럽게 하는 것은 이기심과 정신 교양의 부족이다. 교
양이 있는 사람, 즉 지식의 원천에 마음이 열려있는 사람은 자신의 삶 주변
에서 흥미로운 일을 무궁무진하게 찾아낸다. 자연의 아름다움, 예술의 발견,
시적 상상력, 역사적 사건, 사람이 살아가는 모습 등 수많은 일들이 그 사람
의 관심을 끈다. … 이렇게 웬만한 도덕적·지적 소양을 갖춘 사람이라면 누
구나 주위에서 부러워하는 삶을 영위할 수 있다."

셋째, 이런 이유 때문에 밀은 외적 제재만을 강조했던 벤담과 달리 외
적 제재는 물론, 특히 내적 제재를 통해 최대 다수의 최대 행복의 원리
를 설명하려고 했다. 즉 벤담은 이기적인 개인이 외적 제재 때문에 최대
다수의 최대 행복의 원리를 따르는 행동을 하게 된다고 보았지만, 밀은
'정상적인' 사람이라면 교양과 품위를 저버린 행동을 했을 때 느끼는 후
회와 고통의 감정(양심)이라는 내적 제재 때문에 자신의 행위를 스스로
규제하여 사회 전체의 행복을 위해 행동한다는 것이다.

"우리가 무엇을 의무의 기준으로 삼든 상관없이 의무를 지키게 하는 것은
언제나 내적인 제재이다. 이것은 우리 자신의 마음속에 생기는 어떤 느낌이
다. 그래서 이것을 어기면 고통이 수반된다. 정상적인 교육을 받은 사람이라
면 더욱 참기 어려운 고통을 겪는다. 이러한 느낌이 공정한 의무 관념과 결
합하면 양심이 된다. 나중에 후회하는 이런 느낌이 구속력을 발휘한다. 그
러므로 모든 도덕률의 궁극적 제재가 우리 마음속의 주관적 느낌을 통해

행사될 때, … 그것은 인류의 양심적 느낌이다. 인류를 향한, 다른 사람과 하나가 되려는 이런 사회적 감정, 양심적 느낌은 충분히 공리주의에서 고양될 수 있다.”

“다른 사람의 이익이 곧 자신의 이익이 된다고 하는 감정적 일체감(즉, 사회적 감정), … 결과적으로 (이를 통해) 동정심이 확산되고 교육의 영향력이 커지면서 아주 작은 감정의 씨앗이 뿌려지고 자라난다. 그리고 강력한 외적 제재에 힘입어 집단 협력이 광범위하고 긴밀하게 일어난다. 문명의 발전과 함께 우리의 인식 또한 이런 삶을 자연스럽게 느낀다. 이해관계의 대립을 초래하는 요소들을 제거하고, 계급적 불평등을 극복함으로써 정치적 진보가 한 걸음씩 역사를 그 방향으로 나아가게 한다. 인간 정신의 발전과 함께 각 개인의 마음속에서도 사회의 모든 사람들과 하나가 되려는 일체감을 느끼고 싶은 마음이 지속적으로 강해진다. 이런 일체감이 완벽해지면 자신만을 유리하게 하려는 생각은 아예 불가능하게 된다.”

“공리주의 원리는 다음과 같다. 첫째, 모든 개인의 행복 또는 이익이 전체의 이익과 가능한 한 최대한 조화를 이루도록 법과 사회 제도를 만들어야 한다. 둘째, 교육과 여론은 인간의 성격 형성에 중대한 영향을 미치기 때문에 모든 개인이 자신의 행복과 전체의 이익 사이에 서로 끊을 수 없는 관계임을 분명히 깨닫게 해야 한다. 그래야 공공의 이익과 반대되는 행동을 통해서는 자신의 행복이 지속될 수 없음을 알기 때문이다. 또 공공의 이익을 증진하려는 직접적 충동이 개인의 습관적인 행동 동기가 되도록 한다.”

넷째, 그는 공리주의자이며 쾌락주의자였기 때문에 칸트의 도덕 법칙이나 자연법 사상 또는 이성과 같은 개념들에 기초해 도덕과 법제도의 원칙을 삼는 것에 대해 비판적이다. 밀은 인간이 어떤 행위를 할 때 진정으로 중요하게 여겨야 할 것은 동기나 이성에 기초한 의무의식이 아니라 어떤 행동이 자신은 물론 ‘모든 관련된 사람들의 행복을 증진시킬 수 있는가(효용과 유용성)'에 두라고 강조한다. 이렇게 볼 때, 밀은 행위를 하는 순수한 도덕적 동기 자체가 바로 그 행위를 도덕적이게 한다는 칸트의 주장을 부정한다.

> "칸트는 도덕적 의무와 보편적 도덕 원리에 따른 행위라고 주장하지만, 그것은 터무니없는 것이다. 왜냐하면 이성적인 인간이 어이없게도 비도덕적인 행동 규칙에 따라 살아가고 있기 때문이다."
> "행위의 동기와 행위의 도덕성 사이에는 아무런 관계가 없다. 대부분의 선한 행동은 당사자인 개인의 이익을 위해 의도된 것이기 때문이다."

## 3 현대 공리주의 : 규칙공리주의

고전적 공리주의, 즉 행위 공리주의는 어떤 행위의 가치를 판단할 때 결과의 유용성(효용, 공리)에 근거해야 한다고 주장하기 때문에 비판을 받아왔다. 예를 들어 누군가가 최대 다수의 최대 행복이라는 결과를 산출할 의도를 가지고 거짓 증언을 했고, 실제로 좋은 결과를 가져왔다면, 거짓말을 한 행위가 정당화될 수 있는 심각한 문제가 있었다. 그렇지만 죄가 없는 사람에게 죄를 씌움으로써 '바람직한 결과'를 가져왔더라도 그런 행동은 명백하게 도덕적으로 부도덕할 뿐만 아니라 정의롭지도 못한 것이다. 행위 공리주의의 이러한 문제는 이미 밀의『공리주의』에서도 나타난다. 밀은 "어떤 특수한 경우 행동의 결과가 유익할 수도 있겠지만, 도덕적인 숙고의 결과 삼가는 것이 바람직하다고 판단되었음에도 불구하고, 그와 같은 행동이 실천으로 옮겨진다면, 그 행위는 유해할 뿐만 아니라 그런 행동을 삼가도록 한 의무를 의식적으로 어긴 것이기 때문에 그런 사람은 지적인 행위자로 자격이 없다"고 강조한다. 마찬가지로 이런 이유 때문에 위의 거짓말 행위는 도덕적으로 비난받아야 한다.

　도덕적 상식에 위반하는 부도덕한 행위를 정당화할 수 있다는 행위 공리주의의 문제를 극복하기 위해 브란트(R.B. Brandt)는 공리주의를 행위 공리주의와 규칙 공리주의로 구분한 다음, 규칙 공리주의에 대해 다음과 같이 주장한다. "만약에 어떤 행동이 그 당시를 살아가는 사람들에게 도덕적인 구속력을 갖고 있는 '규칙과 일치한다면', '그 행동은 옳은 행동'이며 가치를 지닌다." "도덕적으로 나쁜 행동이란 이성적인 사람들이 자신이 속한 사회에서 평생을 살기 원한다면, 어떤 규칙보다도 우선적으로 지켜야 할 도덕 규칙을 위반하는 행동이다." 이처럼 규칙 공리주의는 유용성의 원리를 '행동'이 아니라 '규칙'에 적용하여 어떤 규칙이 최대 행복을 증진시키는 경향이 있는지를 먼저 묻고, 이를 충족할 규칙을 따르라고 가르친다.

## 고득점 심화 문제

**문제 1]** '가'의 A가 처한 문제 상황에 '나'의 갑)과 을)이 할 수 있는 적절한 조언은?

가 : [문제 상황]
수능을 준비 중인 고3 A는 저녁 식사를 하던 중 교통 사고로 인해 긴급 수혈이 필요한 환자 소식을 들었다. 그런데 A는 환자가 필요로 하는 혈액형이 자신과 같다는 것을 알게 되었고, 이 때문에 어떻게 해야 할지 고민 중에 있다.

나 :
갑) 이성에 의한 선의지의 명령에 따라 너의 행위가 보편 가능한 행위가 될 수 있도록 해야 한다.
을) 헌혈을 했을 때와 하지 않았을 때의 쾌락과 고통을 측정해 보고, 쾌락의 총량이 최대가 되는 행위를 하는 것이 좋다.

① 갑) 환자를 돕는 사회적 관습을 기준으로 결정해.
② 을) 환자를 도와야 한다는 무조건적인 명령을 기준으로 결정해.
③ 갑) 최대 행복의 원리, 을) 선의지 자체를 기준으로 결정해.
④ 갑) 동정심과 자연스런 성향을 기준으로 결정해.
⑤ 갑) 환자의 인격, 을) 효용의 원리를 기준으로 결정해.

헌혈을 할지에 대한 고민을 칸트의 윤리설(갑)을 기준으로 조언할지, 아니면 벤담의
공리주의(을)를 기준으로 조언할지 묻고 있다. 왜냐하면 갑(칸트)은 이성에 의한 선의
지, 그리고 그에 따른 행위가 '보편화 가능성'의 기준에 합당하도록 요구하고, 을(벤담)
은 행위에 따른 쾌락과 고통의 총량을 계산하고 비교한 다음, 쾌락의 최대화를 도덕
기준으로 제시하기 때문이다. 우리는 칸트의 윤리설을 동기론적, 의무론적 윤리라 부
르고, 벤담의 윤리설을 목적론적, 결과주의 윤리라고 부른다.

한편, 벤담은 쾌락과 고통의 원리에 따라 우리가 어떤 행동은 하고, 어떤 행동은 하지
않을지에 대해 설명하면서 네 가지 외적 제재를 제시한다. 이에 따르면, 우리는 외부
로부터 고통이 초래될 수 있는 강제력, 즉 물리적, 정치적(사법적 제재), 도덕적, 종교적
이유들 때문에 어떤 행동들을 하지 않는다. 예를 들어 어떤 행동에 대해 정치적·법적
판단에 따라 처벌이 결정된다면, 이는 당사자에게 고통을 초래할 것이다. 이처럼 우리
는 어떤 행동에 대해 외부로부터 가해질 제재와 그 때문에 겪을 고통을 피하기 위해
스스로 그와 같은 행동들을 삼간다.

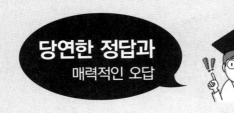

① 도덕성을 판단하는 기준으로 사회적 관습이나 사회적 승인·거부를 삼은 것은 흄의 공감의 윤리에서 나타나는 특성이다.

② '무조건적인 명령(정언 명령)', 즉 오직 마땅히 지켜야 할 도덕 법칙만을 자신의 의무로 생각하고 행동해야 한다는 주장은 칸트의 의무론적 관점이다.

③ 갑)은 칸트이기 때문에 선의지 자체를 강조하는 윤리이고, 을)은 벤담이기 때문에 최대 행복의 원리를 추구하는 윤리이다.

④ 갑)의 칸트는 동정심, 자연스런 욕구나 성향은 도덕성의 기준으로 삼을 수 없다고 주장했다. 그것은 실천 이성의 명령이 될 수 없기 때문이다.

⑤ 갑)의 칸트는 환자든 아니든 상관없이 사람을 인격 자체로서 대우하는 것이 도덕적이라 강조했고, 을)은 유용성과 효용의 원리를 기준 삼는 것이 도덕성의 판단 기준이라 강조한다.

정답 ⑤

**문제 2]** '가'의 쾌락주의 사상 A, B에 근거해 표를 채울 때 두 사상의 가장 공통된 부분만 고르면?

가 :

A – 우리는 쾌락에 관해 전문가적 식견을 지닌 사람들이 선호하는 것으로 바람직한 행위의 기준을 삼아야 한다.

B – 우리의 육체에 질병이 없고, 정신에 근심이나 불안이 없는 것이 바로 행복이기 때문에 쾌락을 위해서는 절제가 필요하다.

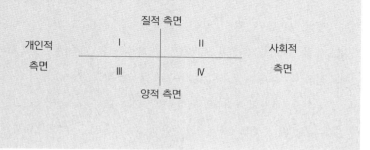

① Ⅰ

② Ⅱ

③ Ⅲ, Ⅳ

④ Ⅳ

⑤ Ⅰ, Ⅱ

A는 질적 공리주의 또는 질적 쾌락주의를 주장하는 밀의 입장이다. 왜냐하면 밀은 '선호 공리주의'를 통해 바람직한 행위의 기준을 쾌락에 관한 전문가의 식견을 지닌 사람들이 선호하는 것으로 해야 한다고 주장했기 때문이다. 밀은 벤담의 양적 쾌락주의를 비판하면서 쾌락의 양만이 아니라 특히 질, 즉 더 상위의 고상한 쾌락(품위)을 강조했다. 또한 그는 산업 혁명이 일어났던 시기에 활동했기 때문에 개인의 쾌락과 사회 전체의 행복(쾌락)을 함께 조화시키는 문제에 관심을 갖고 있었다.

B는 고대 에피쿠로스의 쾌락주의를 설명하고 있다. 그는 헬레니즘 시대의 인물로 사회 정치적 혼란에서 벗어나 조용하고 은둔적 삶을 추구하고자 했다. 이를 위해 적극적인 욕망의 표출보다는 자연적이고 필수적인 것만 갖고 살라고 가르쳤다. 그렇게 되면 우리의 육체에 질병이 없고, 정신에 근심이나 불안이 없는 순수한 정신적 쾌락의 상태에 이를 수 있다고 본 것이다. 그는 이것이 곧 행복이기 때문에 쾌락을 위해서는 검소와 절제가 필요하다고 보았다.

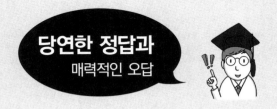

**당연한 정답과**
매력적인 오답

① 밀은 쾌락의 질적이며 정신적인 쾌락의 중요성을 강조했고, 에피쿠로스도 지속적이며 정신적인 쾌락을 강조했다.

② 산업 혁명기(자본주의 성장)의 밀은 쾌락의 개인적 측면과 사회적 측면을 함께 추구
했지만, 에피쿠로스는 쾌락의 개인적 측면만 중시했다.

③ 쾌락의 양적 측면을 특히 강조한 것은 근대 양적 쾌락주의자 벤담의 관점이다. 그
는 쾌락을 측정하기 위해 쾌락의 질적 성질을 고려하지 않았다.

④ 근대의 벤담은 개인적 차원의 행복(쾌락)을 사회적 차원까지 확장하려 했다. 따라
서 Ⅲ, Ⅳ는 벤담이 강조한 쾌락의 성질이다. 그는 개인의 행복을 사회 전체의 행복
과 연결시켰다.

⑤ 특히 밀은 쾌락의 질을 고려했으며, 교양을 갖춘 정상적인 사람들의 품위감(고상함)
과 '동료 인간들과 하나가 되려는 욕구', 즉 '인류에 대한 사회적 정서'에 기초한 내
적 제재가 행위를 구속하는 근거가 된다고 주장했다. 그는 쾌락들 사이에 우월함
과 열등함의 차이가 존재한다고 생각했다.

정답 ①

**문제 3]** 밑줄 그은 '갑'과 '을'에 관한 내용으로 가장 적절한 것은?

'갑'은 동기를 통해 어떤 행동을 하는 사람의 가치를 판별할 수는 있지만, 동기와 그 행동의 도덕성은 아무 상관이 없다고 주장한다. 물에 빠진 동료를 구해주는 행위는 그 동기가 의무감이든, 아니면 보상에 대한 기대 때문이든 상관없이 도덕적으로 옳다. 또 친구를 배신해 다른 친구를 도와주었다고 해도 배신행위는 나쁜 것이다. 중요한 것은 행복의 증진에 기여했느냐가 덕스러움의 기준이다. 이렇게 보면 옳은 행위를 만드는 것은 이익이지 동기가 아니다. 이에 대해 '을'은 '갑'의 이론이 결과에만 집착한다고 비판한다. '을'은 도덕적인 삶이란 원리를 따르는 삶이기 때문에 도덕적인 개인은 도덕 법칙이라는 원리를 행위의 동기로 삼는 사람이라고 주장한다. 따라서 오직 의무라는 동기만이 행위에 대해 도덕적 가치를 부여한다고 강조한다.

① 갑은 거짓말과 배신이 나쁜 이유를 이성에 의한 선의지의 부정에서 찾고 있다.
② 을은 동정심 같은 따뜻한 감정이나 자선의 경향성을 의무에 따르는 도덕적 행위로 판단하고 있다.
③ 갑은 행위의 동기, 을은 행위의 결과를 강조하는 입장이다.
④ 갑은 효용의 관점에서 더 바람직하고 더 가치 있는 쾌락이 있음을 인정한다.
⑤ 을은 이성이란 목적에 대한 수단이 아니라 그 자체로 선한 의지를 산출하기 때문에 자연적 경향성에 일치한다고 주장한다.

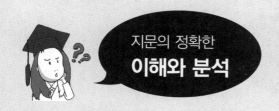

갑의 주장은 '동기와 그 행동의 도덕성' 사이에는 아무런 상관이 없으므로 친구를 구하는 행위는 동기와 관계없이 좋은 결과와 행복 증진에 기여했기 때문에 가치 있다고 한다. 즉 동기가 아니라 이익과 행복이 옳음의 기준이라고 주장하고 있다. 또 덕을 '행복의 증진'이라는 유용성 원칙에 따라 해석하고 있는 것으로 볼 때 밀의 질적 공리주의리고 추론할 수 있다. 마찬가지로 이러한 관점에서, 친구를 배신하는 행위는 사회 전체의 행복 증진(효용과 유용성)에 기여하지 못할 뿐만 아니라 '교양 있는 사람'에게 후회의 감정을 일으키기 때문에 유용성의 원리에도 어긋나기 때문에 바람직하지 못하다.

반면, 을은 '도덕적 삶'의 기준을 '원리', 즉 보편적 원리를 따르는 삶에서 찾고 있다. 따라서 도덕적 개인이란 도덕 법칙인 정언 명령이라는 '보편적 도덕 원리'를 동기로 삼는 사람이다. 이런 사람은 오직 도덕 법칙을 따르려는 선의지를 자신의 '의무'로 받아들이고, 이에 따라서 행동한다. 그리고 이것을 도덕성의 기준으로 삼는 이론은 칸트의 동기주의, 의무론적 윤리이다. 물론 이런 입장에서 보면 갑의 주장은 결과에 집착하는 것으로 보일 것이다.

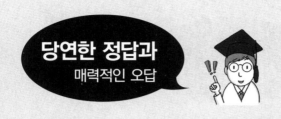

**당연한 정답과**
매력적인 오답

① 갑은 질적 공리주의자 밀의 주장이기 때문에 거짓말과 배신이 옳지 못한 이유를 행복 증진이라는 유용성(효용)에서 찾는다. '이성에 의한 선의지'의 개념은 칸트의 윤리에서 주장하는 것이다.

② 을은 칸트의 동기주의 윤리이다. 칸트는 실천 이성의 명령에 근거해 동정심이나 자선과 같은 인간의 자연적 경향성을 따르는 감정을 도덕적 행위의 판단 기준으로 적용해서는 안 된다고 강조한다.

③ 밀은 공리주의자로 행위의 결과로서 유용성에 관심을 갖고, 칸트는 동기주의자로 행위의 순수하고 선한 동기에 관심을 갖는다.

④ 유용성이나 효용의 관점을 윤리의 기본 개념으로 삼는 것은 공리주의이며, 이를 근거로 쾌락의 질적 차이를 강조하는 것은 밀의 입장이다. 그는 모든 쾌락이 동일한 것이 아니라 바람직하고, 가치가 있는 쾌락이 있음을 강조한다.

⑤ '이성이란 목적에 대한 수단이 아니라 그 자체로 선한 의지를 산출'한다는 주장은 칸트의 주장으로, 그에 따르면 이성은 오히려 '자연적 경향성'을 방해한다. 또한 이성은 자연적 욕구나 본능을 충족함으로써 느끼는 만족감과는 거리가 멀다.

정답 ④

# 3. 독일 관념론

## 의무론적 직관주의 : 칸트(Immanuel Kant, 1724~1804)

첫째, 칸트에 의하면, 모든 사물들이 필연적이고 기계적인 법칙에 따라 운영되는 것과는 달리 인간은 의지에 따라 행동한다. 따라서 칸트는 인간이 자신의 자유 의지와는 관계없는 타고난 욕구나 성향, 감정이나 기질, 동물적인 본능(충동), 환경적인 조건에 따라서만 행동해야 한다면 도덕적 가치를 부여할 수 없다고 보았다. 왜냐하면 자연계의 필연적인 법칙과 이성적인 존재인 인간의 행동 법칙을 똑같다고 할 수 없기 때문이다. 그러므로 그에게 행위의 도덕적 의미는 이성적인 존재인 인간이 오직 이성의 명령(실천 이성)에 따라 순수하게 선(善)을 실천하고 따르려는 의무(자율성)에 근거해서 이루어지는 행동에 적용할 수 있다. 칸트는 자연계를 지배하는 필연적인 법칙이 있는 것처럼 이성적인 존재인 인간에게 적용되는 필연적인 도덕 법칙이 있어야 한다고 생각했던 것이다.

"선의지는 무조건 선하며, 오직 그 자체로 빛을 발하고 완전한 가치를 지닌다. 이성의 진정한 사명은 그 자체로 선한 의지를 만든다."

"무조건적인 최고선은 오직 이성적인 존재의 의지 안에서만 발견될 수 있다."

"자유의지란 이성적인 존재인 인간이 외부 조건에 결정

둘째, 이에 따라 칸트의 윤리는 '준칙(準則, 격률, 행위자의 주관적 행위 규칙, maxim)의 보편화(universal law)' 성격을 띤다. 한 문장으로 말하면, '너의 준칙에 따라 행동하되, 그 준칙이 보편적 법칙이 되게 하라'는 것이다. 다시 말해 칸트에게 도덕 법칙이란 모든 이성적인 존재인 인간에게 예외 없이 적용된다는 뜻이며, 그렇기 때문에 그것은 조건적(If)일 수 없고, 정언적(또는 무조건적) 명령(categorical imperative), 즉 예외 없이 무조건 따라야 할 보편적 법칙의 형식(formula of universal law)을 갖춘다. 이 때문에 이성적 존재인 인간은 '자기애의 원칙'에 의해서가 아니라, 오직 정언 명령을 따라야 할 의무의식에 의해서만 행동해야 하며, 이 경우에만 그 행위는 도덕적(선)이라 말할 수 있다. 칸트는 행위의 순수 동기와 의무만을 도덕 판단의 기준으로 삼았을 뿐, 행위의 결과에 대해서는 관심을 두지 않았다. 이 때문에 칸트는 자기애(self-love)의 원칙에 따라 다른 사람을 수단으로 이용하는 것은 그의 인격을 자기 자신의 이익과 욕망을 충족시키려는 수단으로 이용하기 때문에 옳지 않다고 보았다. 이것은 자신의 의도된 목적의 실현(결과)을 미리 염두에 둔 행동이기 때문이다. 칸트에게 인간이란 오직 인격 그 자체, 목적 그 자체로서 보편적 존엄성을 지닌 존재이기 때문에 오직 그에 따라서 대우해야 한다.

"가언 명법에서는 우리가 어떤 행위를 해야 하는 이유는 다른 어떤 것에 이르기 위한 수단으로서만 필요하다는 것이다. 반면, 정언명법에서는 행위가

JACQUES ROUSSEAU

다른 어떤 목적과 상관없이 그 자체로서 객관적이고 필연적이다."

"정언 명법은 준칙을 통해 네가 그것을 동시에 보편적 법칙으로 삼으려고 할 수 있는 준칙에 따라서만 행동하라는 것이다."

"네 준칙이 동시에 모든 이성적 존재의 보편적 법칙이 될 수 있다는 관점에서 행동하라."

"너의 인격 안의 인간성은 물론, 모든 사람의 인격 안의 인간성까지도 수단으로서만 사용하지 말고 언제나 동시에 목적으로 사용하도록 행동하라."

"이성적인 존재는 목적의 왕국을 이루는 한 구성원이며, … 타자의 어떤 의지에도 예속되지 않는다. … 목적의 왕국에서 인간은 본질적 가치, 즉 '존엄성'을 갖는다."

"(이타주의자의 동정은) 칭찬과 격려를 받을 자격이 있을지 모르지만 존중받을 수는 없다."

셋째, 칸트가 행복을 부정하지는 않았지만, 행복이 그 자체 목적이라는 아리스토텔레스와 같은 주장에는 동의하지 않았다. 아리스토텔레스는 중용의 덕(德)으로서 행복을 강조하면서 습관과 정서(감정)의 역할에 대해 말하지만, 칸트는 이런 것들은 '병적인 것(pathological)'이며, 의지의 자율성과는 무관하다고 강조한다. 칸트에게 덕이란 오직 '의무에 복종하려는 인간의 준칙'과 관련된 문제였다. 따라서 칸트에게 행복이란 직접적인 목적은 될 수 없고, 도덕적인 삶(행위)을 살아가는 데 도움은 될 수 있다. 즉 행복이 의무가 될 수 없다. 물론, 부유함이나 명예, 건강함이 도덕 법칙을 따르는데 도움을 줄 수는 있다. 정리하면, 행복이 도덕 법칙과 항상 충돌하진 않으며, 행복이 도덕 법칙과 일치할 수도 있다.

그리고 도덕 법칙과 행복이 일치한다면 최고선이 될 것이다.

"덕과 행복이 결합하여 인간에게 최고선을 이룬다."
"행복이 자신의 의지를 규정하게 될 때 그 결과는 도덕성의 원리와는 정반대가 될 것이다."

넷째, 칸트의 인식론을 간략히 살펴보자. 그의 인식론은 '코페르니쿠스적 전회'라고 부르는데, 그 이유는 그가 경험론의 인식론과 합리론의 인식론을 비판적으로 종합해 새로운 인식론을 주장했기 때문이다. 칸트는 합리론은 '이성'을 절대시하여 독단론에 빠질 수 있고, 경험론은 경험의 한계에도 불구하고 이를 지나치게 중시하기 때문에 '회의론'에 빠질 수 있다고 비판한다. 따라서 그는 우리의 지식은 '경험과 더불어' 시작하지만, 오성의 인식 기능이 결합해서 이루어진다고 주장했다. 즉 경험과 이성의 종합을 통해 이루어진다는 주장이다. 칸트는 이성의 역할을 강조하던 전통에 사로잡혀 스스로 오랫동안 '이성의 독단의 잠'에 깨어나지 못했지만, 흄과 루소를 통해 깨어날 수 있게 되었다고 한다. 이를 통해 그는 우리가 대상을 '직관'을 통해 받아들이고, 오성의 범주에 따라 분류·정리하고 종합한다는 구성설(the constructive theory of truth)을 주장한다. 쉽게 말해 우리의 정신이 주체적·능동적으로 구성한다는 주장이다. 칸트는 자신의 인식론을 '내용 없는 형식은 공허하고, 형식 없는 내용은 산만하다'는 명제로 확립한다.

"감성이 없다면 대상은 주어질 수 없고, 오성이 없다면 대상은 사유될 수 없다. (따라서) 내용 없는 사유는 공허하고, 개념 없는 직관은 맹목적이다. …

감성은 사유하지 못하고, 오성은 직관적이지 못하다. (그렇기 때문에) 이 두 기능의 연합을 통해서만 지식은 구성될 수 있다."

##  관념론의 완성 : 헤겔(G.W.F. Hegel, 1770~1831)

첫째, 관념론에 따르면, 지식의 근원이자 지식의 내용을 이루는 것은 정신(이성)이다. 따라서 자연과 사물에 관한 인간의 모든 지식은 정신의 산물(결과)라 할 수 있다. 그런데 우리의 주관적인 정신은 발전 과정의 첫 단계에서 자신과 세계를 하나의 통일체로 인식하지 못하고 서로 다른 것(즉 구별되게)으로 인식한다. 즉 소외된 인식을 한다. 그렇지만 점점 자신의 주관적 정신이 자연·세계 안에서 자신의 본성, 즉 이성의 증거들을 찾게 되고, 그럴수록 소외(구별과 불일치)는 점점 극복된다. 최종적으로 정신(이성)은 '이성적인 것이야말로 현실적이며, 현실적인 것 또한 이성적'이라는 것을 인식하게 된다. 이와 같은 정신의 발전 과정은 최종적으로 정신과 세계 사이의 소외를 완전히 극복하는 유기체적인 통일성에 이르게 된다. 이 점에서 헤겔의 관념론은 자연과 이성을 통일하려는 정신의 자기실현 과정이라는 입장에 충실하고 있다.

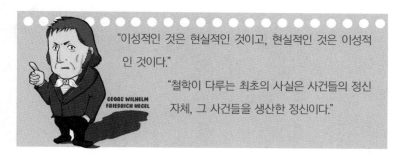

"이성적인 것은 현실적인 것이고, 현실적인 것은 이성적인 것이다."

"철학이 다루는 최초의 사실은 사건들의 정신 자체, 그 사건들을 생산한 정신이다."

둘째, 헤겔은 정신이 세계와의 소외를 극복해가는(즉 유기적 통일성에 이르는) 과정을 관념의 변증법으로 설명한다. 즉 T1(정)과 A1(반)은 S1(T2, 합)으로 지양되고, 다시 S1(합)에 대해 A2(반)는 S2(T3)로 지양된다. 이와 같은 모순의 극복 과정은 더욱 풍부한 개념(관념)으로 극복되고 발전한다. 모든 개념은 이렇게 서로 연관성을 지닌 채 점진적으로 지양해가는 과정을 거치는데, 이것을 변증법적 발전이라고 부른다. 헤겔은 이러한 관념 변증법을 역사를 포함한 인간의 모든 삶의 영역에 적용했는데, 모든 것은 정신이 시간 속에서 자신을 전개해가는 과정으로 요약된다. 즉 그에 의하면 세계의 역사는 정신이 자유를 실현하는 진보의 과정으로, 세계사에 적용하면 고대 동양에서는 절대군주 한 사람이, 그리스 세계에서는 소수의 귀족들만이, 그리고 게르만 세계에서는 모두가 자유롭다고 주장하는 방식이다. 그는 게르만 세계(당시 입헌군주국이던 프로이센)를 변증법의 완성이자 자유의 실현 단계로 인식하고 있었다.

> "정립(정)은 자신 안에 이미 반정립(반)을 품고 있고, 이 양자는 서로를 지양함으로써 종합(합)된다."
> "진리는 전체이다. 하지만 전체는 오직 발전을 통해서 완성되는 본질일 뿐이다."
> "이성(정신)이 세계를 지배한다. 따라서 세계사는 이성적으로 전개된다."

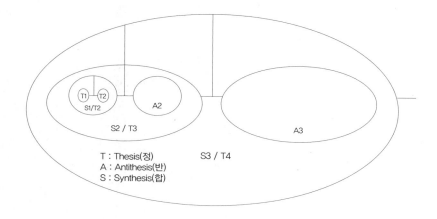

T : Thesis(정)
A : Antithesis(반)
S : Synthesis(합)

셋째, 개인이 사회적 영역으로 들어가면 개인은 사회가 요구하는 규범과 조화를 이루어야 하는데, 이 경우 자신의 주관(자아, 개성)을 포기해야 하는 일이 자주 발생한다. 다시 말해 자신의 자아가 사회적 영역과 불일치하는 소외가 발생할 수 있다. 그런데 헤겔은 우리가 흔히 생각하는 '자유'(하고 싶어 하는 대로 하는 것)란 자연 또는 사회와 대립하는 것이기 때문에 이것을 소외라고 보았다. 따라서 진정한 자유란 개인과 사회의 대립을 변증법적으로 지양함으로써 발견된다는 생각을 했다. 그리고 헤겔은 이것이 '국가=인륜' 단계라고 생각했다. 그에게 인륜(윤리)적 삶이란 개인과 사회의 구분을 극복한 것으로 이 단계에서 비로소 인간의 진정한 자유가 실현되는 삶이다. 즉 개인은 사유 재산과 계약이라는 법(정)의 단계에서 도덕적인 삶(반)의 단계, 그리고 최종적으로 윤리적 삶(합)의 단계에서 소외를 완전히 극복하고, 국가와 유기적 통일성을 이루면서 진정한 자유를 실현한다는 논리다. 또한 그는 이러한 윤리적 삶이 가족(정), 시민사회(반)를 거쳐 국가(합) 단계에서 발견된다고 보았다. 그에게 세계(전체)란 자신의 본질인 이성(정신)이 한층 이성적인 방식으로 발전해가는 과정, 즉 자신을 전개해가는 과정이었다.

"정신의 힘이 역사를 만든다."

"국가는 절대적으로 이성적(본질적)이며, 또한 국가는 윤리적 이념의 현실태이다."

"개인은 의무 안에서 자신의 해방(자유)을 발견한다. … 의무 안에서 개인은 자신의 본질적인 자유를 얻게 된다."

"윤리적 공동체 안에서는 인간이 무엇을 해야 하는지 또는 덕을 갖추기 위해 수행할 의무는 무엇인지 말하기가 매우 쉽다. 그는 자신의 상황에 비춰 잘 알려지고 명확한 규칙들을 따르기만 하면 된다. 성실함은 그에게 요구되는 보편적 특성이다."

"국가는 윤리적 이념의 실현이며, … 부동의 절대 목적 그 자체이다."

"국가는 객관화된 정신이기 때문에 개인은 오직 국가의 일원일 때, 자신의 객관성과 진정한 개체성을 지니고 윤리적 삶을 살 수 있다. … 개인의 임무는 이러한 보편적인 삶을 사는 것이다."

"국가란 이성적 자유의 구현체이며, 구체적인 자유의 실현이다."

 ## 3 결과주의와 동기주의 윤리의 평가

첫째, 공리주의 윤리는 결과주의 윤리를 대표하고, 칸트의 윤리는 동기주의 윤리를 대표한다. 공리주의 윤리는 행위의 결과를 우선하며, 쾌락·행복·복지를 추구하고, 고통을 가능하면 줄이려고 한다. 이 점에서 우리의 일반적인 욕구와 상식을 대변하기 때문에 설득력이 강한 장점이 있다. 그렇지만 벤담의 양적 쾌락주의는 인간이 갖는 내면적이고 정신적인 측면을 무시한다는 비판을 면하기 어렵다. 반면, 칸트의 동기주의는 황금률처럼 옳은 것에 대한 무조건적인 이행을 강조하고, 선한 동기를 우선하지만, 언제 어디서나 지켜져야 할 보편적·정언적 도덕 원칙을 강조한다는 점에서 지나치게 이상적이고 엄격해 지키기 어렵다는 비판을 받는다.

둘째, 결과를 중시하는 공리주의는 행위의 결과를 정확히 측정하기 어렵고 목적을 지나치게 강조해 수단을 소홀히 한다는 비판을 받는 반면, 칸트의 동기주의는 서로 다른 두 개의 절대적 당위를 나타내는 도덕 법칙이 서로 충돌할 때 어떤 것을 우선해야 하는가에 올바른 답을 제시하지 못한다는 비판을 받는다. 예를 들면 '거짓말하지 말라'와 '사람의 생명은 존엄하다'의 가치가 충돌하는 상황에서 어떤 도덕 법칙을 우선하는가의 문제이다.

셋째, 공리주의와 칸트의 윤리를 목적론적 윤리와 의무론적 윤리로 이해하기도 한다. 목적론적 윤리와 의무론적 윤리는 '좋음(the good)'과 '옳음(the right)' 중 어떤 것을 우선할지 문제 삼는다. 즉 목적론은 '좋음'을 더 많이 산출할수록 도덕적으로 옳다고 주장하고, 의무론은 어떤 것이 옳기 때문에 그것을 행하면 도덕적으로도 옳다고 주장하는 것이다. 이를 표로 정리하면 다음과 같다.

| 목적론적 윤리 | 의무론적 윤리 |
| --- | --- |
| 추구해야 할 궁극적인 목적이 있다고 주장하는 윤리<br>궁극적인 목적을 행복에 두는 경향(행복주의) | 언제 어디서나 지켜야 할 행동의 근본 원칙이 있다고 주장하는 윤리<br>행복과 의무가 충돌할 때 의무 우선 |
| 행복을 가져오는 행위를 강조<br>행복한 삶과 목적의 성취에 관심<br>감각적 경험과 일의 효용성을 중시 | 정당한 원칙과 합리적 이성에 의한 행위 강조<br>의로운 삶과 공정한 절차 강조 |
| 근대 공리주의 윤리에서 두드러짐 | 근대 칸트의 윤리에서 두드러짐 |

**문제 1]** 그림 (가)와 (나)에 들어갈 적절한 질문을 보기에서 골라 바르게 묶은 것은?

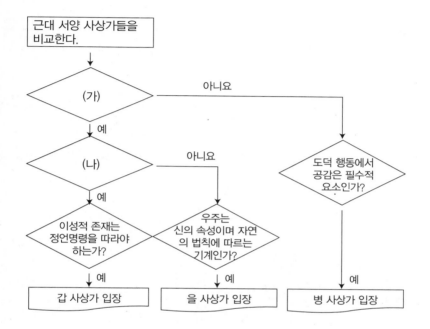

<보 기>

ㄱ. (가) - 감정은 도덕 판단 기준이 될 수 있는가?
ㄴ. (가) - 이성은 도덕의 근원이자 행위의 동기인가?
ㄷ. (나) - 최고선인 지복(至福)은 이성의 관조로 가능한가?
ㄹ. (가) - 이타적 정서는 도덕성의 기준이 될 수 없는가?

① ㄱ, ㄴ.
② ㄴ, ㄹ.
③ ㄱ, ㄴ, ㄷ.
④ ㄴ, ㄷ, ㄹ.
⑤ ㄴ, ㄷ.

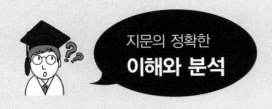

그림의 갑, 을, 병은 근대 서양 사상가들에 관한 내용들이다.

갑)은 이성적 존재는 정언명령에 따라야 한다고 주장하기 때문에 칸트의 의무론적 윤리이다.

을)은 우주를 신의 다른 모습으로 묘사하고, 자연의 이치에 따라 움직이는 기계라고 보기 때문에 '신 즉 자연'을 주장한 근대의 범신론자 스피노자의 입장이다.

병)은 도덕적 행동의 판단에 공감의 중요성을 강조하는 근대의 경험론자로 공리주의의 선구가 되었던 흄의 주장이다.

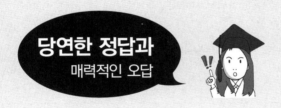

ㄱ. 감정을 도덕 판단의 기준으로 삼았던 인물은 흄이다. 그의 윤리를 흔히 정서주의(주정주의)라고 하는데, 그 이유는 감정이 우리가 어떤 행동을 할 것인지 결정한다고 보았기 때문이다. 따라서 "(가) – 감정은 도덕 판단 기준이 될 수 있는가?" ⇨ 예 ⇨ 병)(흄)이 되어야 한다.

ㄴ. 이성을 정언 명령과 도덕 행위의 근거로 삼은 사상가는 관념론자 칸트이다. 그는 정언명령(도덕 법칙)에 대한 존경에서 비롯된 의무의식에서 나온 행위만이 도덕적 가치를 지닌다고 보았다. 따라서 "(가) – 이성은 도덕의 근원이자 행위의 동기인

가?" ⇨ 예 ⇨ 갑)(칸트)이기 때문에 옳다.

ㄷ. 신 즉 자연에 기초해 우주·자연을 신의 속성으로 파악한 것은 근대의 합리론자 스피노자이다. 그는 이성에 의해 신적 필연성을 인식하는 관조 상태에 최고선의 행복이 있다고 보았다. 따라서 "(나) – 최고선은 이성의 관조에 의해 가능한가?" ⇨예 ⇨ 을)(스피노자)이지만 순서도에 따르면 정답이 될 수 없다.

ㄹ. 이타적 정서인 '이타심'을 도덕을 판단하는 가장 중요한 기준으로 삼는 것은 경험 론자 흄의 입장이다. 그는 공감과 이타심을 도덕 판단의 기준으로 강조한다. 따라 서 "(가) – 이타적 정서는 도덕성의 기준이 될 수 없는가?" ⇨ 예 ⇨ 갑)(칸트)이기 때문에 순서도에 따라 옳은 주장이 된다.

**정답 ②**

**문제 2]** 다음은 동일한 상황에 대한 근대 서양 사상가의 주장과 반론을 나타낸 것이다. 주장과 일치하는 (가)와 (나)의 내용으로 가장 옳은 것은?

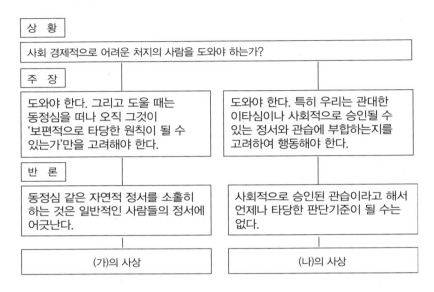

① (가) : 중용의 덕으로서 행복을 습관과의 관계 속에서 파악했다.

② (가) : 자연적 경향성과 욕구는 보편적 입법 원리가 될 수 없다고 보았다.

③ (나) : 바람직한 행위를 절대 정신의 객관화인 국가와의 관련성 속에서 파악했다.

④ (나) : 의무의식에서 비롯된 자율적 행위만이 도덕적 선의 기준이라 보았다.

⑤ (가) : 이성보다 감정, (나) : 감정보다 이성을 강조했다.

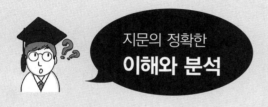

지문의 정확한
**이해와 분석**

도표의 (가)는 어려운 처지의 사람을 도울 때는 '오직 보편적으로 타당한 원칙이 될 수 있는가?'만을 고려해야 한다고 주장하기 때문에 의무론적 윤리인 칸트의 관점이다. 칸트는 동정심이나 욕구 같은 인간의 자연적 경향성은 도덕성을 판단하는 기준이 될 수 없으며, 오직 이성과 도덕적 선의지, 도덕 법칙에 근거해야 한다고 강조한다.

(나)는 우리의 행동이 도덕적인지 판단할 때 사회적 관습에서 수용될 지, 또 인간에게 공통적인 정서(감정)를 내포하고 있는지 고려해야 한다고 주장한다. 이것을 사회적 주관주의 또는 정서주의 윤리라고 하는데, 흄의 관점이 여기에 속한다.

**당연한 정답과**
매력적인 오답

① '중용의 덕으로서 행복을 습관과의 관계 속에서 파악'한 것은 고대 아리스토텔레스의 윤리적 입장이다.

② '자연적 경향성과 욕구'를 '보편적 입법 원리'로 삼을 수 없다고 주장하는 것은 칸트의 윤리이다. 칸트는 '행복'을 부정하지 않는다. 단지, '도덕적인 의무(또는 도덕적인 선)'가 우선인 상황에서 '행복'을 먼저 고려하는 것이 바람직하지 않다는 것이다. 그에게 도덕(선의지)이란 그 자체로서 숭고하고, 가치 있기 때문이다. 따라서 도덕의 목적을 외부에서 찾으려 해서는 안 된다. 그는 '자기 안의 도덕 법칙'에 대해 감

탄과 경외를 했다.

③ '바람직한 행위를 절대 정신의 실현과 관련해서 파악'했던 사상가는 헤겔이다.

④ '의무의식에서 비롯된 자율적 행위만이 도덕적 선의 기준'이라는 주장은 칸트의 관점이다.

⑤ 흄은 '이성보다 감정'을 강조했고, 칸트는 '감정보다 이성을 강조'했다.

**정답** ②

**문제 3]** 갑과 을의 윤리적 입장에 대한 평가로 가장 적절하지 못한 것은?

> 갑 : 우리는 보편적 법칙이 되기를 바라는 준칙에 따라서만 행동해야 한다. 오직 실천 이성의 명령에 따라 행동해야 한다.
> 을 : 우리는 금욕이나 절제가 아니라 만족과 효용을 극대화할 수 있는지 계산해 행동하는 것이 바람직하다. 왜냐하면 우리는 태어나서부터 쾌락과 고통으로부터 자유로울 수 없기 때문이다.

① 갑)은 도덕과 행복이 충돌할 때 그 자체 목적인 행복을 우선한다.
② 을)은 행동을 할 때 반드시 결과의 질적 만족까지 고려할 것을 주장한다.
③ 갑)은 가언명령, 을)은 정언명령과 긴밀한 관계가 있다.
④ 갑)과 을)은 근본적인 측면에서 도덕을 동일하게 이해한다.
⑤ 갑)은 준칙의 보편화, 을)은 쾌락의 극대화를 강조한다.

갑)은 개인의 행동 규칙인 준칙의 보편화를 주장하는 칸트의 의무론적, 동기론적 윤리설이다. 칸트는 실천이성의 명령에 따르는 행동을 도덕적 선이라고 강조했다. 그렇지만 그의 주장은 정언명령이라는 형식과 이상에 치우쳐 구체적 현실성을 결핍했다는 비판을 받는다.

을)은 쾌락의 원리와 반대되는 금욕과 절제를 비판하고, 쾌락(만족과 효용)을 계산하라고 주장하는 벤담의 양적 쾌락주의(공리주의)이다. 그는 인간은 태어나면서부터 쾌락의 극대화와 고통의 회피라는 심리적 경향성으로부터 자유로울 수 없다고 주장했다.

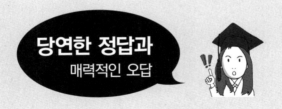
당연한 정답과
매력적인 오답

① 갑은 칸트이기 때문에 '도덕과 행복이 충돌할 때' 도덕적 가치와 법칙을 우선해야 한다고 강조하며, '행복을 그 자체 목적'이라고 보았던 사상가는 아리스토텔레스의 입장이다.

② '행동을 할 때 반드시 결과의 질적인 만족까지 고려'하라는 요구는 질적 공리주의자 밀의 입장이다. 효용과 만족, 즉 쾌락의 계산을 강조하는 양적 쾌락주의는 벤담의 입장이다.

③ 갑)은 칸트이기 때문에 정언명령을 강조하지만, 을)은 목적론적 윤리이기 때문에

가언명령과 관계가 있다.

④ 갑)과 을)은 도덕을 근본적인 측면에서 다른 것으로 해석한다. 갑)은 선의지와 실천이성, 도덕 법칙, 도덕 그 자체를 강조하지만, 을)은 공리주의·쾌락주의 윤리이기 때문에 쾌락과 행복을 우선하는 목적론적, 결과주의 윤리이다.

⑤ 갑)은 준칙의 보편화를 주장하는 칸트, 을)은 쾌락의 극대화를 강조하는 공리주의 윤리이다.

**정답 ⑤**

III. 그리스도교 윤리

"절제란 자신을 신에게 완전히 바치는 사랑이며, 용기란 신을 위해 모든 것을 극복하는 사랑이며, 정의란 신에게만 헌신하는 사랑이다."

혜란 신을 향해 분별할 줄 아는 사랑이며, 지

# 교부 철학, 스콜라철학, 종교개혁, 신토마스주의

유일신을 섬기는 유대교에 기원을 둔 그리스도교는 유대교의 율법주의와 선민 사상을 비판하고, 참된 사랑과 믿음에 기초해 영혼의 구원을 가르치는 사상이다. 이에 따르면, 인간은 신의 피조물로서 신성성을 갖고 있으며, 신은 인간을 조건 없는 무한한 사랑(아가페, agape)으로 평등하게 대한다고 강조한다. 신의 인간에 대한 사랑은 '~ 때문에'라는 조건적 사랑이 아니라 '~에도 불구하고'라는 무조건적 사랑이다. 따라서 자기 죄를 뉘우치고, 신을 사랑하는 사람이라면 누구나 용서와 구원을 받을 수 있다고 가르친다. 고대 그리스 사상이 개인의 인격 완성을 강조했지만, 이웃의 고통을 함께 나누는 것은 소홀한 측면이 있었다. 그렇지만 모든 사람은 신 앞에서 평등하고 존귀하다는 예수의 가르침은 이웃에 대한 사랑과 화해, 사회적 약자에 대한 배려와 돌봄을 가르친다. 이러한 그리스도교의 근본 가르침, 즉 황금률은 "남에게 대접받으려면 너희도 남에게 대접하라"는 산상수훈에 잘 표현되어 있다. 그리스도교의 이와 같은 근본 원리는 공자의 "자기가 하기 싫은 일은 남에게도 베풀지 말라"는 가르침과 불교의 "세상에서 더 없이 소중한 것이 자신임을 아는 사람은 또한 그렇기 때문에 남을 해쳐서는 안 된다"는 가르침에서도 발견되는 보편적인 윤리 원칙이다.

중세 사상은 일반적으로 교부 철학과 스콜라 철학으로 구분한다. 중세 초기의 교부 철학을 대표했던 인물은 플라톤의 철학 체계를 수용해 그리스도교의 신앙을 체계화했던 아우구스티누스이다. 그리고 중기 이후 스콜라 철학을 대표하는 인물은 아리스토텔레스의 목적론적 관점과 철학 원리를 받아들인 토마스 아퀴나스이다. 그리고 이성과

신학의 완전한 분리, 이중진리설과 유명론을 주장한 오컴을 통해 사상적으로 중세의 끝이자 근대의 계기가 마련된다. 즉 그의 주장은 과학적 경험적 사고를 가능하게 해 과학을 신학에서 분리하는 계기가 되었고, 근대 철학과 과학의 등장, 그리고 종교 개혁에도 긍정적인 영향을 미쳤다.

한편, 중세의 황혼이 되면서 종교계의 타락은 면죄부 판매로 절정을 치닫고 있었다. 여기에 15세기부터 전개된 르네상스는 종교 개혁을 더욱 촉발시키는 요인이 되었다. 1517년, 마침내 신앙의인론과 만인사제주의를 주장한 루터의 95개조 반박문을 통해 종교 개혁의 불길이 시작되었고, 노동의 가치를 강조하는 칼뱅의 직업 소명설과 예정설로 정점에 이르게 되었다.

현대에 와서 그리스도교 사상은 세계 인권선언의 초안자 중 한 명인 신토마스주의자 자크 마리탱에 의해 새로운 모습으로 변화를 모색한다. 그는 그리스도교의 인격주의에 기초한 민주주의의 실현이라는 '신 중심의 휴머니즘'을 주창했다.

# 교부 철학 : 아우구스티누스(Aurelius Augustinus, 354-430)

첫째, 그리스도교의 교리는 초기 교부 철학자들에 와서 체계화 과정을 밟는다. 특히 플라톤과 플라톤주의의 영향을 크게 받은 아우구스티누스는 자신의 이교도(마니교) 경험을 통해 이성만으로는 충분하지 않으며 신에 대한 사랑, 즉 신앙(믿음)이 우선이라고 확신했다. 이에 따라 그는 '믿지 않으면 이해도 못할 것'이라는 신념에 따라 최고선인 '신을 사랑하고 소유'하면 행복할 수 있다고 가르쳤다. 그는 신이란 이성적인 인식의 대상이 아니라 신앙을 통해 우리가 만나야 할 실존하는 인격적 존재라고 믿었다. 따라서 인간의 참된 행복이란 신앙을 통해 완전하고 영원한 존재인 신에게 귀의해 신과 하나가 되는 은총을 통해 가능하다고 보았다. 그는 최고선인 신에 대한 완전한 사랑을 설명하기 위해 플라톤의 네 가지 덕(德)을 받아들였다. 그에게 덕이란 신이 창조한 '사랑의 질서'이자 '조화로운 사랑'과 하나가 되는 올바른 의지의 표현이었다. 따라서 최고선은 신이며, 최고의 덕은 신에 대한 사랑이다.

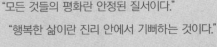

"모든 것들의 평화란 안정된 질서이다."

"행복한 삶이란 진리 안에서 기뻐하는 것이다."

"잘 산다는 것은 오직 온 마음과 영혼, 정신을 다해 신을 사랑하는 것이다."

"절제란 자신을 신에게 완전히 바치는 사랑이며, 용기란 신을 위해 모든 것을 극복하는 사랑이며, 지혜란 신

SANCTUS
AURELIUS
AUGUSTINUS

둘째, 아우구스티누스는 악(惡)의 실체를 인정하지 않았기 때문에 현실에서 일어나는 사회적인 악(惡)에 대해 적절한 설명을 해야 했다. 그에 의하면, 위계질서가 잡힌 세계에서 신은 완전하고 영원히 현존하지만, 인간을 비롯한 물질세계는 불완전한 존재이다. 그런데 인간은 영혼과 사라질 육체를 함께 지닌 중간적 존재이기 때문에 자신보다 열등한 물질세계를 추구하기보다 완전하고 영원한 존재인 신을 사랑하고 추구하는 것이 바람직하다고 그는 강조한다. 또 그는 완전한 선(善)인 신은 세계를 창조할 때 선하게 창조했으며, 그렇기 때문에 자연적인 악(惡)이란 존재하지 않는다고 보았다. 그에게 악이란 '선이 결핍된 상태로' 신이 인간에게 부여한 '자유의지'를 인간이 신을 향해 선택하지 않고, 자신의 세속적 욕망을 향해 선택하면서 발생했다. 그러므로 인간이 자신의 의지를 신에 대한 사랑, 즉 자신의 내면을 향해 행사해서 '최고선'인 신의 은총을 입게 되면, 원래의 선이 회복됨과 동시에 선에 기생하고 있던 악(惡)은 사라지게 된다. 즉 비로소 축복받은 관조(행복)를 얻는 것이다.

> 화로운 삶과 건강이다. 신과 인간 사이의 평화는 질서 있는 신앙을 통해 영
> 원한 법칙(즉, 신이 창조한 질서)에 이르는 것이다. 천국에서의 평화란 조화
> 와 질서 안에서 신을 향유한다."
>
> "올바른 의지는 정당한 것을 향한 사랑이며, … 의지가 올바른 선택을 하면
> 행복에 이르는 길이 열리게 된다."

셋째, 아우구스티누스는 로마의 멸망이 그리스도교도들의 유일신에 대한 과잉 신앙이 초래한 애국심의 약화 때문이라는 비난에 대해 오히려 로마에 만연한 악덕과 타락 때문이라고 반박했다. 그는 로마의 멸망이 '신의 섭리'가 계시를 통해 표현된 것이라고 주장하면서 신이 '지상의 나라' 대신 '신의 나라'를 세우려 했다고 강조했다. 그에 의하면, 두 종류의 사랑으로 두 개의 국가가 형성되는데, 하나는 '하느님의 나라', 다른 하나는 '지상의 나라'이다. 전자는 신을 사랑의 대상으로 인식하고 자연적인 질서를 존중하고 따르면서 이루어진다. 반면, 후자는 자기 자신과 물질적인 욕망을 섬기고 신을 경멸하면서 이루어진다. 역사란 바로 '하느님의 나라'와 '지상의 나라' 사이의 투쟁의 과정이라 할 수 있고, 그 심판이 로마의 멸망이다. 그는 최후의 심판이 왔을 때 우리는 어떤 나라에 속하는 구성원인지 판정받고, 그 결과에 따라 천국과 지옥으로 간다고 생각했다.

> ●●●●●●●●●●●●●●●●●●●●●●●●
>
> "두 개의 사랑으로 두 나라가 형성된다. 지상의 나라는 하느님을 경멸하는
> 단계까지 이르는 자신에 대한 사랑으로 이루어지고, 하느님의 나라는 자기
> 경멸의 단계까지 이르는 하느님에 대한 사랑으로 이루어진다."
>
> "지상의 나라는 스스로 자랑스럽게 여기고, 하느님의 나라는 신이 자랑스럽
> 게 여긴다."

# 2 중기 스콜라 철학 : 토마스 아퀴나스(Thomas Aquinas, 1225?-1274)

첫째, 스콜라 철학이란 그리스도교 교리를 이성을 통해 철학적으로 논증하고 합리적으로 이해하려 했던 철학을 말한다. 아우구스티누스의 교부 철학이 플라톤 철학의 영향 아래 있었다면, 토마스 아퀴나스의 스콜라 철학은 아리스토텔레스의 사상을 그리스도교에 부합하도록 종교적으로 확립(즉, 아리스토텔레스의 그리스도교화)한 것이었다. 중세의 수도원에 속한 학교(schola)에서 이루어진 지적인 활동에서 유래한 스콜라 철학은 신학과 철학, 신앙과 이성, 인간과 자연 사이의 조화를 추구하면서 그리스도교 교리를 철학적·합리적으로 논증하고 설명하려 했다. 예를 들어 '믿기 위해서 이해한다'는 그의 입장은 이성을 통해 신앙으로 나가는 합리적 신앙을 강조한 것으로 이성과 신앙의 상호 보완 관계의 모색으로 이해될 수 있다. 토마스 아퀴나스는 철학과 신학, 이성과 신앙이 대립보다는 서로 보완하고 양립한다는 생각을 갖고 있었다. 또 그는 '신은 존재하는가?'라는 신학적인 물음에 대해 철학은 논리와 합리성을 토대로 신의 존재를 증명해 보일 수 있다고 생각했다.

둘째, 아리스토텔레스의 목적론, 행복, 덕에 관한 주장은 토마스 아퀴나스에 의해 종교적 차원에서 해석되고 전개되었다. 토마스 아퀴나스는 아리스토텔레스처럼 모든 존재는 완성이라는 최종 목적을 지향하며, 궁극적인 목적은 어떤 것에 의해서 창조되지 않은 선(Good), 즉 신(God)과 내세에서 하나가 되는 것이라고 생각했다. 그런데 그는 이러한 바람이 용기·지혜·절제와 같은 자연적인 덕(지성의 덕, 품성의 덕)을 통해서는 현세에서 일시적이고 불완전한 행복이 가능할 수 있지만 내세에서의 영원하고 완전한 행복은 불가능하다고 생각했다. 따라서 그는 자연적인 덕 이외에 신학적인(또는 종교적인) 덕, 즉 믿음·소망·사랑의 덕이 강조된다고 주장했다. 이를 통해 현세에서의 불완전한 행복이 비로소 영원하고 완전해질 수 있다고 생각했다. 이 점에서 우리가 살아가는 현세는 내세의 영원한 행복을 준비하는 일종의 순례길 또는 예비적 단계라고 볼 수 있다.

> "그것이 무엇이든지 모든 것들에는 완성을 향한 욕구가 있으며, 이것들을 움직이게 하는 최종 목적은 결국 자신의 완전한 선, 즉 자신을 충족시키는 선이라고 할 수 있다. … (그것은) 우리의 궁극적인 목적인 창조되지 않은 선, 곧 신이다. 신만이 무한한 선이다."
> "자연적인 인식 능력만으로는 신의 본질의 파악에 한계가 있기 때문에 반드시 신의 은총을 통해 보완해야 한다."
> "신의 은총은 인간의 본성을 파기하지 않고 그것을 완성시킨다."

셋째, 스콜라 철학의 중심 주제가 되었던 '보편자 논쟁'에서도 토마스 아퀴나스는 아리스토텔레스의 '질료와 형상', '질료인-작용인-목적인-형상인'의 관점을 충실하게 따라 신의 존재를 증명하고자 했다. 예를 들어 그는 어떤 존재가 운동하기 위해서는 그것을 운동하게 하는 최종적인 원인, 즉 운동하게 하는 자(제1원인)가 있어야 하는데, 그것이 신이다. 따라서 신은 존재한다는 결론이 나온다. 또 모든 존재는 보다 완전함을 지향하는데, 가장 완전한 존재자(형상)는 신이다. 그러므로 신은 존재한다는 결론이 도출된다. 이처럼 그는 궁극적인 목적이자 최고선으로 신의 존재를 아리스토텔레스의 목적론으로 증명한다. 이러한 주장은 신의 존재를 증명함과 동시에 신을 이성적이고 논리적으로 증명할 수 있다는 의미도 성립한다. 따라서 스콜라 철학은 신학과 철학을 구분('철학은 신학의 시녀')하면서도 양쪽 모두 신이라는 절대 진리를 주장하고 있다는 점에서 서로 모순되지 않는다는 입장이었다.

"모든 창조된 원인들은 자신의 고유한 결과, 즉 서로 다른 결과를 낳기도, 공통된 결과를 낳기도 한다. 예를 들어 열기는 사물을 뜨겁게 만드는 결과를 낳으며, 건축가는 집이 존재하도록 만든다. 열기와 건축가가 어떤 결과들을 만들고 있다는 점은 같지만 서로 다른 것을 만든다는 점에서는 다르다. 따라서 결과를 낳는 상위의 어떤 원인이 존재해야 하는데, 바로 이것 때문에 모든 것들이 존재한다. 바로 이 원인을 신이라고 한다."

"어떤 것이 움직일 때(즉 운동할 때) 그것은 어떤 다른 것에 의해서 움직여진다. 또한 어떤 다른 것은 또 다른 것에 의해 움직여져야 한다. 이러한 과정을 따라가면 필연적으로 다른 어떤 것에 의해서도 움직여지지 않는 제1동자(최초의 운동자, 최초의 원인, 궁극적 목적)에 도달하게 된다. 그리고 이 존재를 신으로 인식한다."

"철학은 창조된 사물에서 출발해 하느님에게 이르지만, 신학은 하느님(즉 계시와 신앙)에서 출발한다."

"신앙은 초이성적이기 때문에 이성으로 증명할 수 없다. 신앙은 참된 것이며, 반이성적이 아니다."

THOMAS
AQUINAS

넷째, 토마스 아퀴나스는 사회 정치적 입장에서도 아리스토텔레스의 입장을 신학적으로 수용하였다. 그는 아우구스티누스처럼 '신의 나라'

착한 사마리아인

와 '지상의 나라'처럼 대립해서 구별하지 않았으며, 대신 '영원법-자연법-인간법(성문법)'이라는 논리 구조를 통해 정치 공동체를 이해했다. 따라서 만약에 신의 섭리가 이 세계를 지배하는 것이라면 이 세계의 자연법(natural law)이란 신의 영원한 법칙이 지배하는 곳이라는 말이다. 또한 우리 인간은 이 자연법을 통해 신의 영원한 법칙에 참여하게 된다. 인간의 법이란 자연법을 드러내고, 자연법은 신의 영원한 법을 드러내기 때문에 국가(또는 정치)란 공동선의 추구를 목적으로 해야 한다. 아리스토텔레스는 국가가 덕이 있는 윤리적 인간이 되도록 노력해야 한다고 했는데, 토마스 아퀴나스도 아리스토텔레스처럼 공동선의 추구를 국가의 역할로 이해하고 있다.

"영원한 법은 모든 것을 주관하는 하느님의 지혜이다. 그리고 (신의 법칙은 이미 인간 안에 있기 때문에) 인간이 이성을 통해 이 영원한 법에 참여하는 것을 자연법이라고 한다."
"인간이 자연적 성향을 갖는다는 말은 자연법에 귀속된다는 뜻이다. 따라서 인간이 이성에 따라 행동하려는 성향을 갖는 것은 올바르다. 선은 행하고, 증진해야 하며, 악은 피해야 한다는 것이 제1자연법이다. 이것이 모든 자연

**후기 스콜라 철학 : 윌리엄 오컴**(William of Ockham, 1285?-1349)

첫째, 일반적으로 보편(자) 논쟁과 관련해 스콜라 철학은 세 시기로 구분한다. 초기 스콜라 철학은 '보편은 실재하며, 보편은 실재에 앞선다'고 주장(보편 실재론)했던 안셀무스(Anselm of Canterbury, 1033-1109)[4]가 활동했던 시기이고, 중기 스콜라 철학은 '보편은 실재하고, 보편은 실재 안에 존재한다'는 믿음(온건 실재론)이 지배했던 토마스 아퀴나스의 시기

---

4) 안셀무스는 '신이 존재하는가?'에 대해서 재미있는 방식을 고안했는데, 이것을 '존재론적 신 존재 증명'이라고 부른다. 그에게 신을 '당신은 그보다 더 큰 것이라고는 어떤 것도 생각할 수 없는 것', 즉 가장 위대한 존재라고 정의한다. 따라서 만약에 신이 이런 존재라면, 신에게 불완전이란 성립할 수 없다. 왜냐하면 그렇게 되면 '가장 위대한 존재'라는 말과 모순되기 때문이다. "우리는 당신이 그 무엇보다 더 위대하다는 것을 믿습니다. 따라서 어떤 어리석은 사람이 마음속으로 '신은 존재하지 않는다'고 말한다고 해서 어떻게 그런 실재가 존재하지 않을 수 있겠습니까? 그 어리석은 바보가 … 당신이 실제로 존재한다는 것을 이해하지 못한다고 할지라도 그의 관념(지성) 속에 당신은 존재하고 있습니다. 왜냐하면 어떤 대상이 자기 관념 속에 존재하고 있다는 것과 그런 사실을 이해하고 있다는 것은 분명히 다르기 때문입니다. … 가장 위대한 존재는 상상만이 아니라 분명히 현실 속에서도 존재합니다." 그렇지만 이런 주장은 상상할 수 있는 가장 위대한 존재와 현실 속의 가장 완전한 존재를 구분하지 못하는 오류를 범하고 있다. 우리가 아름답고 훌륭한 섬을 상상한다고 해서 반드시 그 섬이 현실 속에서 존재하는 것은 아니기 때문이다.

이다. 그리고 후기 스콜라 철학은 '보편이란 단지 이름일 뿐, 보편은 실재 이후에 존재한다'는 주장(유명론)을 했던 윌리엄 오컴이 활동했던 시기이다. 런던에서 멀지 않은 작은 마을 오컴에서 태어난 오컴은 교황과의 갈등 때문에 이단으로 몰려 심문을 받은 후 탈출하기도 했다.

둘째, 오컴은 철학과 신학, 이성과 신앙을 명확하게 구분 짓는 '이중 진리설'을 주장했다. 즉 오컴은 진리를 철학적 진리와 신학적 진리로 구분해서, 이 두 가지 진리의 배후에는 '신의 알려지지 않은 의지'가 있다고 생각했다. 그렇지만 철학적 진리는 경험적이고 개연적인 반면, 신학적 진리는 이러한 철학적 진리를 초월하기 때문에 양쪽의 진리는 다를 수밖에 없다고 생각했다. 이제 신학과 종교적 진리는 철학이나 과학을 통해 이루어질 수 없게 되었다. 왜냐하면 철학과 과학은 이성을 통해 이루어지지만, 신학은 신앙과 계시를 통해 이루어지기 때문이다. 또한 이들 사이의 진리는 서로에게 영향을 미치지 않을 뿐만 아니라 서로 모순을 일으킬 수도 있게 되었다. 그가 이렇게 철학과 신학을 분리시킨 배경에는 '신학의 시녀'로 전락했다고 비판받던 철학(이성)의 신학(신앙)에 대한 공격을 방어하려는 의도가 있었지만, 실제로는 스콜라 철학이 전반적으로 추구해왔던 철학과 신학 사이의 조화가 끝났다는 것을 의미했다. 이중 진리설과 함께 그의 유명론은 중세 스콜라 철학에 종말을 고하고 근대 철학의 길을 열었다. 즉 그의 사상은 근대의 인본주의와 종교개혁(루터는 스스로를 오컴의 제자라고 자처했다.)에 영향을 주었고, 신앙이 아닌 다른 모든 문제들은 과학의 경험적 자료를 통해 다룰 수 있게 함으로써 근대 과학 혁명의 출현에도 영향을 미쳤다.

셋째, 실재론(realism, 보편 실재론, 보편자의 실재를 강조함)에 반대되는 유명론(nominalism)에 따르면, 보편자는 우리의 정신 속에서 단지 사유의 대상으로서만 존재할 뿐이다. 따라서 보편자는 우리 마음의 바깥에 존재할 수 없으며, 또한 영원불변하는 실재일 수도 없다. 쉽게 말해 보편(개념)이란 우리가 각각의 개별 사물들을 보고(경험하고) 난 다음, 이들 속에서 발견되는 공통된 속성을 추출(추상)해 이름을 붙인 기호(단어)일 뿐이다. 달리 말하면 정말로 존재하는 것은 구체적인 각각의 사물들뿐이라는 입장이다. 예들 들어 수지와 승호에게 '인간성'이라는 보편적 단어(용어)를 적용한다면, 이것은 수지와 승호에게 관여하는 인간의 보편적 본질, 즉 실체가 있기 때문이 아니라 단지 수지의 본질(속성)과 승호의 본질이 같기 때문이다. 그리고 이렇게 같은 본질에 대해 '인간성'이라는 이름을 붙였을 뿐이다. 따라서 우리는 불필요하게 보편을 의미하는 개념이나 존재자를 만들 필요가 없다. 이것이 '오컴의 면도날'이다. 즉 불필요한 개념(보편)들을 제거해야 한다는 단순성의 원리 또는 절약의 원리이다.

"보편자는 인간의 정신 외부에 존재하는 그 무엇도 아니다."
"보편자 개념이란 서로 비슷한 것들이 일으키는 현상에 대해 붙여진 기호에 불과한 것이다."
"어떤 현상을 설명할 때 불필요한 가정이나 존재자를 늘려서는 안 된다. 즉 적은 수에 의해 설명될 수 있는 것을 불필요한 원리로 설명해서는 안 된다."
"나는 보편자가 주체 속에 또는 정신의 내부나 외부 중 어떤 곳에 존재하는 실재적인 것은 아니지만, 오직 정신 속에서 사유의 대상으로서만 존재한다

OCKHAM

고 생각한다. … 예술가가 자기 정신 속에 집을 그린 다음, 처음 집과 비슷한 집을 현실 속에서도 만드는 것과 마찬가지로, 우리도 밖에서 본 것으로부터 얻은 정신 속의 그림이 이후에 하나의 본으로 작용할 것이다."

## 4 종교 개혁과 신토마스주의

MARTIN
LUTHER

첫째, 중세는 가톨릭에 의해 지탱되던 시기였지만, 종교의 타락은 중세의 몰락을 앞당기고 있었다. 15세기에 오면서 가톨릭은 중대한 도전에 직면하게 되는데, 그 중심에 신과 교회가 아닌 인간과 인간의 이성을 중심으로 한 르네상스라는 사상운동이 있었다. 또한 교회의 극심한 타락은 중세의 몰락을 더욱 부채질하고 있었다. 이제 누가 처음으로 불을 지피는가의 문제만 남아있었다. 그만큼 교회와 종교는 타락하고 부패했다. 이런 분위기에 불을 지핀 대표적인 종교 개혁의 지도자가 루터(Martin Luther, 1483-1546)와 칼뱅(Jean Calvin, 1509-1564)이었다. 종교 개혁은 한 마디로 중세의 교황과 교회의 권위를 부정하고, 성서와 신앙에 기초해서 타락한 종교를 바로 세우려는 개혁 운동이었다.

둘째, 대표적인 종교 개혁은 루터가 먼저 시작했는데, 그는 "의인은 믿음(신앙)으로 살리라(로마서 1장)"는 말을 인용해 믿음, 즉 오직 신앙만이 우리를 의롭게 한다고 주장했다. 그런데 이것은 당시 교회가 갖고 있던 절대적 권위를 부정하는 것이었다. 그는 "그리스도교인들은 자신의 믿음 안에서 필요로 하는 모든 것들을 얻을 것이고, 자신을 의롭게 하기 위해 다른 무엇도 필요로 하지 않는다"고 주장했다. 그의 이러한 믿음은 교회의 면죄부 판매를 비판하는 95개조의 반박문으로 표현되었다. 그의 주장은 1) '오직 성서만으로(성서주의)', 2) '오직 믿음(신앙)만으로(신앙주의)', 3) '오직 은총만으로'라는 세 가지 정신으로 요약할 수 있다. 그는 또 모든 그리스도교 간에는 어떤 차별도 없으며, 모든 사람은 누구나 영적 계급이 될 수 있다는 '만인 사제설(만인 사제주의)'을 주장하면서 교황의 성서 해석권은 날조된 우화라고 비판했다. 그를 통해 우리는 교회가 아니라 오직 신앙과 성서만으로 신과 직접 대화할 수 있게 되었다. 루터의 종교개혁은 교회의 독점적 지위를 무너트리고 개인의 자유와 권리를 주장하고 있는데, 이것은 자연스럽게 근대 자유주의 사상을 촉진시켰다는 점에서 중요한 의미를 지닌다. 또 신의 뜻을 우리가 사는 세상에 실현하려는 세속화된 입장에서 해석하는 개혁적 성격을 보이면서 내세나 금욕, 구원 같은 주장보다는 현세를 충실하게 사는 것이 중요하다는 가르침을 주었다.

"참회란 교회 성직자의 '참회 의식'을 통해 이루어지지 않는다(제2조)."
"교황은 어떤 죄도 용서할 수 없다(제6조)."
"면죄부를 산다고 죄에서 벗어날 수 없다(제21조)."
"짤랑거리며 떨어지는 동전 소리에 따라 '연옥'에 있던 영혼이 연옥 밖으로 나온다는 것은 허황된 거짓이다(제27조)."
"진심으로 회개하면 죄에서 해방될 수 있다(제36조)."

셋째, 칼뱅의 종교 개혁은 루터의 주장보다 더욱 강력했다. 사실, 루터는 종교 개혁을 주장하면서도 왕권신수설을 정당화하면서 당시 독일 전역에서 일어나고 있었던 농민 반란에 대해서는 매우 부정적이었다. 칼뱅의 종교 개혁은 예정설과 직업 소명설로 요약할 수 있다. 예정설이란 인간의 구원은 신이 미리 내정해 놓았기 때문에 사제나 교황이라 해도 이를 바꿀 수 없다. 반면에 직업 소명설이란 신의 '소명(부름, calling)'인 직업을 통해 근검과 절약, 금욕의 노동 가치를 실천해 성공하는 것이 곧 구원의 징표라는 주장이다. 다시 말해 직업(노동)이란 신의 영광을 실현하는 수단으로서의 의미를 갖는다. 이러한 주장에는 서구인들의 노동과 직업에 대한 근본적인 사고의 변화가 들어 있는데, 막스 베버는 이러한 가치들이 오늘날 서구 자본주의의 근본정신을 형성한다고 자신의 『프로테스탄티즘의 윤리와 자본주의 정신』에서 주장하고 있다. 이로써 노동과 일은 더 이상 신분이 낮은 사람들이 도맡아 하는 것이 아니라 신의 뜻이 반영된 거룩하고 신성한 것이 되었다.

"모든 사람이 같은 상태로 창조된 것은 아니다. 신은 영원불변한 섭리 속에 누구를 구제하고, 누구를 멸망시키려는지 미리 예정해 놓으셨다."

"우리가 알고 있는 것은 단지 인간의 일부는 구원받고, 나머지는 저주받는다는 사실 뿐이다. 따라서 이러한 인간의 운명을 결정하는 데 인간의 선행이나 죄가 작용한다는 것은 불가능하다. 하나님은 전혀 헤아릴 수 없는 결정에 따라 개인의 운명을 나눠주고, 우주의 가장 사소한 것까지도 정해놓은 초월적 존재이다. 신의 결정은 번복될 수 없다. … 확실한 직업이 없는 경우 인간의 노동은 불규칙한 우연적 노동에 불과하고 노동보다는 태만에 더 많은 시간을 낭비하는 것과 같다. 따라서 확고하고 일정한 직업은 모두에게 최선의 것이다. 세계는 오직 신의 영광을 드러내도록 정해져 있고, 각자의 몫만큼 보이도록 정해져 있다. 사회적 효용을 위한 노동은 신의 영광을 드러내기 위해 신이 바라는 것이다."

"신은 당신의 영광을 계시하기 위해 당신의 결단으로 어떤 이는 … 영원한 삶으로 예정하셨고 또 다른 이는 영원한 죽음으로 예정하셨다."

"자기 확신에 '도달'하기 위한 가장 탁월한 수단으로 부단한 '직업노동'이라는 명령이 내려졌다. 이러한 노동만이 종교적 회의를 씻어 버리고 구원의 확실성을 제공한다."

"모든 단순한 감정과 기분은 그것이 아무리 숭고해 보여도 기만적이기 때문에 구원의 확신에 대한 보다 확실한 근거가 되기 위해 신앙은 객관적 '결과'로 증명되어야 한다. 즉 신앙은 '유효한 신앙'이어야 하고 구원에의 소명은 '유효한 소명(effectual calling, 즉 직업 노동에 의한 성과)'이어야 한다."

넷째, 토마스 아퀴나스의 스콜라 철학을 계승해 현대에 다시 일으키고자 하는 사상을 신토마스주의(Neo-Thomism)라 부르는데, 이를 대표하는 인물은 세계인권선언의 초안자이기도 한 자크 마리탱(Jacques Maritain, 1882–1973)이다. 그의 사상은 흔히 '신 중심의 휴머니즘'이라고 부르는데, 이것은 '인간 중심 휴머니즘'과 대비된다는 의미를 담고 있다. 마리탱에 따르면, 근대의 인간 중심 휴머니즘은 데카르트와 로크, 루소에게서 비롯된 것으로 인간이 신의 도움 없이도 인간의 존엄성이나 기본권 같은 진리를 깨달을 수 있다고 주장한다. 반면, 신 중심의 휴머니즘은 그리스도교적인 인격주의에 기초해 진정한 인간의 모습(진화 과정의 산물로서 육체와 신의 창조물인 영혼의 결합)을 회복하고, 이에 따라 그리스도교에 기초한 국가와 민주주의의 실현을 주장한다. 이 점에서 신 중심의 휴머니즘은 인간과 신의 조화, 세속적인 것과 영원한 신적인 것을 조화시키는 통합적 휴머니즘(온전한 휴머니즘, integral humanism)을 추구한다. 또 신 중심 휴머니즘은 인간의 존엄성을 신을 닮은 형상으로부터 발견하며, 신의 영원한 법을 반영하는 자연법과 여기서 인간의 권리와 의무를 규정하는 도덕법을 끌어낸다. 이러한 생각의 바탕에는 도덕법은 자연법이며, 자연법은 영원법, 즉 신의 지혜와 본질을 드러낸다는 논리가 깔려있다. 이에 기초하여 신 중심 휴머니즘은 그리스도교에 기초한 형제애와 자유, 정의와 우애의 덕, 인격 존중, 신 앞에서 책임의 실천을 강조한다.

**문제 1]** 다음 갑), 을), 병)의 입장에 일치하는 내용을 모두 고르면?

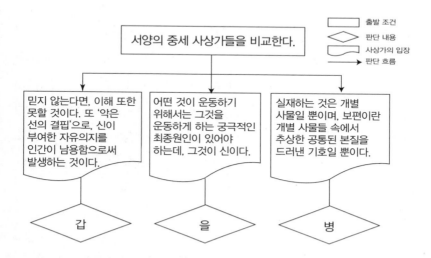

| | 출발 조건 |
| --- | --- |
| | 판단 내용 |
| | 사상가의 입장 |
| → | 판단 흐름 |

서양의 중세 사상가들을 비교한다.

믿지 않는다면, 이해 또한 못할 것이다. 또 '악은 선의 결핍'으로, 신이 부여한 자유의지를 인간이 남용함으로써 발생하는 것이다.

어떤 것이 운동하기 위해서는 그것을 운동하게 하는 궁극적인 최종원인이 있어야 하는데, 그것이 신이다.

실재하는 것은 개별 사물일 뿐이며, 보편이란 개별 사물들 속에서 추상한 공통된 본질을 드러낸 기호일 뿐이다.

갑    을    병

ㄱ. 갑)은 철학과 신학이 서로 양립할 수 있다고 보았다.

ㄴ. 을)은 국가의 역할을 공동선의 추구라는 입장에서 이해했다.

ㄷ. 갑)과 병)은 철학과 신학을 구분하는 보편 실재론을 주장했다.

ㄹ. 병)은 이중진리설과 단순성의 원리로 근대로의 계기를 제공했다.

① ㄱ. ㄷ.
② ㄱ. ㄹ.
③ ㄴ. ㄷ.
④ ㄴ. ㄹ
⑤ ㄱ. ㄴ. ㄹ.

서양 중세 철학은 크게 교부철학과 스콜라 철학으로 구분한다. 갑)은 초기 교부 철학을 대표했던 아우구스티누스의 입장으로 그는 신에 대한 사랑, 즉 신앙을 통해 최고선인 신과 하나가 되는 은총을 체험해야 한다고 주장했다. 특히 그는 선과 악의 문제에 대해 악의 실체를 인정하지 않았으며, 악이란 인간이 신으로부터 부여받은 자유의지를 자신의 욕망에 따라 악용하고 남용해서 발생한다고 주장했다. 따라서 건강이 회복되는 것처럼 원래의 선이 회복된다면, 악이란 자연스럽게 사라진다는 입장이었다. 스콜라 철학을 대표하는 을)의 토마스 아퀴나스는 신 존재의 증명, 윤리학, 정치와 국가의 역할 등 대부분의 주제에서 아리스토텔레스의 사상을 성공적으로 그리스도교화 했다. 그는 정치에서도 세속적인 인간의 법(성문법)은 신의 자연법을 표현하는 것이었기 때문에 국가를 공동선의 추구라는 관점에서 이해했다. 또 신의 존재를 증명하기 위해 아리스토텔레스의 목적론과 제1원인(제1자) 개념을 적용했다. 후기 스콜라 철학자인 윌리엄 오컴은 이중진리설로 철학과 신학을 엄격하게 구분하면서 철학의 신학에 대한 공격으로부터 신학을 보호하려 노력했지만, 중세 사상의 종말을 알리면서 근대로 이행하게 되는 결정적인 계기를 제공했다. 또 보편자 논쟁을 통해서 실재하는 것은 개별 사물들일 뿐이고, 보편적 개념이란 단지 개별적인 것들에서 나타나는 공통된 성질들을 이끌어낸 것일 뿐이라는 유명론을 주장함으로써 보편 실재론을 부정했다.

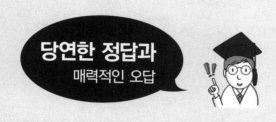

ㄱ. 갑)은 아우구스티누스로 신앙의 우선성을 강조했다. 철학과 신학의 양립 가능성 과 조화를 추구한 것은 토마스 아퀴나스의 입장이다.

ㄴ. 을)은 토마스 아퀴나스의 입장으로 그는 아리스토텔레스의 입장을 그리스도교화 해서 자신의 입장을 확립했다. 그는 인간 이성의 명령인 자연법이 인간법의 토대 가 되며, 자연법의 근거는 신의 영원한 법이라고 보았다.

ㄷ. 철학과 신학을 엄격하게 구분하는 이중진리론을 주장한 것은 윌리엄 오컴이고, 보 편 실재론은 오컴의 유명론과 반대되는 개념으로 중세의 초기 스콜라 철학자인 안셀무스가 주장한 것이다.

ㄹ. 병)은 윌리엄 오컴의 주장이다. 단순성의 원리 또는 절약의 원리란 불필요한 개념 과 보편자 개념을 계속해서 만들어내는 것을 비판하는 말이다. 이것은 흔히 '오컴 의 면도날'이라는 용어로 표현되고 있다.

**정답 ④**

**문제 2]** 다음 갑), 을), 병)의 입장과 일치하는 내용을 모두 고르면?

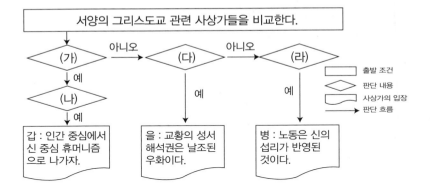

ㄱ. (가) : 그리스도교적인 인격주의에 기초할 때 인간의 진정한 모습을 찾을 수 있는가?

ㄴ. (나) : 진정한 인간의 모습은 진화의 산물인 육체와 신의 창조물인 영혼의 결합에 있는가?

ㄷ. (다) : 우리를 의롭게 하는 것은 오직 믿음과 성서뿐인가?

ㄹ. (라) : 그리스도교에 기초한 국가와 민주주의를 실현해야 하는가?

① ㄱ, ㄴ.  ② ㄴ, ㄹ.
③ ㄱ, ㄴ, ㄷ.  ④ ㄴ, ㄷ, ㄹ
⑤ ㄱ, ㄴ, ㄹ.

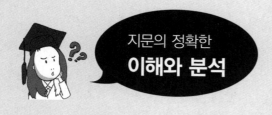

갑), 을), 병)은 모두 그리스도교 사상가들이며, 갑)은 신토마스주의자인 자크 마리탱, 을)은 종교 개혁을 주장했던 루터의 신앙주의, 성서주의, 만인 사제주의의 일부 내용이다. 그리고 병)은 종교 개혁론자인 칼뱅의 직업 소명설에 대한 내용이다. 마리탱은 그리스도교적인 인격주의에 기초해 인간의 진정한 모습을 회복하자고 주장했다. 그가 말하는 진정한 인간의 모습이란 진화의 산물인 육체와 신의 창조물인 영혼의 결합을 의미한다. 또 그는 이것을 통합적 휴머니즘이라 불렀는데, 이것이 인간 중심에 대비되는 신 중심의 휴머니즘이다. 칼뱅은 근검, 절약, 금욕의 노동 윤리를 강조했고, 인간의 직업 노동을 신의 영광을 지상에 실현하는 것으로 이해했다. 이를 직업 소명설이라고 부른다.

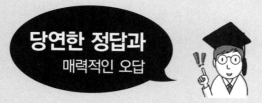

ㄱ, ㄴ은 모두 세계 인권 선언문의 초안 작성에 참여한 신 토마스주의자인 자크 마리탱의 신 중심의 휴머니즘에 관한 내용이기 때문에 올바른 흐름도를 이루고 있다. 그리고 흐름도에서는 어긋나 있지만, ㄹ 또한 마리탱의 주장이다.

ㄷ은 종교 개혁론자인 루터의 '오직 신앙만으로', '오직 성서만으로'에 해당하는 주장이다.

**정답 ③**

**문제 3]** 다음 갑, 을 사상가에 대한 설명으로 옳은 내용은?

> 갑 : 확실한 직업이 없으면 인간의 노동은 불규칙한 우연적 노동에 불과하고, 노동이라기
> 보다 태만에 더 많은 시간을 낭비하는 것과 같다. 사회적 효용을 위한 노동이야말로
> 신의 영광을 드러내기 위해 신이 바라는 것이다.
> 을 : 인간의 존엄성은 신의 이미지에서 유래하며, 인간의 권리는 신이 부여한 자연법에서
> 유래한다. 따라서 진정한 휴머니즘은 인간 중심이 아닌 신 중심에 있는 것이다.

① 갑은 성서 해석에 관한 독점적 지위를 부정하고 신앙 의인론을 주장했다.
② 갑은 철학과 신학의 조화를 추구하여 직업 소명의식을 강조했다.
③ 을은 영원한 행복을 위해 자연적인 덕과 종교적인 덕의 실천을 강조했다.
④ 을은 그리스도교에 기초한 형제애와 자유, 정의와 우애를 추구했다.
⑤ 갑은 신의 소명에 의한 직업을, 을은 신에 의한 예정설을 주장했다.

갑)은 직업 소명설을 설명하는 종교개혁론자 칼뱅의 주장을 담고 있다. 칼뱅은 세속적인 노동과 직업이 신의 신성한 부름을 받는 것이라고 강조하는데, 이것을 직업 소명설이라고 부른다. 그는 세속적인 노동이 신성한 것으로 받아들이는 계기를 제공했고, 근검하고 금욕적인 노동을 통해 쌓은 세속적인 부가 신의 은총을 확인하는 기준이 된다고 주장했다. 막스 베버는 이것을 근대 자본주의의 기본 정신을 이룬다고 『프로테스탄티즘과 자본주의 정신』에서 강조하고 있다.

을)은 신 중심의 휴머니즘을 주장한 자크 마리탱의 주장을 담고 있다. 그는 그리스도교에 기초한 형제애와 자유, 정의와 우애, 신 앞에서의 책임 등을 강조했으며, 인간과 신의 조화, 세속적인 것과 신적인 영원한 것을 조화시키려는 '통합적 휴머니즘'을 주장했다.

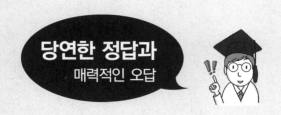
당연한 정답과
매력적인 오답

① 성서 해석에 관한 독점적 지위를 부정하고 신앙 의인론을 주장한 것은 루터의 종교 개혁이다. 서구에서 일어난 종교 개혁은 교회가 특권적 지위에서 벗어나 모두의 교회로 거듭나는 계기가 되었고, 종교적 관용과 시민계급의 성장, 자본주의와 시민 혁명이 일어나는 데 긍정적인 영향을 미쳤다.

② 철학과 신학의 조화를 추구한 것은 스콜라 철학의 토마스 아퀴나스의 사상이고, 직업 소명의식을 강조한 것은 칼뱅의 주장이다.

③ 영원한 행복을 위해 자연적인 덕과 종교적인 덕의 실천을 강조한 것은 토마스 아퀴나스의 사상이다.

④ 그리스도교에 기초한 형제애와 자유, 정의와 우애를 추구한 것은 신 토마스주의자 자크 마리탱으로 그는 토마스 아퀴나스 사상을 현대적으로 해석해 자신의 이론을 확립했다.

⑤ 신의 소명에 의한 직업과 신에 의한 예정설을 주장한 것은 칼뱅의 관점이다.

**정답 ④**

**문제 4]** 갑, 을, 병의 주장과 보기의 연결이 긍정의 관계로 묶인 것은?

> 갑 : 절제란 자신을 신에게 바치는 사랑이며, 용기란 신을 위해 모든 것을 감당하는 사랑이다. 지혜란 신을 지향하는데 필요한 것을 분별할 줄 아는 사랑이며, 정의란 신에게 헌신하는 사랑이다.
>
> 을 : 철학은 창조된 사물에서 출발하여 신에게 이르지만, 신학은 신에게서 출발하여 사물에 이른다. 따라서 이 두 가지는 서로 모순되지 않는다.
>
> 병 : 예술가가 자기 정신 속에 집을 그린 다음, 그 처음 집과 비슷한 집을 현실 속에서도 만들어내는 것처럼 우리도 밖에서 본 것을 통해 얻은 정신 속의 그림이 이후에 하나의 본으로 작용한다. 그러므로 보편이란 존재하지 않는다.

---

〈보 기〉

ㄱ. 자신이 사랑하는 것에 따라 '지상의 나라' 또는 '신의 나라'에 속하게 되는가?

ㄴ. 현세의 삶은 진정한 행복으로 나아가는 예비적 단계인가?

ㄷ. 철학적 진리와 신학적 진리는 다르기 때문에 완전히 분리되어야 하는가?

ㄹ. 인간은 신의 예정을 따를 수밖에 없고, 노동과 부의 추구는 신의 섭리인가?

---

|   | 갑 | 을 | 병 |   |   | 갑 | 을 | 병 |
|---|---|---|---|---|---|---|---|---|
| ① | ㄹ. | ㄴ. | ㄷ. | | ② | ㄴ. | ㄹ. | ㄷ. |
| ③ | ㄱ. | ㄷ. | ㄷ. | | ④ | ㄷ. | ㄱ. | ㄴ. |
| ⑤ | ㄱ. | ㄴ. | ㄷ. | | | | | |

갑)은 플라톤의 4덕을 믿음·소망·사랑(3덕)의 기독교적인 덕에 결합해 7덕을 주장했던 교부철학자 아우구스티누스에 관한 내용이다. 그는 플라톤의 4덕을 그리스도교적 입장에서 재해석했다. 또 플라톤이 이원적인 세계관을 주장했듯이 그도 '신의 나라와 지상의 나라'라는 이원적 세계관을 주장했다. 그러므로 갑과 ㄱ의 주장은 긍정의 연결 고리를 이룬다.

을)은 철학과 신학 사이의 보완적이며 조화를 추구했던 스콜라 철학자 토마스 아퀴나스의 주장으로 그는 현세의 행복과 도덕적인 덕의 실천을 내세에서의 영원한 행복을 준비하는 예비적 단계로 파악했으며, 이러한 생각은 아리스토텔레스 사상을 그리스도교화한 것이라는 평가를 받고 있다. 그러므로 을과 ㄴ의 관계는 긍정의 연결 고리를 이룬다.

병)은 보편 실재론에 반대되는 유명론을 주장하는 오컴의 비유를 제시한 것으로 그는 철학적 진리와 신학적 진리를 완전히 분리하는 이중 진리설을 주장했다. 따라서 병과 ㄷ은 긍정의 관계를 형성하고 있다.

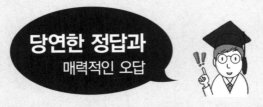

ㄹ은 종교 개혁론자인 칼뱅의 예정설과 직업 소명설을 결합해 제시한 내용이다.

정답 ⑤

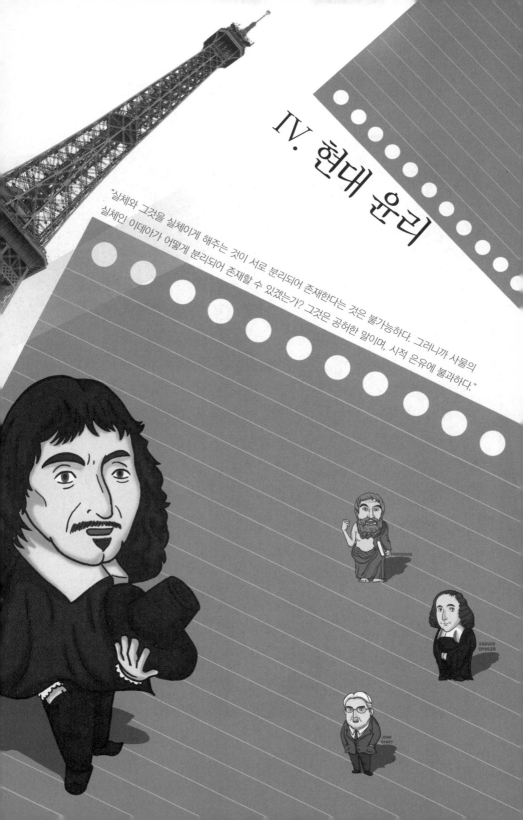

IV. 현대 윤리

"실체와 그것을 실체이게 해주는 것이 서로 분리되어 존재한다는 것은 불가능하다. 그러니까 사물의 실체인 이데아가 어떻게 분리되어 존재할 수 있겠는가? 그것은 공허한 말이며, 시적 은유에 불과하다."

# 1. 덕(德) 윤리 : 아리스토텔레스, 매킨타이어

고대 사상가들의 주요 관심은 사람의 '어떤 성격 특성이 그 사람을 선하게 하는가?'였다. 즉, 어떻게 하면 '훌륭한 사람', '덕 있는 사람'이 될 수 있는가가 토론의 중심 주제였다. 그렇지만 이런 관심은 중세 그리스도교의 유일신 신앙에 의해 도덕적 선이란 신의 의지에 기초한다는 믿음 아래에서 순종 같은 신학적 미덕(믿음, 소망, 사랑)에 의해 밀려나게 되었다. 르네상스와 근대에 와서 '신의 명령'이라는 절대적 지위를 인간의 '이성'이 차지하기는 했지만, 여전히 도덕은 규칙들의 체계로 이해되었다. 다시 말해, 옳고 그름의 기준을 규정했던 신이 이성으로 대체되었을 뿐이다. 이 때문에 고대의 '덕'에 대한 관심은 근대에 와서도 '옳고 그름'에 관한 주장에 밀려났다. 예를 들어 '자신의 이익을 증진시키는 행위를 해야 한다'는 윤리적 이기주의, '최대 다수의 최대 행복을 증진시키는 행동을 해야 한다'는 공리주의, '항상 보편적 도덕 원리에 타당하도록 자신의 행위 준칙을 맞추어야 한다'는 칸트의 의무론, '자기 이익을 합리적으로 추구하도록 합의한 계약을 따르라'는 사회 계약론은 모두 '덕'이 아니라 '의무', 즉 옳고 그름을 규정하는 이론들이다. 이에 대한 반성과 비판으로부터 현대의 덕 윤리가 부활한다.

덕 윤리는 자동차를 수리하는 사람에게 필요한 덕과 가르치는 사람에게 필요한 덕이 있는 것처럼, 사람 그 자체에도 필요한 덕이 있다고 믿는다. 그래서 선한 사람이 되기 위해 올바른 행위를 하는 것과 함께 행위자의 적절한 성향과 동기·정서(감정)·습관에 특히 관심을 갖는다. 덕 윤리의 이런 특성 때문에 흔히 "덕은 습관적 행위의 결과로 생기는 성품의 훌륭함이며 훈련된 행동 성향"으로 이해된다. 예를 들면, 공자의 인(仁)

이나 인간다움, 힌두교의 비폭력과 진리, 아리스토텔레스의 중용의 덕들은 공통적으로 모든 사람이 갖고 있으면 좋은 덕목들이다. 이처럼 덕 윤리는 단순히 '규칙에 따라 행동 하라'는 것이 아니라 '좋은 성격을 지닌 유덕한 사람'이 되라고 가르친다. 즉 '행위하는 것(doing)'보다 '어떤 사람이 되는 것(being)'에 관심을 둔다. 이러한 덕 윤리를 대표하는 인물로 고대의 아리스토텔레스, 현대의 매킨타이어와 센델 같은 공동체주의자가 있다.

# 1 고대 덕 윤리 : 아리스토텔레스(Aristoteles, B.C.384-B.C.322)

첫째, 우리 눈에 보이는 세계의 모든 것은 관념으로서 존재하는 이데아(Idea, 이념, 관념 실재)를 닮았다는 플라톤과 달리 아리스토텔레스는 '사물의 본질은 사물 그 자체에 있다'고 주장하면서 플라톤의 이원론을 극복하려고 했다. 즉 사물의 본질은 현실에서 존재하는 사물을 넘어서 존재하는 초월적 개념이 될 수 없고, 따라서 실제 사물 속에서 발전적으로 발견된다는 것이다. 예를 들어 한 석공이 대리석 덩어리에 자신의 의도(목적)에 따라 수없이 많은 정밀화의 과정을 거쳐 비로소 하나의 석상을 완성했다고 한다면, 우리는 그 완성된 작품 속에서 작품의 재료(질료)와 동시에 석공이 의도했던 석상(목적)을 함께 발견한다. 즉 완성된 석상에는 '질료'와 '형상'(완성된 작품을 석상이게 해주는 것)이 조화를 이루고 있는 것이지, 형상(이데아)이 별개로 존재하고 있는 것이 아니다.

> "실체와 그것을 실체이게 해주는 것이 서로 분리되어 존재한다는 것은 불가능하다. 그러니까 사물의 실체인 이데아가 어떻게 분리되어 존재할 수 있겠는가? 그것은 공허한 말이며, 시적 은유에 불과하다."
> "모든 인간은 본성적으로 알기를 원한다."

둘째, 그의 사상은 일관된 목적론적 관점에 기초한다. 그에 의하면,

모든 존재, 모든 기능, 모든 탐구, 모든 선택과 행위는 어떤 좋음(목적)을 지향한다. 모든 것들은 본성적으로 특정한 어떤 목적(telos)을 향해 운동한다. 예를 들어 의술은 건강이 목적이고, 경제는 부가 목적이다. '자연은 결코 필요 없는 것을 만들지 않기 때문에' 모든 것은 목적이 있으며 인간도 예외가 아니다. 그에게 인간의 궁극적인 본래의 목적은 행복이며, 행복이란 '덕을 따르는 정신(영혼, 이성)의 활동'이다. 그는 이 행복(eudaimonia, 삶을 잘 사는 것, 축복, 행복, 성공)을 최고선이라고 주장했다. 올바른 목표를 세우는 것은 바로 이 덕, 즉 '올바른 이성에 따른' 활동이다.

> "모든 기술과 탐구, 모든 행위와 결정은 어떤 선을 목적으로 한다."
> "다른 목적 때문이 아니라 그 자체 목적으로 선택하는 것은 오직 행복뿐이다."
> "고유한 최고의 덕에 일치하는 활동이 완전한 행복이며, 그것은 분명 관조에 의한 것이다."

셋째, 행복이 '덕을 따르는 정신의 활동'이라면, 덕이란 인간적인 덕(인간의 고유한 기능을 가장 잘 발휘하는 상태)을 말하는데, 아리스토텔레스는 덕을 '지성의 덕(지적인 덕)'과 '품성의 덕(도덕적인 덕)'으로 구분한다. 전자는 철학적 지혜나 학문적 이해력, 후자는 절제나 온화함이다. 아리스토텔레스는 지성의 덕은 교육을 통해서 형성되고, 품성의 덕은 습관의 결과라고 주장한다. 이렇게 볼 때, 덕이란 본성에 내재하지 않고 실천을 통해 비로소 갖춰진다. 예를 들어 집을 지으면서 비로소 건축가가 된다. 그에 의하면, 우리는 '먼저 능력을 얻고(가능태) 나서 활동하고 현실화한다(현실태).' 아리스토텔레스는 계속해서 지성의 덕을 다시 본질이나 영원한 법칙에 관련된 철학적 지혜와 같은 '이론적 지혜'와 우리의 감정과 행동이 올바른 선택을 하도록 이끄는 '실천적 지혜'로 나눈다. 실천적 지혜는 어떤 선택이 이성적이고 무엇을 선택해야 하는지 심사숙고하게 해준다. 이 점에서 실천적 지혜는 '심사숙고'를 통해 어떤 선택이 중용의 상태인지 '알게 해주는' 지혜이다. 이처럼 실천적 지혜는 우리의 감정과 행동을 이끄는 역할을 하기 때문에 도덕적 덕(성품, 중용)을 갖추는데 필수적이다. 그는 '선을 아는 것만으로도 선을 행하기에 충분하다'는 소크라테스나 플라톤과 달리 '심사숙고에 의한 선택'이 반드시 필요하다고 강조했다. 그에게 실천적 지혜로서 심사숙고는 욕구가 이성에 의해서 조절됨으로써 올바른 방향으로 향하도록 하는 과정인 것이다. 왜냐하면 의지는 이성의 통찰력과 반대되는 방향으로 행동할 수 있기 때문이다. 한편, 그는 철학적 지혜와 같은 이론적 지혜는 사물의 영원한 본성을 탐구하기 때문에 과학적·이론적 인식의 활동을 하는 이성에 의한 관조적 삶을 삶의 최고 형태라고 보았다. 그에게 '완전한 행복은 이성의 관조적 활동'이었다.

"덕 또한 두 부분으로 나눌 수 있다. 하나는 지적인 덕이고, 다른 하나는 도덕적인 덕이다. 지적인 덕에는 철학적 지혜나 이해력이 있고, 도덕적 덕에는 절제나 온화함이 있다. 우리는 어떤 사람의 성품에 대해 말할 때 '온화하고 절제 있다'고 하지 '현명하고 이해력이 있다'고 하지 않는다. 그렇다 해도 현명한 사람이란 말은 그의 정신 상태에 대한 칭찬이다. 따라서 우리는 칭찬받을 만한 정신 상태를 덕이라고 한다."

"두 종류의 덕이 있는데, 바로 지적인 덕과 도덕적인 덕이다. 지적인 덕은 대체로 교육을 통해 시작되고 성장한다. 도덕적인 덕은 습관의 결과로 형성된

다. 따라서 에티케(도덕적, 윤리적)란 에토스(습관)를 조금
고쳐서 만든 것이다. 그러므로 도덕적인 덕은 본래 분
명 우리에게 생기지 않는다. 본성에 반대되는 습관
을 만들 수는 없기 때문이다(돌은 본성적으로 아래
로 향한다.) 도덕적인 덕은 본성적으로 우리 속에 생기
지 않으며, 본성에 반해 우리 속에 생기지도 않는다. 오
히려 우리가 본성적으로 그것들을 받아들이고, 또 습관에
의해 완전하게 된다."

"덕은 실천함으로써 얻게 된다. 집을 지어봄으로써 건축가가 되고, 거문고를 타
봄으로써 악사가 되듯이 옳은 행위를 함으로써 옳게 되고, 절제 있는 행위를
함으로써 절제 있게 되며, 용기 있는 행위를 함으로써 용기 있게 되는 것이다."

"(실천적 지혜는 각 상황에서 도덕적으로 적절한 판단을 내리는 것과 관련
된다.) 실천적 지혜는 실천적이며, 실천 혹은 행위는 개별적인 것들에 관계
한다. 만약 누군가 연한 고기가 소화도 잘 되고 건강에도 도움이 된다는 것
은 알지만, 어떤 것들이 연한 고기인지를 모른다면, 그는 건강을 산출하지
못할 것이다. 그러나 조류 고기가 건강에 도움이 된다고 아는 사람은 오히려
건강을 산출할 것이다."

"그러나 (본성과 달리) 덕은 우리가 먼저 실천해야만 비로소 얻는다. 우리는
기술처럼 먼저 어떤 것을 하면서 비로소 배워서 알게 된다. 예를 들어 집을
지으면서 건축가가 되는 것처럼, 용감한 행위를 하면서 용감해지는 것이다.
또한 입법자들은 국민이 좋은 습관을 가지게 하면서 좋은 국민을 만든다.
습관이 큰 차이를 가져온다."

"이성의 활동은 관조적인 것으로 어떤 자체의 목적만 있으며, 고유한 쾌락
과 자족성이 있다. 이 활동이야말로 인간의 가장 궁극적인 행복이다."

"완전한 행복은 관조적 활동이며, 신들의 축복받는 관조 활동과 가장 닮아 있다."

"고유한 최고의 덕에 일치하는 활동이 가장 완벽한 행복이며, 관조적 활동
이다."

아리스토텔레스와 알렉산드로스

## 2 현대 덕 윤리 : 매킨타이어(Alasdair MacIntyre, 1929~ )

첫째, 오늘날 덕 윤리는 근대 윤리가 안고 있는 한계 때문에 새롭게 주목받고 있다. 고대 소규모 공동체(폴리스)에서는 종교나 관습이 공동체를 지탱하는 당연한 규범으로 작용했지만, 신이 사라진 근대 산업사회와 같은 대규모 사회에서는 도덕 규범에 대한 새로운 기준이 필요했다. 이렇게 해서 등장한 것이 칸트의 동기주의와 벤담의 결과주의이다. 그런데 이들 윤리는 각각의 규칙이나 원리에 근거하여 행위 자체를 판단하려고 했다. 즉 동기주의는 정언명령의 무조건적인 이행을, 공리주의는 결과로서 효용의 극대화를 옳고 그른 행위의 기준으로 삼았다. 이 때문에 두 입장은 개인에게 있는 내면적 성품(덕성)이나 성격을 무시하는 문제가 발생했다. 그리고 이러한 한계를 극복하려는 노력이 선(좋음)을 지향하려는 좋은 습관을 강조하는 '덕' 윤리에 주목하는 것으로 나타났다. 이 점에서 덕 윤리는 근대의 윤리가 '무엇을 해야 하는가?'라는 원칙에 주목한 것과 달리, '무엇이 훌륭하고 칭찬할 만하며, 무엇이 좋고 나쁜지'에 주목한다. 덕 윤리는 도덕을 '인격(덕을 지닌 사람)'의 문제, 즉 '나(또는 우리)는 어떤 사람(또는 어떤 성격적 특성을 지닌 사람)이 되어야 하는가?', '어떻게 살아야 하는가?'에 관심을 갖는 윤리이다. 따라서 덕 윤리는 의무론이나 결과론처럼 '행위'의 원칙보다는 '행위자'의 내적인 성격의 특성이나 성향에 초점을 맞춘다.

"의무와 책임이라는 개념, 즉 도덕적 의무와 도덕적 책임, 무엇이 도덕적으로 옳고 그른 지에 대한 개념, 도덕적 당위라는 개념은 폐기되어야 한다. … '도덕적으로 잘못된'이라는 말 대신 '진실하지 못한', '순결하지 못한', '정의롭지 못한' 개념을 사용하는 것이 위대한 진보이다(앤스콤)."

"병원에 입원한 친구를 방문한 이유가 '단지 옳은 일을 하는 것이 자기의 의무' 때문이라고 하자. 물론, 이것이 잘못된 행위는 아닐 수 있다. 그러나 우리는 우정이나 사랑, 상호존중이 행위의 동기이기를 기대한다. 덕 윤리는 이런 개인적 자질을 강조하는 이론이다(레이첼스)."

ALASDAIR MACINTYRE

둘째, 현대의 대표적인 덕 윤리학자인 매킨타이어는 전통과 역사, 공동체를 중시하는 공동체주의 관점에 기초해 인간을 이해하려고 한다. 그에 의하면, "인간은 이야기하는 존재이다. '나는 무엇을 할 것인가?'에 대답하려 한다면, 먼저 '나는 어떤 이야기의 일부인가?'에 대해 알아야 한다"고 주장한다. 이와 같은 덕 윤리는 1) 도덕적으로 모범이 될 수 있는 인물들을 제시하고, 이들을 모방함으로써 닮아가는 삶을 추구하며, 2) 근대 윤리처럼 추상적인 이성적 추론보다는 인간의 자연적인 감정이나 동기를 강조하기 때문에, 3) 도덕적 행동을 자발적으로 할 수 있는 실천 가능성이 높아지는 장점이 있다. 또한 4) 공동체의 오랜 전통과 삶의 양식을 중시함으로써 도덕 공동체적인 삶을 지향하는 특성이 있다. 예를 들어 덕 윤리는 친구를 도와야 하는 이유가 이성적 추론이나 도덕 법칙, 의무의식이 아니라 친구에 대한 자연적인 감정인 우정 때문이라고 주장한다. 또 덕 윤리는 사회적 효용을 계산하기보다는 자연스런 인간의 정서나 관습을 더 중시한다. 이 때문에 덕 윤리는 고정된 인간의 본성이나 근대의 보편주의적 관점을 전제하지 않고, 상황과 맥락에 따른 행위자 중심의 유연한 도덕적 판단을 강조한다.

"우리는 누구나 특정한 사회적 정체성을 지닌 사람으로서 자신을 둘러싼 환경을 이해한다. 나는 누군가의 아들이거나 딸, 아니면 사촌이거나 삼촌이다. 나는 이 도시 저 도시의 시민이며, 이 조합 저 조합의 회원이다. 나는 이 친족, 저 부족, 이 나라에 속한다. 따라서 내게 이로운 것은 그러한 역할과 관련된 사람들에게도 이로워야 한다. 이처럼 나는 내 가족, 내 도시, 내 부족, 내 나라의 과거에서 다양한 빚, 유산, 적절한 기대와 의무를 물려받는다. 이는 내 삶에서 기정사실이며, 도덕의 출발점이다. 또한 내 삶에 도덕적 특수성을 부여하는 것이기도 하다."

"덕이란 특정한 방식으로 행동하는 성향일 뿐만 아니라 특정한 방식으로 느끼는 성향이다. 덕 있게 행동하는 것은 칸트의 생각처럼 성향에 반대하여 행동하는 것을 의미하지 않는다. 그것은 오히려 덕들을 연마하면서 형성된 성향에 따라 행동하는 것이다. 따라서 도덕 교육은 감성 교육이다."

"아리스토텔레스의 덕 이론은 어떤 개인이 특정 시점에서 자신에게 좋다고 생각하는 것을 하지 않고 인간으로서 자신에게 좋은 것을 한다. … 아리스토텔레스의 견해는 목적론이지만 결과주의는 아니다."

"내가 역사라고 말하는 것은 하나의 실행된 연극과 같은 이야기이다. 그 속에서 인물들은 동시에 작가들이기도 하다. 인물들은 물론 '처음부터' 뛰어드는 것이 아니라 '사건 중반부'에 뛰어든다. 그들 이야기의 시작은 그들보다 앞서 이루어진 것들과 그들보다 앞서 간 사람들이 만들었다."

"'나는 무엇을 해야 하는가?'라는 물음에 대해 나는 이보다 선행하는 물음, 즉 '나는 어떤 이야기 또는 이야기들의 부분인가?'라는 물음에 답할 수 있어야 한다. 우리는 기존 사회에 진입할 때 하나 이상의 성격(역할)을 가지고 들어간다. 따라서 우리는 이 성격들과 역할들이 어떠한 가(사악한 계모, 잃어버린 아이들, 엉뚱한 왕들, 자수성가한 막내아들, 유산을 탕진한 장남 등)를 먼저 배워야 한다. … 인격이란 역사로부터 추상화된 성격의 개념이며, 탄생부터 죽음까지 진행되는 하나의 이야기를 살아가는 과정이다."

"자신의 선은 전통에 의해 정의된 하나의 콘텍스트 안에서 이루어진다."

**문제 1]** 고대와 근대 독일 사상가에 대한 갑과 을의 윤리
적 입장에 대한 평가로 가장 적절한 것은?

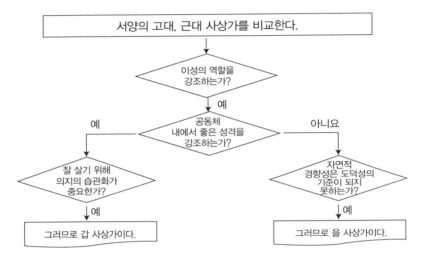

① 갑)은 성품의 덕은 태어나면서 획득한다고 주장한다.

② 을)은 도덕 판단 기준으로 동정심을 강조한다.

③ 갑)은 주의주의, 을)은 주지주의를 주장한다.

④ 갑)과 을)은 자유주의에 대해 부정적인 입장이다.

⑤ 갑)은 덕(德)의 윤리, 을)은 의무 윤리를 주장한다.

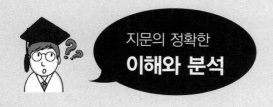

문제의 순서도에서 왼쪽은 이성을 중시하고 공동체 내에서 좋은 성격(품성)을 가지고 잘 사는 삶(즉 공동체적인 삶)을 강조하며, 좋은 행위의 습관화를 위해서 실천의지를 강조하는 것으로 볼 때 고대 아리스토텔레스의 덕 윤리와 관련이 깊다. 아리스토텔레스는 폴리스라는 공동체내에서 '잘 사는 삶', 즉 개인과 공동체의 관련성을 강조했으며, 이를 위해 중용의 덕에 기초한 윤리를 주장했다.

한편, 오른쪽은 독일 근대 관념론이면서 이성에 기초한 윤리이기 때문에 동정심이나 욕구 같은 자연적 경향성을 도덕의 기준에서 제외시키고 있다. 또 개인의 인격 그 자체와 보편적 인권을 강조하는 자유주의 성격도 있기 때문에 칸트의 윤리임을 추론할 수 있다. 칸트는 인간이 스스로에게 부과한 법칙에 따라서 행동할 수 있는 자유의지가 있는 이성적 존재라는 점에서 절대적 가치를 갖는다고 주장했다.

① 갑(아리스토텔레스)은 덕을 지성의 덕과 품성의 덕으로 구분했고, 특히 품성의 덕(도덕적인 덕)은 좋은 행동을 습관화해서 형성할 수 있는 것이기 때문에 선천적이 아니라 후천적이라고 주장했다.

② 을(칸트)은 도덕성을 판단할 때 자연적 경향성인 동정심이나 충동, 욕구에 따르는

것은 이성으로부터 도출될 수 없기 때문에 도덕성의 기준으로 작용할 수 없다고 주장했다.

③ 갑(아리스토텔레스)은 주지주의와 주의주의 성격의 윤리학을 주장했다. 그렇지만 칸트는 행위의 동기와 선을 실천하려는 순수한 도덕적 의지, 선의지를 강조했다. 그리고 이성을 통해 도덕 법칙을 직관할 수 있다는 입장을 취했다.

④ 갑(아리스토텔레스)은 플라톤과 함께 민주주의에 대해서 비판적이었지만, 칸트는 인간을 자유와 인격 주체라는 점을 강조해 자유주의의 발전에 기여했다. 그에게 자유로운 행동이란 최선의 목적에 맞는 것이 아니라 목적 그 자체를 선택하는 자율적 실천 능력이었다.

⑤ 갑(아리스토텔레스)은 고대의 덕 윤리를 대표하는 사상가이고, 을(칸트)은 근대 의무론의 윤리를 대표하는 사상가이다.

**정답 ⑤**

**문제 2]** 다음 물음에 모두 긍정의 답을 하는 서양 사상가의 주장과 일치하는 것은?

가) 덕은 지성과 품성의 측면으로 나눌 수 있는가?
나) 개인의 가치 있는 삶은 공동체 내에서의 삶과 긴밀한 관계에 있는가?
다) 도덕적인 덕은 반드시 실천적 지혜를 필요로 하는가?
라) 의지의 결핍은 나쁜 행동을 하는 원인으로 작용하는가?
마) 참된 존재는 현실 세계의 사물 속에서 발견되는가?

① 사상가 갑 : 모든 존재, 모든 기능과 선택은 어떤 목적을 지향한다.
② 사상가 을 : 도덕적인 덕이 지성의 덕을 통제해야 한다.
③ 사상가 병 : 가장 완전한 행복은 주관적 체험과 직관으로부터 가능하다.
④ 사상가 정 : 정언 명령의 무조건적인 이행이 도덕성의 판단 기준이다.
⑤ 사상가 무 : 행위의 원칙은 목적과 결과에 대한 염두에서 찾아야 한다.

어떤 특정 시기를 말하지 않지만, 문제의 내용은 모두 고대 덕 윤리를 대표하는 아리스토텔레스의 주장과 관련이 있다. 그 이유는 가)에서 덕을 지적인 덕과 품성의 덕으로 나눈 점, 나)에서 자아실현과 행복이 사회·정치적 존재로서 공동체 내에서 이루어져야 한다는 점, 다)에서 도덕적인 덕, 즉 품성의 덕이 지적인 덕의 일부인 실천적인 지혜의 인도를 받아야 한다고 주장, 라) 주지주의와 함께 주의주의 관점에서 도덕적 행동을 설명하고, 마) 플라톤의 이데아를 시적인 은유에 비유하여 현실성이 없는 공허한 개념이라 주장하기 때문이다.

**당연한 정답과**
매력적인 오답

① 의 갑은 '모든 존재, 모든 기능, 모든 선택과 행동이 어떤 목적을 지향'하고 있다는 주장이기 때문에 아리스토텔레스의 목적론적 관점을 잘 반영하고 있다.

② 의 을의 경우, 아리스토텔레스는 지성의 덕인 실천적 지혜의 인도를 받음으로써 감정과 욕구의 부분이 포함된 도덕적인 덕이 바르게 형성될 수 있다고 보았다.

③ 의 병처럼 '주관적인 체험과 직관'을 강조하는 것은 현대의 생철학에서 두드러지게 나타났던 특징이다. 쇼펜하우어는 종교적인 금욕 생활을 통해서 이르는 주관적 체험의 결과인 열반(해탈)을 가장 이상적인 상태로 제시했다.

④의 정처럼 '도덕성의 판단 기준을 정언 명령의 무조건적인 이행'으로부터 찾으려 했던 사상은 근대 관념론자인 칸트의 의무론적 윤리이다.

⑤의 무처럼 '어떤 행위를 해야 하는가?'에 대해서 목적과 결과의 실현이라는 효용성의 증대라고 제시하는 윤리는 결과주의 윤리를 대표하는 공리주의의 관점이다.

**정답** ①

**문제 3]** 다음 사상가의 주장으로 가장 옳지 않은 것은?

> 인간은 본질적으로 하나의 이야기를 말하는 동물이다. '나는 무엇을 해야 하는가?'에 앞서 '나는 어떤 이야기 또는 이야기들의 일부인가?'라는 물음에 답하는 것이 자신의 성격에 대해 대답할 수 있는 적절한 방식이다. 우리는 자신에게 부과된 하나 이상의 성격을 갖고 사회에 진입한다. 개인의 정체성은 자신을 구성하고 있는 이야기와 사회를 통해서 이해할 수 있다.

① 한 개인의 인격이란 역사와 배경으로부터 도출된 성격의 개념이다.
② 한 개인의 인격이란 전체 이야기의 통일성에 의해 전제되는 정체성이다.
③ 내가 이야기의 한 부분인 것처럼, 다른 사람도 내 이야기의 일부이다.
④ 한 사회의 개인은 그 개인이 도덕적 정체성의 일체를 구성한다.
⑤ 한 사회의 정체성은 한 개인의 도덕적 삶의 출발점이 된다.

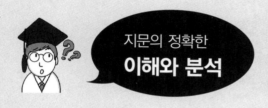

현대의 덕 윤리학자 매킨타이어는 『덕의 상실』에서 우리들은 모두 어떤 한 사회·역사적 정체성을 지녔다고 보는 것이 적절하다고 주장한다. 그에 의하면, "우리 모두는 누군가의 아들(딸)이고, 누군가의 사촌(삼촌)이다. 또 나는 이 도시나 저 도시의 시민이며, 어떤 집단이나 조직의 구성원이다. 나는 이 민족이나 저 민족의 일원이며, 따라서 내게 좋은 것은 이러한 역할을 담당하는 누구에게나 좋아야 한다. 여기서 나는 다양한 유산과 부채, 정당한 기대와 책무를 물려받는다"고 강조한다. 따라서 미국의 젊은이가 자신은 '노예를 소유한 적이 없기' 때문에 노예제도에 대해 책임성이 없다고 말하는 것은 자신을 사회·역사적인 지위와 역할로부터 분리짓는 사르트르적인 자아라고 비판한다. 그는 한 개인의 정체성과 역사는 언제나 자신의 정체성을 이끌어내는 공동체의 역사와 함께 한다고 주장한다. 따라서 혼자 단독으로 선택하고 형성하는 자아란 존재하지 않는다. 그에게 한 개인의 삶이란 탄생부터 죽음에 이르기까지 하나의 역사적인 거대한 이야기를 살아가는 과정으로 파악되기 때문에, 한 개인의 탄생은 이미 실행된 이야기의 어느 한 시점에 뛰어드는 것과 같다고 이해한다. 따라서 그의 이야기는 앞서 이루어진 것과 앞서간 사람들에 의해서 만들어진다고 주장한다. 전통 속에서 선(善)의 추구는 대대로 여러 세대에 걸쳐 이어진다. 따라서 개인의 선 추구는 일반적으로 전통에 의해 규정된 하나의 콘텍스트 안에서 이루어진다.

## 당연한 정답과
### 매력적인 오답

제시문의 내용은 현대 덕 윤리의 부활을 강조한 매킨타이어의 주장이다. 따라서 덕 윤리의 관점에서 문항 번호를 해석해야 한다.

① 어떤 개인의 인격을 그를 둘러싼 역사과 배경과의 관계에서 이해하는 것은 공동체 주의 관점과 일치한다.

② 한 개인의 인격을 '전체 이야기의 통일성'의 맥락에서 이해하는 것은 매킨타이어의 덕 이론과 일치한다.

③ 매킨타이어는 한 개인의 삶은 계속해서 이어지는 이야기, 즉 앞선 사람들과 앞선 이야기들과의 관계 속에서 파악된다고 주장한다.

④ 공동체주의와 덕 윤리를 주장하는 사람들은 한 개인의 정체성을 공동체의 역사 속에 편입된 것으로 이해한다. 그렇기 때문에 '개인의 도덕적 정체성을' 한 개인이 구성한다는 주장은 자유주의, 개인주의 관점에 해당한다.

⑤ 한 사회의 집단적 정체성 또한 개인의 도덕적 삶의 출발점이 된다는 것이 매킨타이어의 입장이다.

**정답 ④**

**문제 4]** 다음 갑과 을의 근·현대 윤리적 입장에 대한 설명으로 옳지 않은 것은?

> 갑 : 알코올, 흡연, 게임에 중독된 사람이 '그만둬야지!' 하면서도 쉽게 고치지 못하는 것은 몸에 밴 습관 때문이다. 따라서 이를 고치기 위해 도덕 지식이나 원리를 깨닫는 것보다 중요한 것은 좋은 습관과 덕을 키우는 것이다. 선한 품성에서 선한 행동이 나오는 것이다.
>
> 을 : 올바른 습관이나 덕을 함양하는 일도 중요하지만, 그에 앞서 보편적인 행위 원리가 되는 도덕 법칙이나 이에 관한 도덕적 지식이 더욱 중요하다. 달리기 선수가 방향을 모르고 달린다는 것은 상상할 수 없다.

① 갑)은 인간의 자연적 감정과 동기를 중시해 실천 가능성을 높여준다.

② 을)은 이성적 추론과 보편타당성을 중시해 추상적일 수 있다.

③ 갑)은 상황과 맥락을 중시해 도덕 판단에서의 유연성을 보여준다.

④ 갑)은 인격모델을 제시해 자발적인 도덕 행위를 장려한다.

⑤ 갑)은 윤리의 보편적 성격, 을)은 공동체적 성격을 중시한다.

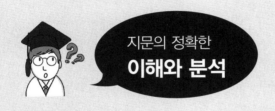

제시된 지문의 갑)은 덕 윤리를 나타낸다. 우리는 그 단서를 문제의 원인이 '몸에 밴 습관'에 있다는 점에서 발견할 수 있다. 덕 윤리는 이와 같은 의지 부족의 문제를 해결하기 위해 '도덕적 원리나 지식'이 아니라 '선한 품성'을 갖도록 좋은 습관을 기르는 것이 중요하다고 주장한다.

한편, 을)은 개인의 품성도 중요하지만, 더 중요한 것은 '보편적인 행위 원리가 되는 도덕 법칙'에 대한 인식이기 때문에 칸트의 의무론적 윤리를 표현한다. 결론적으로 갑)은 공동체적 성격을 중시하는 덕 윤리, 을)은 도덕 법칙의 무조건적인 이행을 강조하는 칸트의 의무론적 윤리로 정리할 수 있다.

**당연한 정답과**
매력적인 오답

① 갑)의 덕 윤리는 인간의 욕구와 감정, 인간 관계의 맥락을 중시하기 때문에 도덕적 행위를 하기 위한 구체적이며 실천적인 동기의 가능성을 더욱 높여줄 수 있다.

② 을)의 의무론적인 보편주의 윤리는 이성적 추론과 보편타당성을 중시하기 때문에 구체적 현실이나 행동을 소홀히 할 수 있는 추상성의 문제를 안고 있다. 이것은 형식을 중시하는 칸트 윤리의 문제점이기도 하다.

③ 갑)의 현대 덕 윤리는 개인의 원자적 삶보다는 공동체적인 삶의 원리를 중시하기 때문에 의무론에 비해 전통과 관습에서 오는 삶의 양식과 관계를 강조하는 유연

성을 갖고 있다.

④ 갑)의 덕 윤리는 도덕적으로 모범이 되는 훌륭한 인물들을 제시하고, 이들의 삶을 닮도록 고무시킨다.

⑤ 갑)은 덕 윤리이기 때문에 공동체적 성격과 전통 같은 사회적 관계를 중시하고, 을)은 도덕, 도덕 법칙의 보편타당성과 그 자체를 강조하는 칸트의 윤리이다.

**정답 ⑤**

## 2. 생철학, 실존주의

르네상스와 종교 개혁은 신 중심의 중세에서 이성 중심의 근대로 이행하는 가교 역할을 충실히 했다. 또한 과학기술에서의 근본적인 변화를 가져온 자연과학에서의 혁명은 인간과 자연 세계를 과학적이고 합리적으로 바라볼 수 있게 했다. 이로써 인간은 자연과 세계를 형이상학이나 신 중심의 권위에 의지해 이해하는 대신, 과학과 증거라는 합리성에 기초하여 해석하고 자연과 세계를 활용할 수 있게 되었다. 이제 이성 중심의 계몽주의와 인간이 지속적으로 발전할 것이라는 낙관적인 기대는 서구의 근대를 특징짓는 가장 중요한 요소가 되었다. 그렇지만 인간 중심적인 이성주의와 계몽주의가 추구했던 진보에 대한 낙관주의는 개인의 고유한 삶의 측면이나 주관적 삶의 모습에 대한 고민이 없는 한계를 드러냈다. 즉 누구에게나 합리적 이성과 과학을 통해서는 설명할 수 없는 주관적인 삶의 영역이 있는 것이다. 이와 같은 우리 삶의 측면 때문에 추상적이고 관념적이고 이성적인 칸트나 헤겔의 사상을 비판하면서 생(또는 삶)의 본질을 의지, 주관적 체험과 직관에서 찾는 사상이 등장했는데, 이것이 쇼펜하우어의 생철학이다.

한편, 이성을 절대시하던 근대의 야심찬 기획은 제1·2차 세계대전이라는 이성과 합리성이 초래한 야만적 사건으로 중대한 비판에 직면하게 된다. 즉, 인간은 자신의 이성이 만들어낸 과학기술에 의해 자신의 존엄성과 가치가 짓밟히면서 근대적 이성이 지닌 모순과 한계를 목격하게 된다. 이에 따라 근대의 과학과 이성이 지나치게 합리성과 객관성, 법칙성과 보편성만을 추구해 온 것에 대한 반성이 일어났고, 그 결과 개인적 삶의 고유한 측면, 즉 주관적인 삶의 측면에 주목하는 사상이 등장했다. 근대 과학과 이성주의가 안고 있었던 이러한 문제를 배경으로 등장한 것이 실존주의 사상이다. 실존주의 사상은 인간의 존엄성을 위기로 몰아넣었던 과학기술과 전쟁이 초래한 비인간화·인간성 상실을 고발하고, 전쟁과 불안, 죽음이 초래했던 '한계 상황'을 직시했다. 그리고 이를 통해 결코 상대화되어서는 안 될 구체적인 개인의 존재 의미와 현실적인 삶에 관심을 가졌으며, 이를 극복하기 위해 주체적이고 자율적인 개인에 기초한 결단과 이를 통한 인간성 회복을 강조했다.

결론적으로 생철학과 실존주의는 공통적으로 근대의 합리적 이성과 관념 철학에 반대하는 비합리적 성격을 지녔으며, 각 개인의 현실적 삶 그 자체를 강조한 사상이라고 할 수 있다. 일반적으로 키에르케고르와 야스퍼스는 유신론적 실존주의, 사르트르와 하이데거는 무신론적 실존주의로 분류한다. 이러한 실존주의는 공통적으로 각 개인에 대해 주체적 결단과 주체적 삶을 요구하며, 본질보다는 실존을 강조한다. 또 주체성과 개성을 상실한 대중 사회의 삶을 비판함으로써 개별성(개성)에 대한 주장한다는 점에서 공통적인 부분이 있다.

**생철학** : 쇼펜하우어(Arthur Schopenhauer, 1788-1860)

첫째, 그의 사상을 대변하는 책 제목인 『의지와 표상으로서의 세계』가 보여주는 것처럼 그에게 세계란 1) 의지로서의 세계와 2) 표상으로서의 세계라는 두 모습이다. 그는 의지로서의 세계가 이 세계의 본질이고, 현상으로서 세계는 우리가 표상(表象, 감각을 통해 획득한 현상이 마음 속에서 재생된 것, 심상)할 뿐이라고 주장한다. 다시 말해 우리가 목격하는 이 세상은 단지 현상일 뿐이고, 본질적인 것은 의지의 활동이다. 그런데 여기서 '의지'란 일반적인 뜻처럼 의도적으로 어떤 목적을 이루려는 자율적인 욕구를 의미하지 않는다. 그에게 '의지'란 단지 살려고 하는 본능적인 욕구나 충동을 의미한다. 따라서 우리의 삶이란 삶을 향해 끊임없이 변화하는 역동적인 충동이나 의지들의 결과(즉, 객관화)이기 때문에 우리가 의지의 지배 아래 있는 한 우리의 삶은 고통스러울 수밖에 없다. 그것은 목적이나 수학적인 법칙성, 합리성, 이성, 과학과는 반대되는 '맹목적인 것'이기 때문이다. '의지'의 이러한 속성 때문에 쇼펜하우어의 의지는 삶을 향한 '맹목적인 의지'이며, 이것이 드러난 모습이 이 세계의 진정한 모습이라는 논리가 성립한다. 그렇기 때문에 우리의 삶이 이 '맹목적인 의지'의 지배를 받는다면 삶은 비관적이고 고통스러울 수밖에 없는 최악의 것이 된다. 왜냐하면 의지는 맹목적이기 때문에 역동적으로 끊임없이 변하면서 자신을 드러내지만 의지의 만족이란 불가능하기 때문이다. 이런 점 때문에 그의 사상에는 염세주의('최악'이라는 라틴어에서 유래한 말로 고통이나 불행과 연결) 측면이 있다는 평가를 받기도 한다. 그가 삶을 고통이 가득한 것으로 본 점은 불교의 영향(그는 '프랑크푸르트의 부처'라고 불렸다)을 받았던 것으로 보인다.

"의지의 소망은 끝이 없고, 의지의 요구는 멈추는 법이 없다. 세상의 그 어떤 것도 욕망의 심연을 채워주지 못한다."

"모든 사물은 의지의 발현이다. 모든 자연의 힘들 속에서 활동하는 충동은 의지와 동일하다고 볼 수 있다. 우리는 모든 자발적인 운동과 근원적인 힘의 본질을 의지로 간주해야 한다."

뭉크, 절망

"세계는 나의 표상이다. … 자연계를 지배하는 본체계의 근본 원리는 의지라는 (역동적인) 생명 활동이다. … 세계란 근원적 의지가 작동하는 의지의 세계이지만, 동시에 개념의 세계로 바꿔 인식하면 표상의 세계이다.

둘째, 잠재울 수 없고 만족을 모르는 의지가 우리의 삶을 고통의 연속으로 내몰게 된다면, 우리는 이 의지에 굴복한 채 의지가 초래하는 고통과 함께 단지 그럭저럭 살면 될까? 이에 대해 쇼펜하우어는 자신의 삶을 충실하게 살아가는 노력, 즉 고통을 초래하는 의지를 부정하면 영혼을 안정시킬 수 있다고 보았다. 그는 삶을 향한 맹목적 의지가 초래하는 고통에서 벗어나 우리의 영혼을 안정시킬 수 있는 방법으로 예술, 도덕과 윤리, 종교적인 금욕적 삶이라는 세 가지를 제시한다. 예술 활동은 직관적인 체험을 통해 순수 이념(Idea)에 이르는 활동이기 때문에 의지가 초래하는 고통으로부터 영혼을 안정시키는 진정제 역할을 한다. 그렇지만 예술 활동은 영속적이지 못하기 때문에 예술적 체험이 끝나면 다시 의지의 활동은 시작된다. 따라서 의지와 충동이 더 이상 활동하지 못하도록 하는 노력이 필요한 데, 이것이 동정심에 기초한 도덕이다. 왜냐하면 동정심(sympathy)과 공감(compassion)은 다른 사람의 고통에 대해 직관적인 체험을 일으켜 우리 모두에게 "누구도 해치지 마라. 네가 할 수 있는 모든 이를 도와주라"고 명령하기 때문이다. 쇼펜하우어는 이 명제를 자신의 『도덕성의 기초』에서 윤리학의 기본 원리로 주장한다. 이로써 영혼의 안정이라는 해탈의 기초가 마련되었다. 마지막으로 그는 종교적인 금욕적 삶이 의지를 부정하고 삶을 가장 충실하게 살아가는 가장 효과적인 방법이라고 제시한다. 이것은 삶 자체를 부정하지 않고 오히려 삶을 고통스럽게 하는 의지와 충동을 부정함으로써 완전한 영혼의 안정, 즉 해탈에 이르게 해준다.

뭉크, 불안

"의지가 없다면 모든 표상도 없고, 전체 세계도 없다. 결국 아무 것도 남자지 않는다(無). 세계는 나의 표상이다. 결국 무(無)인 것이다."
"동정심만이 유일하게 행위를 이끌어내는 비이기적인 요인이며, 참된 도덕적 요인이다."
"인간의 모든 행위에는 오직 다음 세 가지 근본 원인이 있다. 모든 행위는 이 요인들 중 하나에 적용된다. 첫째, 자신의 쾌락을 원하는 이기주의. 둘째 타인의 고통을 원하는 잔인함을 포함한 악의. 셋째 타인의 쾌락을 원하는 동정심. … 우리의 참여를 직접 일깨우는 것은 오직 타인의 고통, 결함, 위험, 당혹감이다. 타인의 고통은 바로 나의 동기가 될 수 있다."

"윤리학의 최고 원리는 '누구도 해치지 마라. 네가 할 수 있는 한 모든 이를 도와라'이다."

뭉크, 절규

"동정심이란 타인의 고통에 대해 그 고통을 저지하거나 지양하는 것만을 고려할 뿐 다른 어떤 것도 고려하지 않는 것이다. 이것이 정의와 참된 인간애의 진정한 토대이다. 어떤 행동이 동정심에서 비롯되었다면 도덕적 가치가 있지만 다른 어떤 동기에서 비롯되었다면 어떤 도덕적 가치도 지니지 못한다."

"타인의 쾌락과 고통이 직접적으로 나의 의지를 움직이고, 그래서 직접적으로 나의 행위의 동기가 되어 행위의 근원이 나의 쾌락과 고통이 아니라 타인에게 있는 경우만 도덕적 가치를 지닌다."

"칸트는 기회 있을 때마다 거짓말에 대해 무조건 무한한 혐오를 드러냈다. 그러나 그의 혐오는 허세나 편견에서 비롯된다. 『도덕 형이상학 기초』의 거짓말에 관한 장에서 칸트는 모든 비난적 술어를 동원하여 거짓말을 꾸짖지만, 어떤 근거도 제시하지 않는다(선결문제의 오류). 아마 근거를 제시하면 더 효과적이었을 것이다. 미사여구를 늘어놓는 연설은 증명보다 훨씬 쉽다. 도덕을 논하는 것은 스스로 정직한 것보다 훨씬 쉽다. 칸트는 특별한 노력을 남의 불행을 기뻐하는 마음의 비난에 쏟았다. 이것이 본래 악덕이다. 왜냐하면 이것은 동정심에 정면으로 대립하기 때문이다."

"나와 관련이 없는 고통이 어떻게 내게 직접적으로 행동으로 이끌 수 있을까? 그것은 오직 내가 그 고통에 공감하고, 내 안과 타인 안에서 내 것으로 느끼면서 가능하다. … (이것은) 아(我)와 비아(非我)를 가르는 빗장이 지양되었음을 의미한다. … 이를 통해서 그의 고통, 그의 필요가 나에게 동기가 될 수 있다."

 ## **실존주의** : 키에르케고르(Soören Aabye Kierkegaard, 1813~1855)

첫째, 키에르케고르의 실존주의는 최종적으로 "나는 어떻게 참된 신앙인이 될 수 있는가?"로 요약할 수 있다. 실존주의 사상의 시작이면서 유신론적 실존주의자인 키에르케고르는 '주체성이 진리'라고 주장한다. 이때 '주체성'이란 '나에게 그것이 진리인 한에서만 그것은 진리'라는 뜻이다. 따라서 '전체는 부분보다 크다'는 객관적이며 보편적인 진리(지식) 그 자체는 나와 어떤 상관도 없다. 즉 구체적인 나 자신이 처해 있는 상황에 대해 아무 의미도 없다. 헤겔은 추상적이며 보편적인 진리를 말했지만, 그것들은 내 삶이나 문제 해결에 전혀 도움을 주지 못한다. 그러므로 우리의 과제는 스스로 주체적이 되는 것이며, 이를 위해서는 자신의 의지를 통해 '이것이냐? 저것이냐?'에 대한 주관적이며 주체적인 선택이 필요하다.

"소위 객관적 진리를 발견한다 해도 그것이 무슨 소용이 있는가? 철학의 모든 체계를 탐구하고 … 그 속의 불합리를 지적한다고 무슨 소용이 있는가? 국가에 관한 이론을 조목조목 정리해 세계를 구성한다고 무슨 소용이 있는가? 그 속에 내가 사는 것이 아니지 않은가? 나는 다만 사람들에게 구경거리를 제공할 뿐이다. 그리스도교의 의미를 해명하는 것이 나에 대해, 내 삶에 대해 깊은 의미를 갖지 않는다면 무슨 소용인가? … 그것을 나의 삶 속으로 끌어들여야 한다."

"객관적인 것은 결코 내게 본래적이지 않다. 내 실존의 가장 깊은 뿌리와 관계있는 것을 통해 내가 신적인 것과 깊이 관계하는 것이 나에게 부족하다. … 무엇보다 소중한 것은 인간의 이러한 신적인 측면이며 내적 측면이다."

"인간은 선택하도록 허용된다. … 인간은 단지 선택할 수 있을 뿐만 아니라 … 인간은 마땅히 선택해야 한다."

"주체성이 진리이다."

"주체성, 즉 주관성이 진리인 경우, 그 진리는 객관적으로 역설이 된다."

"당신 자신을 선택하시오."

둘째, 키에르케고르는 주체성과 관련해 인간이 존재하는 세 가지 방식에 대해 설명하면서 이를 '질적 변증법'이라고 주장한다. 즉 우리의 삶은 합리적이고 이성적인 절차를 거치지 않고 비합리적 도약을 한다는 뜻이다. 그것은 1) 미적 실존 단계, 2) 윤리적 실존 단계, 3) 종교적 실존 단계이다. 미적 실존이란 돈 후안처럼 감각적 욕구와 쾌락의 원리에 지배받는 삶의 모습으로 최종적으로 이와 같은 삶은 절망과 좌절을 낳는다. 윤리적 실존 단계에서 인간은 소크라테스처럼 윤리적으로 자신을 완성하려는 삶을 살려고 노력한다. 이 경우 이성과 양심의 벽에 부딪혀야 하기 때문에 우리는 절망에 이른다. 마지막으로 자기 상실이라는 절망, 즉 '죽음에 이르는 병'은 종교적 실존 단계에서 치유의 계기를 마련한다. 인간은 이 단계에서 모든 절망에 대한 치유책이 신이라는 사실을 받아들이고 신에 대한 믿음(신앙)을 통해 불안과 절망을 극복한다. 다시 말해, 모든 것이 가능한 신에게 자신을 내맡겨 지금까지의 자신의 삶에서 근본적인 변화를 체험하는 것이다. 키에르케고르는 이러한 실존을 가리켜 '주체적 단독자', '단독자', '고독한 단독자'라고 표현한다. 종교적 실존의 단계에서 실존은 참된 신앙을 통해 절대자인 신과 절대적인 관계를 형성하며, 주체로서 자신의 존재를 새롭게 규정한다. 즉 참된 그리스도교인이 되는 것이다.

> "사람이 슬퍼한다. 그것이 절망은 아니다. 인간이 이미 슬퍼하지 않는다는 것이 절망이다. 신을 잃어버린다는 사실에 완전히 무관심해져 신이 없어도 생을 조금도 고통으로 느끼지 않는다는 것이 절망이다. 신에 대한 불복종과 반항, … 신을 잃어버렸다는 것을 전혀 느끼지 않는 것은 얼마나 무서운 타락인가?"
> "한 인간이 온전히 자기 자신, 구체적인 인간이길 감행하는 것은 매우 중요하다. 모든 긴장과 책임을 홀로 떠안고 신 앞에 홀로서는 것이다."
> "나에게 진리가 될 수 있는 진리를 발견해야 하며, 내가 그것을 위해 살고 죽을 수 있는 이념을 발견해야 한다."
> "신과의 관계는 인간관계의 모든 폐허 위에서 구축된다. 그것은 단순히 불가능성의 이면이 아니라 자신과 타인들로부터 더 이상 아무런 기대도 할 수 없게 되었을 때 시작된다."
> "하느님은 아브라함을 시험하기 위해 '사랑하는 아들 이삭을 데리고 모리아 땅으로 가서 내가 일러주는 산에 올라가 제물로 바치라'고 말씀하셨다. … (마침내 칼을 드는 순간 하느님은 아브라함의 신앙을 확인하고) '아이에게 손을 대지 말라, 어떤 해도 가하지 말라'고 말씀하셨다."

"미적으로 산다는 것은 욕망과 향락에 따라 사는 것이다. … 윤리적으로 사는 것은 자신에 대한 절대적 인식을 통해 … 내면적인 인격으로서 자신을 획득한다. … 자유란 자신에게 미리 과제가 주어졌다. … 종교적 실존은 영원과 관계있다. … 신을 부정함으로써 자신이 신을 버린 죄인이었다는 것을 몸소 깨닫는다. … 단독자는 모든 죄가 전적으로 자신의 오만한 행위 때문이었다고 인정하고 뉘우친다. … 인간은 비로소 자신을 주체로서 새롭게 규정한다."

## 3 실존주의 : 사르트르(Jean Paul Sartre, 1905 - 1980)

첫째, 앞에서 언급했듯이 과학기술문명과 제1·2차 세계 대전은 실존주의의 토양이 되었다. 과학기술의 발달과 기계화 속에서 인간은 기계의 보조 역할에 머물게 되어 자신을 삶의 중심으로부터 점점 밀려나는 '소외'를 더 자주 경험한다. 즉 노동의 중심에 기계가 있고, 인간은 주변부로 밀려나 생산을 위한 도구적 존재가 된다. 또 전쟁은 인간이 감당할 수 없는 극한의 한계 상황을 만들며, 인간은 어떤 희망도 없이 전쟁의 수단이 되는 상황에 놓인다. 이 때문에 전쟁은 인간에게 가장 극심한 불안의 느낌과 분위기를 초래한다. 사르트르의 실존주의는 이 두 가지를 배경으로 하며, 이런 실존주의의 성격 때문에 실존주의를 흔히 '불안의 철학', '위기의 철학', '소외의 철학'이라 부른다. 그렇다면 '실존'이란 무슨 뜻인가? '이미 만들어진 것', '거기 있는 것', '규정되거나 완료된 것'을 '존재'라고 한다면, '실존'이란 '아직 아닌', '가능한', '잠재적인', '되어가는'의 의미이다. 이러한 실존의 의미에 기초해 사르트르는 실존을 자기를 선택하면서 지향하는 존재, 자기의 삶에 주체적으로 관여(즉, 참여)하는 존재의 의미로 사용한다. 이 점에서 실존주의는 인간을 단순히 살아가는 존재가 아니라 자기를 선택하고 만들어(창조해)가는 존재로 파악한다.

둘째, 실존주의에 관한 그의 강의를 엮은 『실존주의는 휴머니즘이다』에서 사르트르는 무신론적 실존주의는 '실존은 본질에 앞선다'는 명제를 표방하며, '주체성에서 출발한다'고 선언한다. 실존이 본질에 앞선다는 뜻은 인간이란 절대자나 신과 같은 창조자에 의해서 이미 어떤 모습으로 결정된 존재가 아니라 자신의 뜻과 상관없이 이 세계에 던져진 다음 자신의 삶을 주체적으로 만들어간다는 뜻이다. 이렇게 되면, 인간에게 신이란 불필요한 존재가 되고, 또한 인간이라는 실존은 자기 스스로 자신의 가치와 삶을 창조하는 주체가 된다. 이 점에서 인간에게 본질이나 본성은 없고, 인간은 단지 스스로가 원하는 무엇이며, 스스로가 구상하는 무엇일 뿐이다. 인간은 스스로 자신을 만들어가는 존재인데, 이것이 주체성이고, 실존주의의 제1원칙이다. 인간은 자신의 삶을 선택함으로써 미래를 향해 주체적으로, 그리고 책임 있는 존재로 기투(企投, 자기를 창조하면서 자기의 가능성을 전개하는 것)하는 존재이다. 자기의 의사와 관계없이 이 '세계에 내던져진 존재(피투)'로서 인간은 '아직 그 무엇이 아닌' 존재로서 '자유'이며, 이 자유의 '부조리'와 '불안' 속에서 스스로에게 책임 있는 선택을 함으로써 자신을 가치 있는 존재로 창조해간다. 이 점에서 실존주의는 가장 인간적(휴머니즘)이다.

"아이는 오냐오냐 할수록 버릇없는 아이가 되고, 호되게 꾸짖을수록 싹수 있는 아이가 되는 법'이라는 말보다 우울한 격언은 없다. … 이것은 권력에 맞서지 말라, 힘에 대항하지 말라, 자신의 환경을 넘어서는 것은 도모하지 말라고 강조하고 있기 때문이다."

"실존은 본질에 앞선다. … 인간은 스스로가 계획하고 원하는 무엇일 뿐이다."

"무신론적 실존주의는 만약에 신이 없다면 실존이 본질에 앞선다는 것을 전제한다. 인간은 먼저 존재하고, 나중에 정의된다."

"인간은 무엇보다 미래를 향해 스스로를 던지는(기투) 존재이다."

"인간은 자유롭도록 선고받았다."

"자네는 자유롭네. 그러므로 선택하게."

 **실존주의 : 하이데거(Martin Heidegger, 1889 - 1976)**

첫째, 사르트르의 실존주의에 영향을 미친 하이데거의 실존주의에서 인간이란 '세계-내-존재'로 단순한 사물과 달리 자신의 존재에 대해 의문을 품을 수 있고, 자신의 존재 자체를 문제 삼을 줄 아는 유일한 존재이다. 그는 이것을 '현존재(Dasein)'라고 부른다. 그리고 일상적·무비판적·획일적·평균적·대중적 삶을 살아가는 비본래적인 '일상인(세상 일반 사람, das Man)'과는 반대로 자신의 본래적 존재 가능성을 실현하려고 애쓰는 인간을 '실존(Existenz, 독일어로 자각 존재)'이라고 규정한다. 따라서 참된 실존은 익명의 대중으로 살아가는 일상인이 자신을 비본래적인 바깥이나 배후에서 찾으려는 것과 반대로, 자신의 본래성을 회복하기 위해 가능성을 향해 자신을 던진다. 하이데거는 이러한 실존의 행위를 '기획 투사'라고 부른다. 즉 내면에서 울리는 양심의 소리를 통해 현존재가 그 자체의 본래적 가능성을 향해 미리 앞서서 자신을 던지는 것이다. 하이데거의 이와 같은 생각의 출발점에는 '죽음'에 대한 그의 해석이 있다. 죽음이란 모든 현존재에게 가장 근원적이고 보편적인 문제라는 사실은 '확실'하다. 그렇다고 모든 현존재가 죽음에 대해 같은 '확신'을 갖지는 않는다. 물론, '확실'하다고 해서 곧 '확신'을 끌어내는 것도 아니다. 이 때문에 모두에게 일어나는 죽음이지만, 일상인들은 죽음을 피상적으로 이해하고 있을 뿐이다. 반면, 자신의 죽음에 대해 확신을 가지고 '염려'하는 현존재는 죽음이 자기에게 다가오기 전에 먼저 죽음에 다가가 죽음을 의식한다. 하이데거에 의하면, '죽음을 앞질러 달려간다.' 즉, 죽음을 '확신'으로 여긴다. 현존재에게 죽음은 자신의 모든 가능성을 아무 것도 아닌 것(無)으로 만든다. 죽음은 곧 '가능성의 종말'이다. 현존재가 아무리 죽음으로부터 도망하려 해도 현존재의 본래 모습이 '죽음을 향한 존재'라는 점은 달라지지 않는다. 죽음이 현존재에게 '가장 고유한 가능성'이라는 사실 앞에서 현존재는 '불안'이라는 근본적인 기분[5]을 체험한다. 그리고 이 체험을 통해 현존재는 양심의 소리에 따른 주체적 결단을 통해 '죽음을 향해 앞질러 달려간다(선취한다).' 이로써 현존재는 비본래적인 일상인에서 참된 실존으로서 가능성을 회복한다.

> "현존재는 오직 실존함으로써만 자신의 자기이다."
> "인간의 '실체'는 영혼과 신체의 결합으로서 정신이 아닌 실존이다."
> "나는 생각한다. 그러므로 존재한다'로 데카르트는 철학에서 새로운 기반을

---

5) ① 대상·환경 따위에 따라 마음에 절로 생기며 한동안 지속되는, 유쾌함이나 불쾌함 따위의 감정. ② 주위를 둘러싸고 있는 상황이나 분위기.

마련했지만, '나는 존재한다'의 존재 의미는 무규정으로 방치했다."

"현존재는 자기에게 맡겨져 존재하는 유일한 존재자로서 … 실존하면서 자기의 존재 가능성의 근거로 있다."

"우리는 세상 사람들이 즐기듯 즐거워하고 기뻐한다. 우리는 세상 사람이 보고 판단하는 대로 문학과 예술을 읽고, 보고, 판단한다. 우리는 세상 사람이 분노하는 것에 함께 분노한다(비본래적인 일상인)."

"우리가 자신의 죽음에 내맡겨져 있다는 사실과 이에 따라 죽음이 세계-내-존재에 속한다는 사실에 대해서 우리 대부분은 어떤 명확하거나 이론적인 지식이 없다. 죽음에 내던져져 있다는 사실은 우리에게 불안이라는 정태성(감정 기분) 안에서 보다 근원적이고 철저하게 드러난다."

"분명히 모든 인간은 죽을 운명이다. 모든 인간이 죽는다는 것은 확실하다. 그러나 이반 일리치는 일반적인 한 명의 인간이 아니라 다른 모든 사람들과 구별되는 절대적 실체이다. 나는 어머니와 아버지, 형제, 장남과 유모, 수많은 기쁨과 슬픔, 유아 시절, 소년 시절, 청년 시절과 같은 나 자신만의 과거(역사)를 가지고 있다. 이렇게 나만의 감정과 사고를 갖는 내가 죽는다는 것은 인간 일반이 죽는다는 것과는 전혀 다르다. 내가 차례가 되어 죽어야 하는 일은 있을 수 없다. 그것은 너무나 끔찍한 일이다."

"(죽음은) 현존재의 '가장 고유하고, 가장 극단적이며, 다른 가능성들에 의해 능가될 수 없고, 가장 확실한 가능성'이다."

**문제 1]** 다음 흐름도에 알맞은 물음을 모두 고르면?

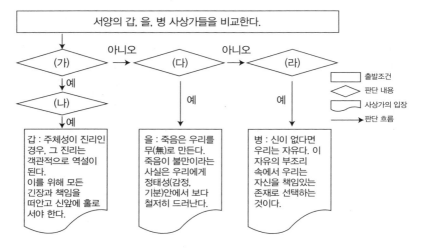

서양의 갑, 을, 병 사상가들을 비교한다.

(가) → 아니오 → (다) → 아니오 → (라)

↓예

(나)

↓예

갑 : 주체성이 진리인 경우, 그 진리는 객관적으로 역설이 된다.
이를 위해 모든 긴장과 책임을 떠안고 신앞에 홀로 서야 한다.

예

을 : 죽음은 우리를 무(無)로 만든다. 죽음이 불만이라는 사실은 우리에게 정태성(감정, 기분)안에서 보다 철저히 드러난다.

예

병 : 신이 없다면 우리는 자유다. 이 자유의 부조리 속에서 우리는 자신을 책임있는 존재로 선택하는 것이다.

출발조건
판단 내용
사상가의 입장
→ 판단 흐름

ㄱ. (가) : 인간은 종교적 실존을 통해 참된 신앙인이 되어야 하는가?

ㄴ. (나) : 헤겔의 객관적이며 추상적인 법칙과 진리를 부정하는가?

ㄷ. (다) : 참된 '실존은 본질에 앞서는' 휴머니즘인가?

ㄹ. (라) : 익명의 '비본래적 일상인(das Man)'에서 벗어나길 강조하는가?

① ㄱ, ㄴ.
② ㄷ, ㄹ.
③ ㄴ, ㄷ.
④ ㄴ, ㄹ.
⑤ ㄱ, ㄴ, ㄹ.

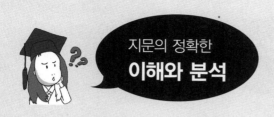

문제의 흐름도는 모두 현대 서양의 실존주의에 대해 설명한다. 실존주의는 공통적으로 칸트나 헤겔 같은 객관적인 법칙이나 질서에 기초한 보편적 진리를 부정하고 '주체적 결단'을 강조하는 사상이다. 갑)은 유신론적 실존주의자인 키에르케고르의 사상으로 그의 실존주의는 질적 도약(또는 비약)의 변증법에 기초하여 인간의 실존을 미적 실존, 윤리적 실존, 종교적 실존으로 구분하고 있다. 그는 종교적 실존 단계에서 우리가 참된 신앙인이 될 때 최종적인 참된 실존이 가능하다고 주장한다.

을)은 하이데거의 무신론적 실존주의로 그는 우리가 피할 수 없는 죽음, 즉 인간의 모든 가능성을 종말(끝)로 이끄는 죽음(그러므로 무無)에 대한 확신에 직면하게 될 때, 우리는 불안을 극복할 수 있는 계기를 맞이하고, 이 지점에서 양심의 부름에 따른 주체적 결단을 하는 것이다. 그리고 이를 통해 익명의 대중으로 획일화된 삶을 살던 일상인의 삶으로부터 참된 실존의 가능성을 회복하게 된다고 주장한다.

병)은 사르트르의 무신론적 실존주의로 그는 주체성을 실존주의의 제1원칙으로 내세운다. 그는 신이 없는 세계에서 자신의 의사와 관계없이 인간은 오직 자신의 주체적 선택과 결단에 따라 스스로를 창조하는 신이라고 주장한다. 이 점에서 그는 자신의 실존주의를 휴머니즘이라고 주장한다.

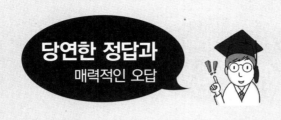

ㄱ. 갑)이 참된 신앙이 될 것을 주장하는 유신론적 실존주의자인 키에르케고르의 주장이므로 물음에 대해 '예'가 맞다.

ㄴ. (나) 또한 키에르케고르의 실존주의와 연결되면 적절하다. 따라서 실존주의의 일반적인 공통점에 해당하는 물음이라 맞다.

ㄷ. 을)은 하이데거의 실존주의이다. 하이데거는 현존재인 우리가 죽음에 대한 진정한 확신에 직면하고, 여기서 불안을 극복하기 위해 주체적 결단을 해야 하며, 이를 통해 비본래적인 일상인으로부터 본래의 자신을 회복해야 한다고 강조한다. 실존주의를 '휴머니즘'으로 규정한 인물은 사르트르이다.

ㄹ. 병)은 사르트르의 무신론적 실존주의이다. 그는 실존이 본질에 앞서기 때문에 실존은 스스로 자신의 가치와 진리를 창조해나가야 한다는 휴머니즘을 주장했다. ㄹ은 하이데거의 주장이다.

정답 ①

**문제 2]** 다음 갑), 을), 병)의 입장에 대한 올바른 설명은?

> 갑 : 인간은 '자유롭게 운명 지어진 존재'이기 때문에 스스로의 선택에 따라 미래를 향해 자신을 내던지는 존재이다.
> 을 : 세계는 나의 표상이며, 자연계를 지배하는 근본 원리는 의지라는 역동적인 생명 활동이다.
> 병 : 이 단계에서 인간은 신을 부정함으로써 신을 버린 죄인이라는 것을 깨닫고 비로소 자신을 주체로서 새롭게 규정한다.

① 갑은 인간 소외와 인간성 상실을 비판하면서 참된 신앙인을 추구한다.
② 을은 주관적인 주체성이 곧 진리라고 주장한다.
③ 병은 종교적 금욕을 통해 충실한 삶이 가능하다고 주장한다.
④ 갑, 병은 모두 신앙에 기초한 참된 실존을 강조한다.
⑤ 갑, 을, 병은 모두 합리적 이성주의와 관념 철학에 비판적이다.

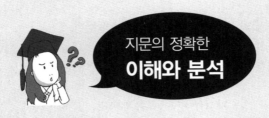

갑), 을), 병)은 모두 근대의 이성과 계몽주의, 과학과 법칙 중심의 사상에 대해 비판

적이라는 공통점이 있다. 갑)은 사르트르의 무신론적 실존주의이다. 그는 인간은 제

조되기 이전에 이미 어떤 존재가 될 것인지 결정된 사물과 달리 먼저 존재한 다음 스

스로 자유롭게 선택하고 결과에 책임을 지면서 자신을 창조해 간다고 주장한다. 이

점에서 인간은 '실존이 본질에 앞서는' 존재이다.

을)은 쇼펜하우어의 생철학을 말한다. 그는 세계의 본질을 의지로 규정하고, 인간은

세계를 자신의 관점에서 표상한다고 주장한다. 세계는 의지로서의 세계와 표상으로

서의 세계가 있는데, 의지는 충동이며 욕망이기 때문에 충족되는 순간 다른 충동과

욕망이 생기는 특성이 있다. 결국 의지와 충동은 영원히 충족되지 않기 때문에 금욕

과 같은 충실한 삶을 통해 의지를 부정하는 것이 최선이라고 강조한다.

병)은 키에르케고르의 유신론적 실존주의이다. 그는 진리의 보편성과 객관성을 부정

하고 오직 주관인 자신이 진리라고 받아들일 때 진리가 된다고 주장한다. 즉 그는 '주

체성이 곧 진리'라고 강조한다.

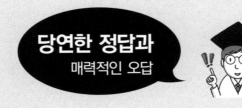

① 실존주의는 개인의 주체적 결단과 본질이 아닌 실존과 개별성, 개성을 공통적으로

강조한다. 이러한 배경에는 과학기술과 산업 사회, 전쟁에 따른 인간성 상실과 소외를 극복하려는 의도가 있다. 참된 신앙에 기초한 실존주의는 키에르케고르의 주장이다.

② 주관적인 '주체성이 곧 진리'라고 주장한 사상가는 키에르케고르이다. 물론 실존주의는 공통적으로 개인의 주체성을 강조한다.

③ 종교적 금욕을 통한 충실한 삶을 주장하는 것은 쇼펜하우어의 생철학이다. 그는 미적 · 윤리적 · 종교적 차원의 삶을 통해 의지의 고통에서 해방될 수 있다고 보았다.

④ 신앙에 기초한 참된 실존을 강조한 것은 유신론적 실존주의자인 키에르케고르의 주장이다.

⑤ 생철학과 실존주의 모두 근대의 합리적 이성주의와 관념 철학에 비판적이다.

**정답 ⑤**

**문제 3]** 다음 갑), 을)의 입장과 일치하는 것은?

> 갑 : 아브라함의 행위는 윤리적 관점에서 보면 아들을 죽이려는 행위이기 때문에 윤리에
> 반하는 행위이지만, 종교적 관점에서는 신의 소리를 진리로 받아들인 주체적인 결단
> 이었다.
>
> 을 : 우리의 삶은 비관적이고 고통스러울 수밖에 없지만, '동정심'에 기초하여 '누구도 해치
> 지 마라, 네가 할 수 있는 한 모든 사람을 도와라'를 실천하면 의지가 주는 고통에서
> 벗어날 수 있다.

① 갑은 죽음이라는 불안과 염려가 참된 실존을 발견하는 계기가 될 수 있다고
   보았다.
② 을은 고통으로부터 구제하기 위해 동정심 위에 미적 구제를 놓았다.
③ 갑은 의지의 부정, 을은 주체성이 곧 진리라고 강조했다.
④ 갑과 을은 모두 합리적 이성을 거부하고 구체적인 개인의 삶을 중시했다.
⑤ 갑과 을은 과학과 이성을 통해 인간의 본질을 파악하려고 했다.

지문의 정확한
# 이해와 분석

갑)은 키에르케고르의 유신론적 실존주의로 질적 변증법에서 종교적 실존을 향한 도약과 관련된 내용이다. 그는 미적 실존, 윤리적 실존, 종교적 실존이라는 도약과 비약의 질적 변증법을 주장했다. 을)은 쇼펜하우어의 생철학으로 그는 의지가 초래하는 삶의 고통과 비관에서 벗어나는 세 가지 구제 방안을 제시한다. 즉 예술 활동이라는 미적 구제, 동정심과 공감에 기초한 도덕·윤리적 구제, 종교적인 금욕적 삶에 의한 구제를 강조한다. 그는 삶을 충실하게 살면 해탈과 열반에 이른다고 주장한다. 보기의 지문은 동정심에 기초한 도덕적 구제로 그는 칸트의 도덕 법칙이 아니라 동정심만이 진정한 도덕적 가치를 갖는다고 강조했다.

# 당연한 정답과
매력적인 오답

① 하이데거의 실존주의에 대한 내용이다. 하이데거에게 인간이란 자신의 존재를 스스로 문제 삼는 유일한 존재이기 때문에 무의미하며, 기계적인 일상인의 삶에서 벗어나 참된 가능성으로서 실존을 회복해야 한다고 주장한다. 그는 비본래적인 실존에서 본래적인 실존이 되기 위해 죽음이라는 불안에 직면해보고, 양심의 소리에 따라 주체적 결단을 하라고 주문한다.

② 생을 향한 의지가 초래하는 고통으로부터 벗어나기 위해 미적 구제, 도덕적·종교

적 구제라는 방법을 제시한 인물은 쇼펜하우어이다. 그는 도덕·윤리적 구제의 근본에 동정심을 두었다. 나아가 종교적 금욕을 통한 해탈이 맹목적 의지를 부정하는 최선의 방법이라고 생각했다.

③ 의지의 부정을 주장한 것은 쇼펜하우어, 주체성이 진리라고 주장한 것은 키에르케고르이다.

④ 생철학과 실존주의 철학 모두 근대의 합리적 이성과 과학적 진리관에 비판적이며, 개인의 구체적이고 현실적인 삶을 강조한다.

⑤ 생철학과 실존주의 모두 근대의 합리적 이성주의와 관념 철학에 비판적이다.

**정답 ④**

# 3. 실용주의, 도덕에 관한 계약 이론, 담론 윤리

우리에게 실용주의로 알려진 프래그머티즘(pragmatism)의 어원은 행동·행위·실천·사실이란 뜻의 그리스어 프라그마(prágma)이다. 프래그머티즘은 경험적이고 현실적인 삶에서 '유용성'을 지닌 지식과 관념이 가치와 의미를 지닌다고 주장한다('유용성=진리'). 따라서 프래그머티즘은 구체적인 실천과 경험과 산출 결과를 중시한다. 프래그머티즘은 영국의 경험론 전통과 생물학 분야인 진화론의 영향을 받았으며, 전통 농업 사회에서 근대 산업 사회로 이행하는 당시 미국의 상황, 즉 현실 문제를 해결하는데 도움이 되는 지식과 관념에 대한 요구를 반영하며, 근면과 검소를 강조하는 프로테스탄트의 정신을 잇는다. 과학·실험의 탐구 정신을 중시하는 실용주의를 대표하는 인물로 '실용주의의 격률'을 제시한 퍼스, '유용이 곧 진리'라는 제임스, '도구주의'를 주장한 듀이가 있다.

일반적으로 계약론에서는 사회·국가의 형성 근거를 자유롭고 합리적인 개인들의 자발적인 합의에서 찾는다. 따라서 도덕적 권리나 타인에 대한 의무는 자연 상태가 아닌 자발적인 계약을 통해 형성된 시민 사회에서 발생한다. 이렇게 볼 때, 계약론에서 도덕이란 합리적인 개인들이 각자의 이익을 위해 상호 간에 받아들이는 일련의 규칙들이라고 할 수 있다. 여기서는 로크의 계약론과 칸트의 '원초적 계약'을 간략하게 살펴본다.

사회적 존재인 인간은 '언어'를 매개로 각자의 생각과 주장을 주고받으면서 이성적

합의에 도달하려고 노력한다. 이 과정을 '합리적 의사소통' 과정이라 하고, 여기에 기초한 공동체를 '의사소통 공동체'라고 한다. 따라서 합리적 의사소통 행위를 위해서는 이성적(합리적)이고 진실해야 하며, 공정하고 언어에 대한 올바른 이해가 반드시 필요하다. 또 이상적인 '담론(이성적 대화를 통해 합의에 이르는 과정)'은 이처럼 개방적·합리적 의사소통 행위가 있을 때 가능하다. 금기나 특권, 인종적·계급적 편견, 억압적 조건이 아니라 서로를 동등한 인격 주체로 인정하는 개방적이고 합리적인 의사소통 행위를 강조하고, 이것이 윤리적 행위의 기반이 된다는 주장을 '담론 윤리'라고 한다. 이처럼 담론 윤리에서 말하는 윤리 규범은 합리적 토론에 기초한 자유로운 동의라는 이상적인 의사소통 공동체를 지향한다. 대표적인 학자는 하버마스인데, 그는 칸트의 윤리학을 받아들여 이상적인 의사소통 공동체를 형성하려 했다.

# 실용주의 : 퍼스(Charles Sanders Peirce, 1839-1914)

퍼스가 '프래그머틱(pragmatic)'이란 용어를 처음 사용했기 때문에 그를 일반적으로 프래그머티즘의 시작으로 삼는다. 그의 '프래그머틱'을 이해하려면, 흔히 '프래그머티즘의 격률(준칙)'로 알려진 그의 주장을 알아야 한다. 그는 어떤 사물에 대해 갖는 우리의 관념(개념)은 사물이 실제로 그렇게 감각할 수 있는 결과를 낳을 것이라는 관념이라고 주장한다. 따라서 관념과 실재 사이에 불일치가 발생한다면, 그것은 잘못된(오류) 관념이다. 예를 들어 '망치는 단단하고, 두부는 연약하다'는 관념이 참인지 알고 싶으면 실제로 검사(test)하면 된다. 즉 망치로 긁거나 못을 박는 구체적인 실천을 통해 '망치의 단단함'의 관념을 확인할 수 있다. 또 두부가 연약하다는 관념은 두부를 위에서 떨어뜨리는 구체적인 행위가 낳는 감각적 결과를 통해 참·거짓을 확증할 수 있다. 이렇게 볼 때, 퍼스에게 지식(아는 것)이란 곧 실천이자 행위라고 할 수 있으며, 그것은 구체적인 조작적·실험적·행동적 과정을 거쳐 관찰 가능한 결과를 통해 검증된다. 이러한 절차를 거쳐 우리는 하나의 신념(믿음, belief)을 형성하고, 동일한 상황에서 동일한 행동을 한다('신념의 확정화'). 다시 말해 우리는 의심의 단계에서 과학적·조작적 행위(절차)를 거쳐 신념을 확정하고 자신의 행동 규칙으로 삼는다. 그렇지만 퍼스는 이런 절차를 거쳤다고 해서 고정적이고 불변하는 지식과 신념이 존재한다고 생각하진 않았다. 오히려 그는 '확실성의 진리'가 아니라 '오류 가능주의(과학에서 모든 것은 바뀔 수 있음)'라는 과학적·확률적 진리론을 주장한다. 예를 들어 자신만의 고집이나 처벌에 대한 두려움에서 나오는 권위에 대한 복종, 선험적 방식에 근거한 확정적 진리관 등은 잘못된 신념에 기초하여 과학적 탐구와 검증 절차를 무시하기 때문에 우리를 잘못된 방향으로 이끈다. 결국 퍼스에게 어떤 개념(관념)의 의미를 '탐구'하는 것은 '신념을 확정'한다는 뜻이고, '신념을 확정'한다는 의미는 '행동 규칙'을 발견함과 동시에 '행동 습관을 형성'한다는 뜻이다. 이처럼 퍼스는 '프래그머틱'이란 용어를 실용적이며 구체적인 실천, 그에 따른 실질적인 결과(효과)와의 연관성 속에서 사용했다.

"실재하는 것의 성질은 그것이 산출하고 그 결과를 (우리가) 감각할 수 있는 고유한 결과에 의해 결정된다."

"(어떤 개념이나 관념을 떠올릴 때) 그 개념이 갖고 있으리라 생각되는 실질적(또는 실천적)인 결과(효과)를 생각해보자. 그 결과들에 대한 우리의 생각이 바로 그 대상에 대해 우리가 갖고 있는 개념(내용)의 전부이다('프래그머티즘의 격률')."

"어떤 것에 대한 우리의 관념은 그것의 감각 가능한 결과들에 대한 우리의 관념이다. 만약에 우리가 다른 관념으로 상상한다면 우리 자신을 속이는 것이다."

"믿음의 본질은 습관의 확립이고, 다른 믿음들은 그것이 일으키는 상이한 행동 양태에 따라 구별된다."

## **2** 실용주의 : 제임스(William James, 1842-1910)

『프래그머티즘(pragmatism)』(1907)을 쓴 제임스는 진화론의 영향을 크게 받았기 때문에 우주란 항상 새롭고 다양한 모습으로 태어나고, 변화하는 과정이라는 개방적 우주관을 견지했다. 그는 우주와 세계란 고정적이고 변화가 없는 확정된 것이 아니기 때문에 우리의 의지와 노력을 통해 지속적인 개선과 성장이 가능하다고 믿었다. 이에 기초하여 그는 우리의 경험으로부터 실천적 의미와 효과를 찾아야 한다고 강조했는데, 이것을 '현금 가치(cash value)'라는 직설적 어법으로 표현한다. 이 용어는 개인과 사회에 유용하고 삶을 개선하는데 구체적인 결과(효과)를 산출하는 것만이 가치 있다는 뜻이다. 한마디로 '유용하기 때문에 진리'라는 입장이다. 따라서 추상적인 진리, 예를 들면 '신', '절대자'와 같은 개념들도 구체적인 현실에 의미 있는 영향을 주지 않는다면 무의미할 뿐이다. 이 때문에 제임스는 "책 속에서 용어들이 갖고 있는 현금 가치를 발견하라. 그리고 그 용어들이 당신의 경험의 흐름 속에서 작동하게 하라"고 가르친다. 그는 퍼스처럼 진리란 우리에게 만족스런 경험과 결과를 산출하는 신념이라고 보았기 때문에 종교적 신념도 그 자체가 아니라 우리에게 마음의 평화나 위안을 주면서 가치를 지닌다고 생각했다. 한마디로, 진리란 경험의 과정 속에서 만족스런 검증 결과('현금 가치')와 함께 만들어진다. 이 점에서 프래그머티즘은 추상적·관념적·선험적·합리주의적 전통에 반대하는 근사적(approximate)이며, 상대주의적인 진리관을 지지한다.

"진리란 바로 아이디어(관념)가 우리 경험의 다른 부분들과 만족스런 관계에 이르게 도움을 줄 때 진리이다."

"프래그머티스트들은 … 추상적인 것, 선천적인 이성, 고정된 원리, 폐쇄된 체계, 절대자나 근원 등의 개념을 중요하게 생각하지 않는다. 프래그머티스트들은 구체적인 것, 정확한 것, 사실, 행동, 힘 등을 중요하게 생각한다. 이것은 경험주의자의 성향이 강하고, 합리주의자의 성향은 포기했음을 의미한다. 또한 개방성과 함께 자연의 가능성을 추구한다는 것을 의미한다. 동시에 프래그머티즘은 어떤 특별한 결과를 옹호하지 않는다. 단지 방법일 뿐이다. … 따라서 이론이란 수수께끼에 대한 해답이 아니라 도구이다."

"관념은 그것이 우리가 경험하는 다른 것들과 만족스런 관계를 이루는데 도움을 준다면 참이다. … 즉 관념은 우리를 어떤 경험에서 다른 경험으로 만족스럽게 올라갈 수 있게 해주고, … 활동할 수 있게 해주며, 또 노동을 단순하고 절약하게 해준다면 그런 모든 관념은 진리이다. 다시 말해 도구적으로 진리이다. … 이것이 듀이가 주장하는 도구주의 진리관이다."

"프래그머티즘은 신학에 대해 편견이 없다. 종교적 관념이 우리의 구체적인 삶에 도움이 된다면, 프래그머티스트들은 진리로 받아들인다. 종교적 관념이 진리인가의 여부는 오직 그것이 맺는 관계에 달려 있다."

"성공적인 경험은 검증 과정이다."

# 3 도구주의 : 듀이(John Dewey, 1859-1952)

프래그머틱에 기초한 퍼스의 의미론은 제임스를 거치면서 프래그머티즘이라는 유용성의 진리 이론으로 전개되었으며, 고전적 실용주의를 완성한 듀이를 통해 프래그머티즘의 윤리·도덕 이론으로 확장되었다. 듀이 또한 진화론의 영향을 받았기 때문에 인간을 생물학적 관점에서 파악했다. 즉 유기체로서 인간은 환경과의 끊임없는 역동적 상호작용의 관계를 이루는데, 환경은 인간에게 다양하고 복잡한 문제 상황(인간 앞에 놓인 극복해야 할 장애물, problem)을 부과한다. 그리고 인간은 이러한 장애물을 해결하기 위한 노력과 행동을 하면서 '자신을 새롭게 바꾸며', 환경 또한 함께 변화한다. 듀이는 유기체와 환경 사이의 상호작용을 '경험(experience)'이라 하며, 이러한 변화 과정에 능동적으로 참여하는 행위를 '탐구(inquiry)'라고 한다. 따라서 경험과 탐구는 '실험', '조작'과 통한다. 이를 통해 인간은 의심과 문제를 제거(해결)할 수 있는 도구를 발견한다. 결국 그에게 경험이란 문제 상황의 해결에 필요한 성공적인 수단·방법·지식을 의미한다. 이런 의미에서 그는 자신의 실용주의를 '도구주의(instrumentalism)'로 규정한다.

"탐구란 미확정적(의심) 상황을 통제 가능한 상황으로 전환하는 과정, 즉 조정이나 방향을 지시하는 일종의 변형이다."
"(듀이의 탐구 이론 :) 1. 불확정적 상황(의문 상황, 문제 상황), 2. 문제 설정(확정적 상황으로 가려면 필요), 3. 문제 해결을 위한 자료의 확정(문제 해결 위한 원인과 요소 관찰), 4. 추론(추리 작용을 통한 논리적 해결), 5. 사실과 의미의 조작적 특성(사실과 의미의 일치 여부 검증), 6. 상식과 과학적 탐구."

JOHN DEWEY

"경험 속에 포함된 상호작용이 지극히 최종적이고 완결적인 것이라면, 개별적 사태가 문제 상황이 되는 불확정적 사태로 바뀌지는 않을 것이다."
"탐구는 다음과 같이 명확해진다. 상황의 세부 구조를 관찰하고, 그것을 다양한 관점으로 분석하고, 모호한 것을 명료화시킨다. … 예측된 결과가 실

> 체적 결과들과 일치할 때까지 ⋯ 이것들을 고려하는 탐구가 바로 지성이다."
> "사람이 지성적이란 말은 원리가 지배하는 사물들을 원리로부터 연역적으로 추론하는 것이 아니다. 또 고정된 원리에 관한 제1의 확정적이고 논증적인 진리를 파악하는 이성을 갖기 위한 것이 아니다. 오히려 평가에 따라 행동하는 능력을 갖는 것이다."

한편, 인간과 환경의 상호작용 관계는 지속적인 과정이고, 문제 상황 또한 계속 발생하기 때문에 인간의 사고는 문제 해결을 지향할 수밖에 없고, 그 과정에서 방법과 지식 또한 새로운 '도구'를 통해 대체되는 과정을 밟아야 한다. 그렇기 때문에 문제를 해결할 수 있는 방법을 알려주는 지식이나 진리는 대체와 수정 가능성이라는 '보증된 언명(주장) 가능성', 유용성과 새로운 '습관의 형성'이라는 의미를 지닌다. 이러한 입장을 도덕과 윤리에 적용하면, 인간이란 환경과의 상호작용 속에서 끊임없이 자신의 지식과 습관을 재구성하면서 새로운 자아를 만들어가는 존재이다. 따라서 '습관의 변화가 도덕과 윤리의 핵심'을 차지한다. 듀이 입장에서 볼 때, 인간은 계속되는 경험과 '시행착오'를 통해 지속적으로 성장하고 진보할 때 선이며, 사회도 이러한 과정을 밟으면서 지속적으로 성장하고 진보할 때 선이다. 물론 반대의 경우는 악이다. 이 점에서 "모든 도덕성은 사회적이다." 현실 참여적인 지식인이었던 듀이는 자신의 생각을 구체화하기 위해 '실험 학교'를 세웠을 뿐만 아니라 사회·정치에 참여하는 등 진보적인 삶을 실천했다. 듀이의 도구주의는 다음과 같은 러셀의 표현으로 요약할 수 있다. "내가(러셀) 듀이 박사를 이해한 바에 따르면, ⋯ 탐구란 '언명(주장, assertion)'을 도구로 사용하며, 언명들은 그것이 바라는 결과를 산출하면 '보장된다.' … 그러므로 변하지 않는 개념으로서 '진리'는 거부된다."

"삶(생명)이란 환경에 대해 작용하는 행동을 통해 자기를 새롭게 하는 과정이다."

"이전에 아무리 선했던 사람이라도 타락하기 시작하는 사람, 즉 이전보다 덜 선하게 되는 사람은 나쁜 사람이다. … 선한 사람이란 그가 이전에는 도덕적으로 별 볼 일 없는 사람이었지만 더 나아지려고 하는 사람이다. … 성장 그 자체가 도덕의 유일한 '목적'이다."

"문제 상황을 해결하기 위한 과학적 탐구 절차 : ① 문제의 관찰과 이해, ② 문제 해결을 위한 가설의 설정, ③ 과거 경험에 비추어 발견한 가설의 분석, ④ 해결 가능한 방안들을 실험적·귀납적으로 옮겨 실제 경험 속에서 그 결과를 확인."

"(사고란 인간과 환경 간의 조정이며, 철학의 가치는) 일상의 생활 경험과 상황에 비추어 그 결과가 우리에게 유효하고 분명한지, 더 이로운지에 있다."

## 4 도덕에 관한 계약 이론 : 로크(John Locke, 1632~1704)

첫째, 사회 계약론은 사회와 국가를 자유롭고 평등한 합리적 개인들에 의한 자유로운 계약의 산물로 인식한다. 이러한 사회 계약론을 도덕에 적용해 보면, 도덕이란 서로 다른 개인들이 각자 어떻게 대할 것인지 규정하고, 모두가 규칙을 동등하게 지키리라는 것을 전제로, 합리적인 개인들이 상호 이익을 위해 받아들이기로 동의한 일련의 규칙들을 의미한다. 즉 인간의 의무와 권리를 규정하는 도덕이란 계약의 산물이라는 입장이다. 그렇지만 계약론적 윤리는 역사적 사실이 아닌 허구에 기초하고 계약에 직접 참여하지 않은 당사자에게도 정당한 구속력이 있는가 하는 점에서 비판을 받을 수 있다. 흄이 로크의 사회 계약론에 대해 비판한 것도 바로 이 점이다. 즉 흄은 계약과 동의를 통해 사회·국가가 성립했어도, 그것은 수립 당시 계약에 참여했던 사람들에 대해서만 적용될 뿐이므로 직접 동의를 표현하지 않은 후대의 자손들에게까지 영향력이 미치는 것이 정당한가의 문제를 제기한다. 로크도 이 문제를 인식하고 있었기 때문에 그가 해결을 위해 제시한 개념이 바로 명시적 동의와 묵시적 동의(또는 암묵적 동의)이다. 명시적 동의란 정치·사회의 기원이 개인의 자발적인 동의와 계약에 있기 때문에 실제로 국가 형성이 만장일치를 전제로 한다는 것이다. 또 묵시적 동의란 새롭게 태어난 세대가 비록 최초의 계약에 참여하지 않았지만 자신이 국가의 존재를 받아들이고, 국가 권력의 정당성을 인정한다면 동의로 볼 수 있다. 예를 들어 직접 동의를 하지는 않았지만, 사회 간접 자본시설을 누리는 경우를 생각해볼 수 있다. 즉 우리가 사회제도에 참여하고, 사회생활을 통해 자신의 이익을 실현하면 이전의 사회 계약에 암묵적으로 동의하고 있다는 것이다. 물론, 자신이 누리는 소유물들을 양도하면 복종의 의무는 사라지고, 어디든지 자유롭게 떠날 수 있을 것이다.

> "보통 동의는 명시적 동의와 묵시적 동의로 구분되는데, 이것은 우리가 논의하고 있는 문제와도 관련이 있다. 어느 누구도 사회에 들어가겠다는 명시적 동의가 있다면, 그것이 그를 그 사회의 완전한 구성원이자 정부의 신민으로 만든다는 점을 의심하지 않는다."

"어떤 사람이 어디까지 동의를 한 것으로 봐야 하며, 그가 전혀 명시적 동의를 표하지 않은 정부에 대해서 어디까지 정부에 복종하는 것으로 보아야 하는가? 이 문제에 대해서 나는 어떤 정부의 영토의 일부분을 소유하거나 향유하는 사람은 누구나 묵시적 동의를 한 셈이며, 적어도 그러한 향유를 지속하는 동안에는 그 정부에 있는 사람들과 같은 정도로 정부의 법률에 복종할 의무가 있다고 말하겠다. 그러한 향유가 그와 그의 상속인을 위한 영구적인 토지 소유든, 단지 1주일 동안 머무르든, 단순히 대로를 자유롭게 여행하든 별로 문제가 되지 않는다. 사실상 그 정부의 영토 내에 어떤 사람이 존재한다는 사실만으로도 그에게 복종의 의무가 미친다."

##  5 도덕에 관한 계약 이론 : 칸트(Immanuel Kant, 1724－1804)

도덕에 관한 계약 이론에서 여전히 해결되지 않은 문제가 있다. 그것은 우월한 어느 한 쪽이 강압이나 속임수로 합의와 계약을 맺을 수도 있는 상황이다. 이러한 문제들 때문에 칸트는 오직 이성에 의한 순수한 가상으로서 '원초적 계약'을 고안하고, 이를 이어받은 롤스는 순수한 가상으로서 '원초적 상황(original position, 원초적 입장)'이라는 개념에 기초해 정의의 원리를 끌어낸다. 이처럼 칸트와 롤스는 공통적으로 불평등의 원인이 되는 이해관계와 임의적인 요소를 제거하기 위해 순수한 가상에 기초한 계약을 통해 정의로운 정치 공동체의 원리를 마련하려고 했다. 칸트는 순수하게 정의(법)에 의해 다스려지는 시민의 정치 공동체인 국가가 세 가지 선험적 원리에 기초한다고 보았다. 하나는 인간으로서 자유이고, 다른 하나는 각자의 평등이며, 마지막은 공동체 구성원의 자립성이다. 그리고 그에게 국가란 인간이 갖는 선험적 이성의 원리에 따른 원초적 계약을 통해 형성되는 개념이다. 칸트에게 정언 명법이 도덕성의 판단 기준이었다면, 그의 원초적 계약은 정의(법)의 기준이며, 이 모두는 오직 순수 실천 이성의 명령에 기초한다. 칸트의 자유롭고 평등한 도덕적 인격체라는 개념은 롤스의 '원초적 입장'에서 도출되는 공정한 절차로서 정의의 원칙에 영향을 미친다.

"너의 선택의지(자의)의 자유로운 사용이 보편적인 법칙에 따라서 모든 사람의 자유와 양립할 수 있도록 외적으로 행동하라."

"외적인 강제적 법이 출현하기 이전 사람들은 자신들의 이기심 때문에 싸움과 폭력을 행사하면서 살아간다는 것을 꼭 경험을 통해서 알 필요는 없다. 따라서 이러한 사실이 반드시 공적인 법적 강제를 필요로 하지 않는다. 오히려 사람들은 온순하며 정의롭게 행동한다고 생각할 수도 있다. 모름지기 공적인 법적 강제의 필요성은 어떤 사실이 아니라 선험적 이성의 이념에서 비롯된다."

"원초적 계약은 오직 이성의 이념일 뿐이며, 법을 모든 국민의 통일된 의지에서 나온 것으로 해준다. 말하자면 원초적 계약은 모든 공법의 적법성을 가늠하는 시금석(기준)이다." 그것은 "완전히 합법적인 시민 사회와 공동체 수립"의 기초이다.

"이성의 정언 명법에 따라 우리는 그러한 실현(법의 원리와 일치하는 국가의 성립)을 위해 노력하라는 책무를 맡는다."

## 6 담론 윤리 : 하버마스(Jurgen Habermas, 1929 - )

첫째, 자연을 지배하는 가장 효율적인 힘을 행사했던 근대의 계산적이며 도구적인 기술적 이성('도구적 이성'을 '목적 합리성'이라고도 한다)은 영역을 확장해 인간까지도 관리하고 지배하려는 문제를 초래했다. 개인의 고유성과 다양성을 인정하지 않으려는 이성의 독재에 대한 비판은 포스트-모더니즘으로 나타났다. 그럼에도 불구하고 하버마스는 근대와 근대적 이성을 옹호하고, 근대 이후 지속적으로 성숙해온 계몽주의적 이성을 통해 이러한 근대의 문제들을 해결해야 한다고 주장했다. 하버마스는 근대 이후에 목적 합리성의 도구적 이성만 발전해온 것이 아니라 동시에 '의사소통의 합리성'도 함께 발전했다고 강조한다. 목적 합리성과는 반대로 의사소통 합리성은 "인간이 서로를 자율적이고 이성적이며 절대적인 가치를 지닌 인격으로 대하면서 서로 대화하는 능력"이다. 즉 대화에 참여하는 사람들이 외부로부터의 강제나 억압 없이 자유로운 토론을 통해 합의에 이를 수 있도록 해주는 이성(그렇기 때문에 칸트의 선험적 도덕 법칙과 다름)이다.

"롤스는 사회 계약의 모델을 선택하고, 이성의 인도에 따라 정의의 원리들을 산출하는 구성주의를 발전시킨다. 즉 그것은 충분한 반성에 근거한 판단 안에서 공공적 동의에 토대를 두면서 객관성과 정당화의 실천 가능한 개념을 성취하기 위해 사회계약 전통으로부터 유래하는 이념들을 개작한다. 그 목표는 자유로운 동의와 공공 이성을 통한 화

JURGEN HABERMAS

해이다."

"담론 윤리의 정당화 기획은 합리성에 관한 주장들을 통해 도덕적 규범들을 정당화할 수 있는 담론들의 논증 규칙 획득을 목표로 설정한다. 이로써 도덕적 문제들이 합리적으로 결정될 수 있음을 나타내야 한다."

"'자율적 의지'와 '실천 이성' … 즉, 모든 사람들이 공동으로 바랄 수 있는 것인 도덕적 통찰을 통해 스스로 인도하는 의지만이 자율적이다. 그리고 자신의 공평무사한 판단에 따라 정당화된 모든 것을 입법적 의지의 산물로 생각하는 이성만이 실천적이다. … 자율적 의지는 오직 이성적으로 정당화된 법칙만 스스로에게 부여한다. 그리고 실천적 이성은 자신이 입안하고 동시에 지시하는 법칙들만을 발견한다. … 자유와 이성 사이에 비로소 교차 관계가 가능해진다(상호주관성). … 스스로 다른 사람의 인정을 받으려는 욕구인 자기중심성은 인정 관계의 완전한 호혜성을 부정한다."

"담론 윤리는 다음의 간단한 정식으로 표현될 수 있다. 즉 모든 타당한 규범은 모든 당사자들의 동의를 얻을 수 있어야 한다."

둘째, 하버마스는 도구적 이성의 문제를 해결하기 위해 이성을 포기하는 것이 아니라 오히려 이성의 가능성, 즉 의사소통할 수 있는 합리성에 주목했다. 하버마스는 현재의 자본주의 사회에서 도구적 이성이나 목적 합리성이 갖는 지배력은 불필요할 정도로 지나치게 강력한 과잉 억압 상태라고 진단한다. 따라서 억압적인 사회 체제로부터 벗어나려면 시민들의 비판적인 반성을 통해 이성적 의사소통 능력을 키워야 한다고 주장한다. 현대 사회는 가족과 노인, 교육과 사랑 같은 '생활 세계'의 문제들까지 시장 경제의 일부로만 이해하려는 경향('시장 인간')이 강하다. 이처럼 도구적 이성에 포위된 '생활 세계의 식민화' 문제를 극복하기 위해 이성의 잠재력을 회복해야 한다는 것이 하버마스의 논리이다. 하버마스는 이상적이고 합리적인 의사소통을 위해 1) 자신과 관련해서는 진실할(참될) 것, 2) 사회적으로는 보편적으로 타당한 규범을 따를 것, 3) 사실과 부합할 것, 4) 진술이 문법적으로 타당하고, 의미가 분명할 것(이해가능성)의 네 가지 조건을 제시한다. 이처럼 그는 근대 이후 성숙해 온 이성의 의사소통 능력을 통해 합리적 의사소통 공동체가 가능하며, 근대의 문제를 해결할 수 있다고 보았다.

> "(사회적 행위는 의사소통 행위이며 이것은), 적어도 두 명 이상의 언어와 신체적 행위 능력을 지닌 행위 수행자들이 대인관계를 형성했을 경우, 그들 간에 이루어지는 행위를 가리킨다. 이러한 상호 이해를 하면서 상반된 말과 행동에 대해 합의를 하게 된다. 이 경우 행위자들은 그들이 처해있는 상황과 행위 계획에 관해 상호 이해를 추구하고, 서로에게 동의하면서 행위 방식을 조율하게 된다."
>
> "나는 사회적 행위들이 각 개인의 성공을 위한 자아중심적인 계산이 아니라 참여자들 간의 상호 이해와 협동적 달성을 통해 조정되는 의사소통 행위를 말하고 있다."

## 고득점 심화 문제

**문제 1]** 다음 갑), 을)의 입장과 일치하는 것은?

갑 : 보통 동의는 명시적 동의와 묵시적 동의로 구분되며, 명시적 동의란 어느 누구가 그
사회에 들어가겠다는 명시적인 의사 표현이 있었다면, 그를 그 사회의 완전한 구성원
이자 그 정부의 신민으로 만든다는 점에 대해서 더 이상 의심의 여지가 없다.

을 : 원초적 계약은 오직 이성의 이념일 뿐이며, 법을 모든 국민의 통일된 의지로부터 나온
것처럼 한다. 말하자면 원초적 계약은 모든 공법의 적법성을 가름하는 시금석(기준)이
다. 그것은 "완전히 합법적인 시민 사회와 공동체 수립"의 기초이다.

① 갑 : 각자는 자기 보존을 위해 자연권을 일체 양도해야 한다.

② 을 : 무지의 베일을 통해 절차적 정의 원리가 도출된다.

③ 갑 : 국가의 시장 경제에 대한 적극적인 조정이 필요하다.

④ 을 : 개인의 의지 행사는 보편적 법칙에 따라야 한다.

⑤ 갑, 을 : 결코 상대화될 수 없는 개인의 삶을 강조한다.

갑)은 사회 계약론자 로크가 주장하는 내용이다. 로크는 계약과 동의를 통해 국가가 이루어졌어도, 계약에 직접 참여하지 않은 후세의 문제가 발생하기 때문에 이를 보완하기 위해 묵시적 동의(암묵적 동의)라는 개념을 도입했다. 을)은 칸트의 원초적 계약에 대한 내용이다. 칸트는 순수한 실천 이성의 명령에 따라 각 개인은 자신의 의지의 행사가 보편적 법칙의 원리에 타당한 방식으로 행사되어야 한다고 강조했다. 이것은 이성에 의한 순수하게 가상적인 개념이므로 경험적인 사실에 기초한 개념이 아니다. 이성의 순수한 가상에 기초한 원초적 계약의 아이디어는 20세기 존 롤스의 원초적 상황과 무지의 베일에 기초한 정의의 원리 도출이라는 아이디어에도 중요한 영향을 미쳤다.

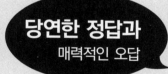

## 당연한 정답과
매력적인 오답

① 자기 보존과 평화 유지를 목적으로 사회 계약의 필요성을 강조한 것은 홉스의 계약론이다. 로크는 각 개인이 자신의 생명권, 자유권, 재산권을 보호하기 위해 계약을 맺으며, 이렇게 형성된 정부는 이 세 가지 권리를 침해할 수 없다고 주장했다.

② 무지의 베일을 통해 절차적 정의 원칙을 강조한 것은 20세기 롤스이다.

③ 국가의 시장 경제 원리에 대한 적극적인 조정을 요구한 것은 케인스의 수정자본주

의이다.

④ 칸트는 "개인의 자유로운 의지 행사가 보편적인 법칙에 따라 모든 사람의 자유와 양립할 수 있도록 외적으로 행위하라"고 강조한다. 그는 이를 위해 순수 이성의 명령에 따라 원초적 계약에 동의하고, 이를 근거로 국가와 시민사회, 공법의 정당성을 마련한다.

⑤ 실존하는 구체적인 개인의 구체적이고 현실적 삶을 중시하며, 개인을 다른 사람과 비교해 결코 상대화시킬 수 없다고 주장한 것은 실존주의 입장이다.

**정답 ④**

**문제 2]** 다음 갑, 을, 병의 입장과 일치하는 것은?

> 갑 : 우리가 일단 자신의 신념과 가치의 감옥에서 벗어나 공통의 관심사에 관해 '말하기'
> 시작하면, 우리는 이성의 규칙에 관해 '합의'에 도달할 수 있다. 이것은 이성 진보의
> 필연적 결과라 할 수 있다. 즉 다원주의 사회에서도 이상적인 토론과 대화를 통해 공
> 동체 형성이 가능하다.
>
> 을 : 원초적 계약만이 국가 안에서 이루어지는 개인들의 사회적 행위가 적법성을 갖는지
> 평가하는 최고의 기준이다. 이 점에서 그것은 실천 이성의 규범적 이념이며, 사회 정
> 치의 원리 근거이다. 한편, 국가는 순수하게 정의의 원리에 따라 통치되며, 자유와 평
> 등, 구성원의 자립이라는 선험적 원리에 기초한다.
>
> 병 : 계약의 대상은 전통적인 이론이 주장하듯이 일정한 사회나 정부의 형태가 아니라 순
> 수하게 정의의 원칙이다. 이러한 계약의 수행은 순전히 가상적인 '원초적 상황'이다.
> 최초의 평등한 입장에서 공정성으로서 정의의 개념이 도출될 수 있다.

① 갑은 자신의 이익 증진에 관심을 갖는 자유롭고 합리적인 개인을 가정한다.

② 을은 대화와 토론을 통한 합리적 의사소통을 강조한다.

③ 병은 개인은 공리적 계산으로 자신의 쾌락을 극대화한다고 주장한다.

④ 갑은 '목적 합리성', 병은 '의사소통의 합리성'을 강조한다.

⑤ 을과 병은 순수한 정의의 원칙을 발견하기 위해 순수 가상을 전제로 한다.

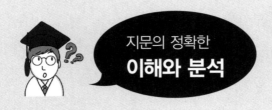
갑)은 하버마스의 '담론 윤리'에 관한 내용이다. 그는 근대적 이성을 비판하고 부정함으로써 정서나 감정으로 기울지 않고, 오히려 이성을 통해 이상적인 '의사소통'이 가능한 정치 공동체의 가능성에 주목했다. 그는 근대 이후 성숙해온 이성의 의사소통 능력이 갖고 있는 잠재성에 주목했고, 이를 통해 합리적 의사소통이 실현될 수 있다는 희망이 있었다.

을)은 '원초적 계약'을 주장하는 칸트의 내용이다. 칸트는 자연 상태에서 인간은 자신의 자유와 평등이 침해받을 수 있기 때문에 이성적인 인간은 자신의 자유와 평등을 보호받기 위해 '시민 상태', 즉 국가를 형성한다고 보았다. 이것은 사실로서 사건이 아닌 순수한 가상에 기초한 개념이다.

병)은 롤스에 관한 내용으로, 롤스는 칸트와 유사하게 자유롭고 평등한 인간이 그에 부합하는 정의로운 사회를 형성하기 위해서는 가장 먼저 정의의 원리 자체를 적절하게 구성해야 한다고 보았다. 이를 위해 원초적 상황과 무지의 베일이라는 순수한 가상을 전제한다.

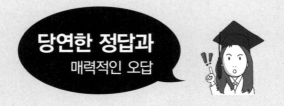

당연한 정답과
매력적인 오답

① 자신의 이익 증진에 관심을 가진 자유롭고 합리적 개인이라는 가정은 롤스의 원초

적 상황에서 나오는 내용이다.

② 대화와 토론을 통한 합리적 의사소통을 강조한 사상은 하버마스의 담론 윤리이다.

③ 공리적 계산에 기초한 쾌락의 극대화 논리는 공리주의자 벤담의 주장이다.

④ 목적 합리성 또는 도구적 이성을 부정하고, 의사소통의 합리성을 강조한 것은 하버마스의 주장이다.

⑤ 칸트와 롤스가 주장하는 정의의 원칙은 순수한 가상에 기초한다. 이것을 칸트는 원초적 계약, 롤스는 원초적 상황과 무지의 베일에 근거해 설명한다. 이런 특성 때문에 '가상적 계약'이라 불리기도 한다.

정답 ⑤

**문제 3]** 다음 갑, 을의 입장과 일치하는 것은?

갑 : 유기체와 환경 사이의 상호작용을 의미하는 경험이란 곧 탐구의 과정이기도 하다. 이 점에서 탐구는 삶의 모든 영역에서 항상 자연스럽게 일어나고 있다. 탐구는 '탐구의 선행 조건인 미확정적 상황 → 문제 상황의 발생 → 문제 해결의 확정과 추론 → 사실과 의미의 조작적 성격 → 과학적 탐구'의 절차를 밟는다.

을 : 어떤 관념의 진리성이란 그 관념 속에 내재된 고정된 속성이 아니다. 단지 관념이 참이 되는 것이고, 관념이 사건들에 의해 참으로 만들어진다. 따라서 관념의 진리성은 일종의 검증 과정이다. 그러므로 검증 절차에 의한 유용성이 곧 진리의 기준이며, '현금 가치'이다.

① 갑에게 도덕이란 선험적 도덕 원리를 무조건 따르는 행동이다.

② 을에게 영원하고 불변하는 참된 진리는 신앙의 대상인 신뿐이다.

③ 갑은 대화와 토론을 통한 합리적 의사소통 공동체를 주장한다.

④ 갑은 문제 해결의 '도구', 을은 관념의 '현금 가치'를 강조한다.

⑤ 갑과 을은 절대적이며 보편적인 진리의 존재를 인정한다.

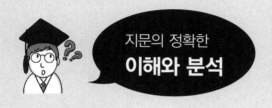

갑)은 도구주의로서 실용주의자인 듀이의 탐구에 관한 순서다. 듀이는 진화론의 영향을 받았기 때문에 환경이 유기체에게 요구하는 문제 상황에 대해 이를 해결하기 위해 실질적인 도구와 방법이 가치를 갖는다는 의미에서 도구주의를 주장했다. 듀이는 이를 기초로 문제에 대한 과학적 탐구의 절차를 '탐구의 선행 조건인 미확정적 상황 → 문제 상황의 발생 → 문제 해결의 확정과 추론 → 사실과 의미의 조작적 성격 → 과학적 탐구'의 순서로 제시했다.

을)은 진리에 대해 상대주의적 관점을 취하고 있으며, 특히 '유용성=진리'라는 주장으로 볼 때 실용주의자 제임스이다. 제임스는 진리란 경험을 통한 만족스런 검증이라는 이른바 진리의 '현금 가치'를 중시했다.

**당연한 정답과**
매력적인 오답

① 도덕을 이성에 의한 도덕 법칙의 발견으로 파악하고, 이를 무조건적인 명령으로 받아들이고 따를 것을 주장하는 것은 칸트의 의무론이다. 지문은 실용주의이기 때문에 칸트의 윤리와는 상반되는 측면이 있다.

② 영원하고 불변하는 참된 진리를 유일신인 신으로부터 찾는 것은 그리스도교의 관점이다.

③ 칸트의 이성주의와 계몽 정신을 받아들여 합리적 의사소통 공동체를 추구한 것은 하버마스의 담론 윤리이다.

④ 진리를 문제 해결에 유용한 방법과 도구를 제공하는 것에 두는 것은 듀이의 '도구주의'이며, 경험과 검증 과정에서의 실용성을 중시하는 '현금 가치'를 강조한 것은 제임스의 입장이다. 제임스는 유용성과 진리를 동일한 의미로 이해한다.

⑤ 갑과 을은 모두 실용주의자인 듀이와 제임스의 주장이기 때문에 형이상학적이며, 보편적·객관적·절대적 진리에 대해 부정적인 입장이다. 실용주의는 진리에 대해 개방적이고 상대주의적인 관점을 지지한다.

**정답 ④**

**문제 4]** 다음 (가)와 갑, 을, 병에 관한 내용으로 가장 적절하지 않은 것은?

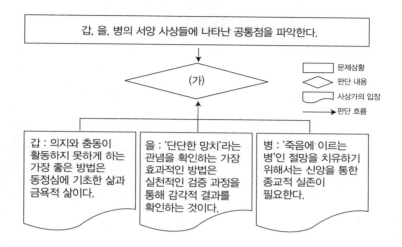

① 갑은 삶을 향한 맹목적인 의지가 고통의 원인이라고 진단한다.

② 을은 관념의 의미 탐구를 '신념의 확정' 과정이라고 생각한다.

③ 병은 객관적인 진리 자체는 주체와 무관하다고 주장한다.

④ (가)는 칸트나 헤겔의 관념론에 대해서 비판적인 입장을 견지한다.

⑤ 을은 이성주의 전통 속에서 과학적이며 실험적인 탐구 정신을 강조한다.

지문의 정확한
## 이해와 분석

갑)은 생철학자 쇼펜하우어의 입장이다. 그는 삶을 향한 '맹목적 의지'라는 욕구와 충동 때문에 인간의 삶이 고뇌와 고통 속에 있다고 진단한다. 그렇기 때문에 고통의 원인이 되는 맹목적인 의지의 부정이 고통에서 벗어나는 바람직한 방법이라고 주장한다. 이를 위해 그는 예술에 심취하는 일시적인 방법도 있지만, 더 바람직한 방법은 타인의 고통을 함께 하고, 그 고통을 덜어주려는 동정심과 연민에 기초한 도덕적 행동이라고 강조한다. 뿐만 아니라 종교에서 강조하는 금욕적인 삶을 충실하게 실천함으로써 맹목적인 의지가 초래하는 고통에서 벗어나 해탈과 열반에 이를 수 있다고 주장했다.

을)은 '프래그머틱'이란 용어를 사용한 실용주의자 퍼스의 입장이다. 그는 관념이나 개념은 반드시 검증(검사, test)이라는 실험적·조작적 절차를 거친 후 우리가 감각할 수 있는 결과와 일치할 때 의미를 인정받을 수 있다고 주장한다. 그리고 이를 통해 우리는 특정 관념(예를 들면, '단단함')에 대해 '확정적인 신념(믿음)'을 갖게 되고, 같은 상황에서 같은 행동을 하게 된다(행동 규칙과 습관의 형성)고 보았다.

병)은 유신론적 실존주의자인 키에르케고르의 입장이다. 그는 객관적·보편적·추상적인 진리는 주관과 주체의 입장에서 볼 때는 무의미한 것이기 때문에 실존하는 주체가 진리로서 받아들이는지가 관건이라고 주장한다. 그는 이것을 '주체성이 진리'라고 표현했다.

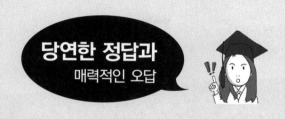

① 갑은 쇼펜하우어의 생철학으로, 그의 사상은 맹목적 의지가 세계의 본질이며, 고통의 원인이라는 염세주의적 측면도 있다.

② 을은 퍼스의 실용주의로, 그는 관념의 의미는 조작적 실험적 과정을 거쳐 하나의 신념으로 확정된다고 주장한다.

③ 병은 유신론적 실존주의자인 키에르케고르의 입장으로, 그는 헤겔과 달리 미학적 실존, 윤리적 실존, 종교적 실존이라는 질적 도약의 변증법을 주장했다.

④ 생철학과 실존주의, 실용주의는 칸트의 도덕 법칙이나 헤겔의 절대 정신 같은 선험적, 관념론적 입장에 대해 비판적 입장을 보인다.

⑤ 을은 실용주의에 관한 내용이기 때문에 이성주의가 아니라 영국의 경험론적 전통을 따르고 있으며, 과학적 탐구 절차를 중시한다. 그렇더라도 실용주의는 과학이 절대적 진리라고 주장하지 않으며, 오히려 오류 가능성이 있는 잠정적 진리로만 인식한다.

정답 ⑤

# 4. 여성주의, 배려윤리

**여**성이 남성과는 다른 방식으로 생각한다는 사실이 전통적으로 남성의 여성 지배를 정당화시켜주는 구실로 작용해왔다. 여성주의(feminism)란 남성 또는 사회의 여성에 대한 억압의 원인과 상태를 설명하고 궁극적으로 여성의 해방을 목표로 삼는 운동 또는 이론이다. 따라서 여성을 억압하고 차별하는 일체의 것에 대한 거부를 지향하기 때문에 여성주의 운동은 정치·경제·사회·문화 등 모든 영역에서 전개된다. 이것은 여성주의를 다원주의적 시각에서 바라보아야 한다는 뜻이다. 이러한 특성 때문에 여성주의는 자유주의적 여성주의, 사회주의적 여성주의, 생태여성주의 등 모든 영역에서 나타난다. 초기 여성주의를 대표하는 인물로는 여성의 인권과 정치 참여를 주장했던 올랭프 드 구즈, 여성도 남성과 동등한 이성을 지닌 존재라고 주장했던 울스턴크 래프트, 자유주의와 공리주의 관점에서 여성의 권리를 옹호했던 밀, 그리고 실존주의적 여성주의를 주장했던 보부아르 등이 있다.

배려윤리를 주장한 길리건은 도덕성을 '정의 윤리(또는 정의의 도덕성)'와 '배려 윤리(또는 배려의 도덕성)'로 구분한다. 그런데 권리·공정성·자율·독립성처럼 남성적 특성을 반영하는 정의 윤리가 도덕성 발달에 관한 지배적인 이론이 됨으로써 책임·인간관계·동정심 같은 여성적 특성을 나타내는 배려 윤리가 배제되어 왔다고 비판한다. 그녀는 남성 중심의 도덕성 발달에 관한 인지적 관점을 비판하고, 여성 중심의 배려의 도덕성과 여성의 목소리를 찾고자 했다. 한편, 나딩스는 길리건의 여성주의 입장을 받아들여 소크라테스·칸트(보편적 입법 원리)·롤스(정의의 원칙)의 사상에 내재하는 남성 중심적 편견을 비판했다. 원칙·정의·자율을 강조하는 남성 중심적 관점은 도덕성에 관한 가장 영향력 있는 서양의 전통이었다. 그렇지만 이런 입장은 인간관계와 맥락을 놓치면서 모자녀의 자연스런 관계 속에서 발견되는 배려와 보살핌의 가치를 소홀하게 되는 문제를 안고 있다. 나딩스는 여성주의적 입장에서 배려의 가치를 발견하고, 나아가 '배려'를 남녀 모두에게 요청되는 도덕성으로 채택할 것을 주장했다.

# 1 여성주의 : 울스턴크래프트(Mary Wollstonecraft, 1759-1797), 밀(John Stuart Mill, 1806-1873), 보부아르(Simone de Beauvoir, 1908-1986)

첫째, 여성이 남성과 다르게 생각한다는 사실과 가부장 중심의 억압적 체제는 여성의 남성에 대한 종속을 정당화하는 구실로 작용해왔다. 고대 서양은 물론, 르네상스와 종교개혁, 그리고 근대의 계몽주의와 시민혁명에도 불구하고 여성은 항상 남성으로부터 배제되어 왔다. 즉 자유주의와 개인주의, 민주주의의 발전이 가져온 인간의 해방과 개인의 권리 신장에도 불구하고, 여성의 사회·정치적 지위는 달라지지 않았다. 또 프랑스 시민 혁명 당시 '민중을 이끄는 자유의 여신'은 있었지만, 혁명이 완성되는 지점에 여성은 없었고, 오히려 여성의 인권과 정치적 참여를 주장했던 여성 올랭프 드 구즈(Olympe de Gouges)는 단두대의 이슬로 사라졌다. 이런 와중에 메리 울스턴크래프트가 『여성의 권리 옹호』(1792)에서 여성의 인권과 평등을 주장한다. 여성도 남성과 마찬가지로 동등한 이성을 갖고 있기 때문에 여성은 남성이 아니라 이성(reason)에 복종하는 것이 옳으며, 인권을 갖고 있는 여성에게 남성과 동등한 교육 기회가 주어져야 한다고 강조한다. 뿐만 아니라 그녀는 여성이 남성의 소유물이 되지 않으려면 여성 자신에게 경제권이 있어야 한다는 매우 급진적인 생각을 갖고 있었다.

"혁명이 여성들의 태도에까지 영향을 미쳐야 할 때이다. 다시 말해 여성들이 잃어버린 권리를 찾아야 할 때이다. 여성도 인간의 일원으로서 자신들을 개혁하고 세계를 개혁하기 위해 노력해야 한다."

"여성도 남성과 동등한 이성을 갖고 있으며, 여성이 복종해야 할 대상은 아버지나 남성이 아니라 인간 고유의 이성(理性)이다."

"여성에 대한 불평등의 원인은 신체적 열등성에 있지 않고 이성적인 존재로 인정받지 못한 데에 있다."

둘째, 그녀의 여성주의는 공리주의자인 존 스튜어트 밀로 이어졌는데, 그는 『여성의 종속』(1869)을 통해 성적인 차이와 관계없이 자신의 능력과 행복을 추구할 권리를 갖는다고 주장했다. 그는 여성에 대한 사회적 차별이 사회 전체의 유용성이란 측면에서도 이익이 되지 않는다고 주장하면서 공리주의 입장에서 여성의 지위를 강조했다. 즉 밀은 여성의 직업과 사회적 역할에 대한 간섭은 당사자인 여성 자신은 물론, 여성이 능력을 발휘하면서 발생하는 혜택이 모든 관련된 사람들에게 돌아갈 수 없기 때문에 사회 전체의 이익과 유용성의 관점에서도 잘못되었다고 주장했다. 또 자유주의적 관점에서도 여성 차별은 옳지 못하다. 왜냐하면 가령 여성이 열등해도, 그 때문에 여성을 법적으로 제약할 이유는 없기 때문이다. 다시 말해 원래 여성이 할 수 없는 일을 제도적으로 금지할 필요가 없는 까닭은 만약 여성이 남성보다 열등하다면, 여성은 자유 경쟁 체제에서 자연스럽게 도태될 것이기 때문이다. 이처럼 자유주의에 기초한 초기 여성주의는 여성에게도 법적·정치적·제도적 차원에서 남성과 동등한 권리와 기회가 주어져야 한다고 주장했다. 한편, 보부아르(Simone de Beauvoir)는 『제2의 성』(1949)을 통해 여성의 성은 주체인 남성에 의해 규정된 타자화된 '제2의 성'이라고 비판한다. 여자 아이는 어렸을 때부터 남자에게 열등성을 확인하면서 결국 실존의 주체로서 가져야 할 모든 권리를 스스로 포기하고, 거기에서 씁쓸한 기쁨을 맛보도록 교육받는다는 것이다. 이것은 여성이 스스로 주체가 될 수 없도록 강제되었다는 뜻이며, 그 결과 가부장적인 남성 중심의 사회 구조 속에서 남성 의존적인 존재로 전락한다는 뜻이다. 그녀는 여자에 대해 "12세에 이미 여자 아이의 일생은 하늘에 적혀 있다"고 하면서 교육과 전통 윤리, 사회적 관습 때문에 자신을 창조할 수 없게 강요받았다고 비판한다. 초기 여성주의의 자유주의적 특성은 1960년대에 들어와 여성에 대한 은밀한 차별를 극복하려는 급진적 여성주의로 전환한다. 예를 들면 '경쟁에서 이기는 것은 여성답지 못하다', '여성은 수학·과학에 재능이 없다', '성 폭력은 여성의 책임이 크다'처럼 남성 중심주의적 가치관에 기초한 성 차별주의를 폭로하고 극복하려고 했다.

> "그러나 남성과 여성을 지배하는 제도는, 모든 면에서 정반대의 과정으로 만들어졌다. 우선 약한 쪽을 강한 쪽에 완전히 종속시키는 현재의 이 제도가 더 좋은 것이라고 우기는 사람들은 단지 이론에 입각해서 그런 주장을 펼 뿐, 다른 양상은 전혀 시험해보지 않았다. … 둘째, 그렇다고 이런 불평등한 제도가 심사숙고의 결과나 신중한 혜안을 갖춘 것도 아니었다.""법과 정치 체제는 단순히 물리적 사실에 불과했던 것을 법적 권리로 전환시키면서 사회적 구속력을 부여하고, 이런 권리들을 주장하고 보호해주는 공적·조직적 수단을 확립함으로써 … 이미 복종을 강요당했던 사람들은 이런 과정을 통해 합법적으로 지배당한다."
> "일부 예외가 있지만, 평균적으로 볼 때 여성의 정신 능력이 남성보다 떨어진다거나, 고도의 지적 능력을 요구하는 일과 직종에 적합한 여성의 수가 남성에 비해 모자란다는 식으로 말하는 것만으로 충분하지 못하다. … 정

신적인 능력만 문제가 된다면, 최고는 아니라 해도 … 여성
이 도달하지 못한 분야는 거의 없다. 이것만 보더라도 이런
일을 놓고 남성과 경쟁하는 것을 금지한다면 여성에게 사
리에 전혀 맞지 않게 폭압을 행사하는 것이요, 사회 전체에
큰 손실을 끼치는 처사라고 단언할 수 있다."

"그런 불의(여성의 직업과 역할에 대한 간섭)는 당사자인 여
성에게만 문제를 일으키지 않는다. 그들이 능력을 발휘했을 때
혜택을 받을 수 있는 사람들까지 모두 피해를 입기 때문이다. 특정한 부류
의 사람은 의사나 변호사, 의회 의원이 될 수 없다고 못을 박는 것은 그들에
게만 상처를 주는 일이 아니다. 그런 의사나 변호사를 고용하고 그런 의원
을 선출하는 모든 사람들, 그리고 개인적인 선택의 폭이 좁아졌을 뿐 아니
라 상호 경쟁을 통해 경쟁자들의 보다 큰 능력을 기대할 수 있는 기회를 박
탈당한 사람들 전부에게 피해를 주는 것이다."

-존 스튜어트 밀

"여성은 여성으로 태어나는 것이 아니라 여성으로 만들어진
다. 남자가 사회에서 취하고 있는 형태는 결코 어떤 생리적·
심리적·경제적 운명으로 결정되지 않는다."
"여성은 남성과의 관계 속에서 (남성에 의해) 정의된다."
"여성은 남성과의 관련 속에서만 존재하는 우연한 존재, 비본
질적인 존재이다. 남성은 주체이고 절대적인 존재인 반면, 여
성은 의존적인 타자이다."
"(여성다움의 본질은 선험적으로 존재하지 않는다. 여성 또한) 완전한 개인,
하나의 주체, 하나의 자유이기를 선택한다."

-시몬느 드 보부아르

# 2 배려 윤리 : 길리건(Carol Gilligan 1936- ), 나딩스(Nel Noddings(1929- )

첫째, '배려(또는 보살핌) 윤리'를 이해하기 위해서는 먼저 '정의 윤리' 또는 '정의의 도덕성'을 이해할 필요가 있다. 여기서 정의란 모든 사람이 언제 어떤 경우든지 채택하기를 바라는 도덕 원리 정도의 의미이다. 즉 다양한 갈등 상황에서 그러한 갈등을 해소시켜줄 수 있는 보편적이며 객관적인 원리(기준)를 말한다. 반면, '배려(또는 보살핌)'란 '마음을 쓰고 염려하다', '돌보아주다', '다른 사람이 성장할 수 있도록 도와주다' 정도의 의미이다. 이와 같은 '배려 윤리' 또는 '배려의 도덕성'을 대표하는 학자는 길리건과 나딩스이고, 정의 윤리(또는 '남성의 목소리')를 대표하는 학자는 콜버그이다. 콜버그는 보편적이며 객관적인 원리를 강조하는 소크라테스, 칸트, 롤스의 영향을 받았기 때문에 이성의 합리적 능력이 절대적인 정의의 원칙을 추론할 수 있다고 생각했다. 따라서 한 개인의 도덕성은 이성을 통해 보편적·추상적 원리인 정의, 즉 도덕 원리를 추론하는 능력과 불가분의 관계를 맺는다. 다시 말해 하나의 절대적 정의 원칙(원리)에 근거해 연역적으로 판단을 추론한다. 예를 들어 '생명의 가치'는 절대적이어서 '돈의 가치'보다 우선하기 때문에 약을 훔쳐야 한다고 추론하는 것이다. 이와 같은 도덕적 추론 능력은 한 개인의 도덕성이 어느 정도 수준과 단계에 이르렀는지 가늠하는 기준으로 작용한다. 도덕성을 이성에 의한 도덕적 추론 능력과 동일시하는 그의 도덕성 발달에 관한 인지적 입장은 3수준 6단계로 구분해 제시되었는데, 이를 분석하기 위해 그는 주로 '도덕적 딜레마(예를 들면 하인즈 딜레마)'로 분석하는 방법을 사용했다.

콜버그의 도덕성 발달 단계 :

제1수준 : 인습 이전 수준(pre-conventional level)

1단계 : 처벌과 복종 정향

2단계 : 개인주의, 도구적 목적 및 거래 정향

제2수준 : 인습 수준(pre-conventional level)

3단계 : 착한 소년·소녀 정향

4단계 : 법과 사회 질서 유지 정향

제3수준 : 인습 이후 수준(post-conventional level)

5단계 : 사회 계약적 정향

6단계 : 보편적 도덕 원리 정향

둘째, 그렇지만 콜버그의 도덕성에 관한 인지적 접근(도덕적 추론 능력)은 전통적인 남성중심주의에 기초했기 때문에 도덕성의 발달에서 남성과 여성 사이에 존재하는 차이를 고려하지 않았다는 비판을 받았다. 길리건은 콜버그가 표본 집단으로 오직 남성만을 대상으로 해서 여성은 완전히 배제했고, 자신이 도덕성의 발달 단계로 주장했던 3수준 6단계를 보편적 정의의 기준으로 적용한다고 비판한다. 또 그가 주로 채택했던 딜레마에 대응하는 방식에서 남성과 여성 사이에 있는 차이가 전혀 고려되지 않았다고 비판한다. 이러한 한계 때문에 콜버그 이론에서 여성은 도덕성 발달 단계에서 3단계를 넘어서지 못해 남성보다 열등한 존재로 나타난다는 것이다. 결국 자유와 자율성, 공정성, 권리와 독립성을 중시하는 남성의 목소리가 정의의 원리로 작용하는 한, 여성의 목소리인 연민과 동정심, 배려와 보살핌, 친밀감과 상호의존성, 유대감(애착)과 인간관계, 도덕적 책임을 중시하는 '다른 목소리'는 반영되지 못한다고 지적한다. 한마디로 콜버그의 정의 윤리는 도덕성 발달에서 나타나는 남녀의 성차를 무시했다는 것이다. 그녀의 입장은 남성의 도덕성과 여성의 도덕성, 정의(원칙) 윤리와 배려 윤리는 우열의 개념이 아니라 질적으로 다른 차원에서 바라보아야 한다는 주장이다. 다음 첫 번째 인용문에서는 남성 중심의 정의 윤리를, 두 번째 인용문에서는 여성 중심의 배려 윤리를 확인할 수 있다. 그리고 세 번째 인용문에서 길리건은 남아는 개인화, 평등, 공정성을 강조하는 '정의' 정향, 여아는 애착, 인간관계, 상호의존성, 책임 같은 '배려' 정향을 지닌다고 주장하고 있다.

"(하인즈 딜레마에 대한 11세 소년인 제이크의 입장) 사람의 생명은 돈보다 중요해요. 그리고 약사는 1천 달러만 벌어도 살아갈 수 있지만, 만약에 하인즈가 약을 훔치지 않는다면 그의 아내는 죽을 거예요. (왜 생명이 돈보다 중요하지?) 왜냐하면 약사는 나중에 암에 걸린 부자들에게서 1천 달러를 받을 수 있지만, 하인즈는 다시 아내를 얻을 수 없기 때문이죠. (왜 얻을 수 없지?) 왜냐하면 사람들은 모두 다르기 때문에 하인즈가 자기 아내와 똑같은 사람을 다시 만날 수 없어요."

"(하인즈 딜레마에 대한 11세 소녀 에이미) 만약에 그가 약을 훔친다면 아내를 구할 수는 있겠지만, 아마도 감옥에 가겠죠. 그러면 아내는 더 아프게 될 수도 있어요. 그리고 그는 더 이상 약을 얻을 수도 없으니까 결과적으로 좋을 게 없어요. 그래서 그들은 좀 더 얘기를 해보고 돈을 얻을 수 있는 다른 방법을 찾아야 할 것 같아요."

"여성과 남성은 인간 관계의 문제, 특히 다른 사람에게 의존하는 것과 관련된 문제를 다르게 경험한다. 남성적 발달에서는 어머니로부터의 독립이 핵심적이기 때문에 남성(남아)의 성 정체감은 독립이나 개인화와 관련이 깊다. 반면, 여성(여아)의 성 정체감은 어머니로부터의 독립이나 개인화 과정이 완성되는 것에 의존하지 않는다. 남성성이 독립을 통해 규정되고, 여성성이 애착 관계를 통해 규정되므로 남성적 정체감은 친밀감에서 위협을 느끼는 반면, 여성적 정체감은 다른 사람들로부터 분리되면 위협을 느낀다. 따라서 남성은 대체로 친밀한 관계를 맺는 데 어려움을 느끼고, 여성은 개인화에 어려움을 느낀다."

셋째, 길리건은 배려 윤리를 여성에게 한정지을 필요는 없으며, 남녀 모두에게 필요한 도덕성으로 보려고 했다. 길리건의 배려 윤리를 이어받은 나딩스는 배려 윤리가 여성의 관점에 기초한다고 어떤 다른 성을 지배하거나 통제하는 수단이 되어서는 안 된다고 주장한다. 배려 윤리는 더 나은 세상을 만들고 더 훌륭한 의미를 발견하려는 것이지, 결코 여성만을 위한 윤리가 아니라는 점을 강조한다. 무엇보다 배려 윤리가 여성만의 소유물이라면 여성에게 순종과 희생, 모성애적 배려만을 강조해 여성을 억압할 수도 있는 것이다. 따라서 배려는 여성만이 아니라 모든 인간을 위한 보편적 가치가 되어야 한다는 것이 그녀의 생각이다. 남성과 여성 모두가 기존의 고정적 성역할이 강요하는 부담과 기대가 초래한 폭력과 억압에서 벗어나기 위해서 도덕성을 변증법적으로 통합하는 배려 윤리가 필요하다고 본다. 도덕적으로 훌륭한 사람이란 정의와 배려의 도덕성이 함께 조화를 이룬 사람이기 때문이다. 나딩스의 인간관은 인간이란 관계 안에서 정의된다는 관점에 기초하고 있다. 그리고 그 관계란 배려 윤리의 토대가 되는데, 배려란 '정서적으로 인식하는 개인들의 연결이나 결합', '관계를 맺고 있는 사람들이 서로에 대해 무엇인가 느끼는 일련의 만남'을 의미한다. 또 배려 관계란 배려하는 사람과 배려 받는 사람 사이의 관계이다. 이러한 관계가 가장 자연스럽게 발견되는 경우는 모자녀 간의 배려, 즉 어머니와 자식 간의 배려 관계이며, 남성 보다는 여성에게서 더욱 자연스럽고 전형적인 모습으로 드러난다. 이 점에서 배려의 관계 윤리는 여성적 특성을 보인다고 할 수 있으며, 나아가 환경과 생명에 대해서도 확장해 적용할 수 있는 장점을 갖고 있다.

"관계 윤리, 곧 배려 윤리는 자연적 배려에 근거를 두고 있고, 자연적 배려에 의존한다. 감정을 멀리 하고 의무감에서 항상 행동해야 한다는 칸트의 입장과는 반대로 배려의 관점에서 행위하는 사람은 의식적으로 자연적 배려를 유지하기 위해 의무감에 호소한다. 그러므로 더 우월한 상태는 자연적 배려의 상태이다. 왜냐하면 자연적 배려 상태는 배려를 하는 사람은 물론 배려를 받는 사람에게도 힘을 주는 관계로 훨씬 더 효과적이기 때문이다. 윤리적 배려는 자연적 배려에 속한다. 자연적 배려는 윤리적 배려의 근원이자 귀착점이기 때문에 모자녀 관계를 배려의 원형으로 사용하는 것이 더 합리적이다."

NODDINGS

**문제 1]** 다음 딜레마 상황에 대한 판단 A), B)를 설명한 갑, 을의 입장으로 옳지 않은 것은?

딜레마 상황 : 불치병에 걸린 아내를 치료할 약이 발명되어 2천 달러에 판매되고 있다. 남편 하인즈는 1천 달러밖에 갖고 있지 않은데, 이 때문에 하인즈는 약을 훔쳐야 할지 고민하고 있다.

판단 A) 11세 소년 – 사람의 생명은 돈보다 중요해요. 그리고 약사는 1천 달러만 벌어도 살아갈 수 있지만, 만약에 하인즈가 약을 훔치지 않으면 그의 아내는 죽을 거예요. 또 약사는 나중에 암에 걸린 부자들에게서 1천 달러를 받을 수 있지만, 하인즈는 다시 아내를 얻을 수 없어요. 그리고 사람들은 모두 다르기 때문에 하인즈가 자기 아내와 똑같은 사람은 다시 만날 수 없어요.

판단 B) 11세 소녀 – 만약에 그가 약을 훔친다면 아내를 구할 수는 있겠지만, 아마도 감옥에 가겠죠. 그러면 아내의 건강이 더 악화될 수 있어요. 그리고 그는 더 이상 약을 얻을 수 없으니까 결국 좋을 게 하나도 없어요. 그래서 두 사람은 좀 더 얘기를 해보고 돈을 얻을 수 있는 다른 방법을 찾아야 해요.

갑 : A)는 보편적인 원칙으로부터 판단을 이끌어냈기 때문에 개인 간의 관계를 중시하는 B)보다 도덕성이 높다고 할 수 있어.

을 : 그렇지 않아. B)는 사람끼리 서로 공유하고 있는 감정과 기대, 상호의존성과 인간관계를 중시하기 때문에 그럴 뿐이야. 한 마디로 A)와 B)는 질적으로 다른 입장에서 판단하고 있는 것뿐이야.

① 갑은 정의를 도덕성 판단 기준으로 적용한다.

② 을은 판단을 내릴 때 인간관계나 공감의 정서를 중시한다.

③ 을은 객관적인 정의 원리의 존재를 전제로 한다.

④ 을은 여성 중심적 관점에서 도덕성을 판단한다.

⑤ 갑이 정의 윤리의 관점이라면, 을은 배려 윤리의 관점이다.

제시문은 도덕성 발달을 측정하기 위해 콜버그가 사용했던 대표적인 딜레마 상황, 즉 '하인즈의 딜레마'에 관한 내용이다. 그는 이성에 의한 도덕적 추론과 판단이 개인의 도덕성을 판단하는 중요한 기준이 된다는 인지적 관점을 제시했다.

판단 A)에서 '사람의 생명이 돈보다 중요하다'는 내용에서 보편적이고 객관적인 정의를 추론할 수 있다. 그리고 이와 같은 정의 원칙에 따라 약을 훔치는 행위에 대한 도덕 판단으로 나아가고 있다. 이처럼 객관적이고 추상적인 '정의' 원칙에 따라 이후 전개되는 내용들을 연역적으로 추론해 판단하는 것을 '정의 윤리'라고 한다. 도덕성 발달과 관련하여 이러한 관점을 주장한 대표적인 학자가 콜버그이다. 그는 이성에 의한 도덕적 추론과 판단이 도덕성을 결정하는 중요한 요소라고 주장해 남성 중심적인 고정관념에 기초했다고 비판받고 있다.

반면, 판단 B)는 약을 훔쳐 아내를 구할 수 있지만, 아내가 더 아플 수도 있으며, 따라서 더 많은 대화를 통해 다른 좋은 방법을 찾으려는 노력을 해야 한다고 주장하고 있다. 이로부터 판단 B)는 개인 사이의 인간관계와 서로가 느낄 수 있는 감정의 교류, 두 사람 사이의 연민과 공감을 판단의 주요 개념으로 채택하고 있다. 이러한 요소들은 배려 또는 보살핌 윤리를 주장하는 길리건에 의하면, 주로 여성에게서 발견되는 주요 특성으로 여성의 이러한 측면들은 남성의 보편적이고 추상적인 정의 원칙을 강조하는 특성과는 '다른 목소리'라고 강조한다. 따라서 그녀는 남성과 여성은 서로 다른 가치와 관점에서 판단하기 때문에 이를 근거로 우월하거나 열등하다는 결론을 내려서는 안 된다고 주장한다. 이처럼 소년(남성)은 연역 논리에 따라 생명 가치와 재산 가치의 충돌 문제를 해결하고, 소녀(여성)는 대화를 통해 문제 해결의 실마리를 발견하면서 인간관계의 균열을 염려하고 있다.

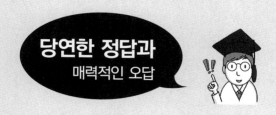

① '정의 윤리'적 관점에서 도덕적 추론 능력과 도덕성 판단을 하고 있기 때문에 갑은 콜버그의 입장이다.

② 판단을 내릴 때 인간관계나 공감, 연대감이나 정서처럼 상대를 '배려'하는 관점은 여성 중심적 관점에 해당한다.

③ 객관적인 정의 원칙에 기초하는 연역적 추론은 정의 윤리의 특성이다.

④ 사람끼리 서로 공유하는 감정과 기대, 상호의존성과 인간관계를 중시하기 때문에 여성 중심적이다.

⑤ 갑은 콜버그의 정의 윤리라 남성 중심적, 을은 배려 윤리라 여성 중심적 입장이다.

정답 ③

**문제 2]** 갑, 을 사상가에 관한 설명으로 가장 적절한 것은?

갑 : 배려는 자연적 배려에 근거를 두고 의존한다. 이와 같은 자연적 감정이나 동기는 어머니와 자식 간의 관계에서 가장 잘 발견된다. 그러므로 배려 윤리는 여성적 관점과 깊은 관계를 형성한다.

을 : 우리는 오직 보편적으로 적용되었으면 하는 규범에 부합하는 행위만을 해야 한다. 만약에 우리가 거짓말을 한다면, '거짓말을 해도 괜찮다'는 규범에 따르는 것이다. 그렇지만 이것은 자멸적이기 때문에 보편적으로 받아들여질 수 없다. 그러므로 거짓말을 해서는 안 된다.

① 갑은 도덕 원리에 대한 존경과 의무로부터 나온 행위만을 도덕적으로 평가한다.

② 갑은 도덕성을 모자녀 간의 자연적 감정이 아니라 의무의식에서 발견한다.

③ 을은 여성적 관점에서 보편적 정의 윤리를 비판하고 있다.

④ 을은 관계 안에서 정의되는 인간의 특성을 특히 여성에게서 발견하고 있다.

⑤ 갑은 관계 윤리, 을은 정의 윤리를 지지할 논거로 활용될 수 있다.

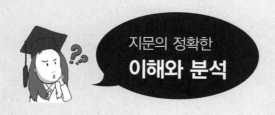

갑)은 나딩스의 배려 윤리에 관한 내용이다. 그녀는 자연적 배려의 감정을 강조하여 이것을 도덕성의 근거로 삼고자 했다. 또 인간을 관계와 맥락 의존 입장에서 이해했으며, 흄의 자연적 감정과 길리건의 배려 윤리를 수용하여 자신의 배려 윤리를 확립하고자 했다. 나딩스는 관계에 기초한 배려의 특성이 남성보다 여성에게서 더 자연스럽게 발견된다는 생각을 갖고 있었기 때문에 여성적 관점을 취하고 있다. 그러면서도 그녀는 남성과 여성 모두가 기존의 고정적 성역할이 강요하는 부담과 기대가 초래한 폭력과 억압에서 벗어나려면 도덕성을 변증법적으로 통합하는 배려 윤리가 필요하다고 생각했다.

을)은 칸트의 형식주의적·보편적 도덕 원리에 기초하여 정의(옳음)를 추론하고 있다. 칸트와 롤스가 채택했던 이와 같은 윤리를 일반적으로 '남성 중심' '정의 윤리'라 부른다. 현대 도덕성 발달 이론에서는 콜버그의 입장이 대표적이다. 어떤 경우든 필연적으로 적용되는 보편화 가능한 법칙과 원칙을 강조하는 정의 윤리 관점은 길리건과 나딩스의 '여성 중심'의 '배려'와 '관계' 윤리에 의해서 많은 비판을 받고 있다.

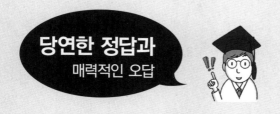

**당연한 정답과**
매력적인 오답

① '도덕 원리에 대한 존경과 의무로부터 나온 행위를 도덕적으로 평가'하는 입장은

칸트의 의무론 또는 형식주의 정의 윤리가 강조하는 것이다.

② 인간의 자연적 감정으로부터 나오는 배려의 정서와 모자녀 사이에서 쉽게 발견되는 자연적 관계와 배려를 중시하는 것은 나딩스의 여성주의적 배려 윤리이다.

③ 여성적 관점은 칸트나 롤스, 콜버그 같은 보편적 원칙에 기초한 정의 윤리에 대해 비판적이다.

④ 인간을 관계에 기초하여 파악하는 것은 여성적 관점에 기초한 배려 윤리의 특성이다.

⑤ 나딩스의 배려 윤리는 곧 관계 윤리이며, 칸트의 보편적 원칙과 형식주의는 정의 윤리에 해당한다.

**정답 ⑤**

**문제 3]** 갑, 을 사상가의 내용과 일치하는 것을 모두 고른 것은?

갑 : 이유기가 되면서 어린아이는 미지의 세계에 내던져진 고독한 존재가 되어 자기를 식별한다. 어린아이는 엄마에게서 떨어지면서 "이미 세계를 향해 자기를 초월하는 하나의 자주적인 주체"가 될 준비를 끝낸다. 그렇지만 사회 관습은 여자 아이에게는 남성적인 교육을 반대하고, 남자 아이에게는 여성적인 교육을 반대한다. 특히 여자 아이는 외부에 있는 수동적 대상, 즉 인형에게 자신을 투사하며, 이를 통해 자신의 '수동성'을 학습한다. 이렇게 볼 때 "여자는 태어나는 것이 아니라 만들어진다."

을 : 인류의 절반에게 족쇄를 채우고, 능력이 뛰어난 사람에게 그 능력을 발휘할 기회를 처음부터 차단해버려도 될까? 그렇게 해도 우리가 잃는 것이 없을까? 직업 선택에서 평등한 권리를 여성에게만 부정하는 것이 정의에 부합할까? 이것은 여성에게만 문제를 일으키지 않는다. 왜냐하면 여성이 능력을 발휘했을 때 그 혜택을 입을 수 있는 모든 관련된 사람들이 피해를 입기 때문이다.

〈보 기〉

㉠ 갑은 실존주의적 입장에서 여성을 '제2의 성'이라고 주장한다.
㉡ 갑은 자유주의와 공리주의적 관점에서 여성의 종속을 비판한다.
㉢ 을은 여성과 남성이 동등한 이성을 지닌 존재로 보고, 여성의 경제적 독립을 강조했다.
㉣ 갑, 을은 남성과 여성의 차이가 교육과 환경 같은 사회 관습에서 비롯된다고 비판한다.

① ㉠ ㉣
② ㉡ ㉢
③ ㉢, ㉣
④ ㉡ ㉣
⑤ ㉡ ㉢ ㉣

갑)은 여성주의를 실존주의 관점에서 주장했던 보부아르의 주장이다. 그녀는 『제2의 성』에서 여성이란 처음부터 여성으로 태어나는 것이 아니라 사회적 관습과 남성에 의해 여성으로 만들어지고 규정된다고 비판한다. 어렸을 때부터 어른들은 여자 아이에 대해 남자 아이보다 관대하고 부드럽게 대하여 애교, 재롱, 눈물, 변덕을 허용하지만, 남자 아이에 대해서는 '조그마한 어른'으로 대우한다. 그녀는 이러한 일상의 구체적 경험 속에서 또 하나의 성(性)이 만들어진다고 주장하면서, 이를 '제2의 성'이라고 규정한다. 그녀에 의하면 남성을 주체로, 여성을 타자로 규정한 것은 이와 같은 사회적 관습과 억압이 작용하고 있다는 것이다.

을)은 질적 공리주의자인 밀의 『여성의 종속』에 나오는 내용이다. 자유주의자이면서 공리주의자인 밀은 여성의 남성에 대한 종속을 교육과 사회적 환경에서 찾았으며, 그 폐해가 여성 자신은 물론, 그 능력을 발휘하지 못하면서 그 혜택을 보지 못하게 되는 사회 전체에까지 미친다고 지적한다. 밀은 역사적으로 여성 중에 뛰어난 사람들이 없다는 것을 들어 여성이 남성보다 열등하다고 유추하는 것은 근거 없는 주장이라고 비판한다. 오히려 그는 엘리자베스 여왕이나 빅토리아 여왕처럼 정치적으로 남성보다 더 큰 업적을 남긴 여성들에게 주목해야 한다고 주장한다.

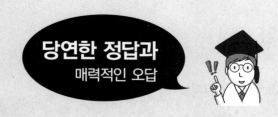
㉠ 갑)은 무신론적 실존주의자인 사르트르와 계약 결혼을 했던 보부아르의 여성주의 내용이다. 여자의 '여성성'은 자연적인 것이 아니라 남성과 사회에 의해 만들어진 '제2의 성'이라고 주장한다.

㉡ 자유주의자이면서 공리주의적 관점에서 여성의 사회적 종속을 비판한 남성은 갑) 이 아니라 을)의 밀이다.

㉢ 여성과 남성이 서로 동등한 이성을 지녔다고 주장하는 여성주의는 18세기 울스턴 크래프트의 주장이다. 그녀는 여성도 남성과 동등한 이성을 갖고 있기 때문에 여 성이 복종해야 할 대상은 아버지나 남성이 아니라 인간 고유의 이성(理性)이라고 강조했다. 그녀는 여성이 남성의 소유물이 되지 않으려면 여성 스스로 경제권을 지녀야 한다는 매우 급진적인 주장을 했다.

㉣ 갑)과 을)은 공통적으로 여성의 사회적 억압과 종속이 교육과 사회적 관습, 즉 남 성 중심적인 가치관에서 유래했다고 주장하는 여성주의이다.

정답 ①

# 5. 생명 존중, 책임 윤리

생명 존중 사상은 근대 서구의 기계적 자연관과 과학기술지상주의가 초래한 문화의 쇠퇴, 생태·환경문제, 그리고 생물종의 다양성 위기 같은 자연과 생명의 도구화 문제를 극복하고 생명 자체가 지닌 본래적이며 고유한 가치를 회복하기 위해 등장한 현대 사상이다. 이러한 생명 사상을 대표하는 인물로 비폭력과 불살생(不殺生)을 주장한 간디와 '생명 외경'을 주장한 슈바이처가 있다.

한스 요나스는 과학기술이 지닌 힘과 영향력을 제어하지 못하는 전통적인 윤리 규범의 한계를 극복하기 위해 새로운 당위적 윤리 규범으로서 '책임 윤리'를 요청한다. 그는 전통 윤리학이 새로운 과학기술이 지닌 힘에 대해 어떠한 규범적 방향이나 지침을 제공해주지 못한다고 비판한다. 전통 윤리학의 이러한 한계를 극복하기 위해 칸트적인 명법의 형식을 통해 그는 아직 존재하지 않는 미래 인류 세대와 인간이 아닌 자연 존재와 생명에 대해서까지 인간이 자신의 책임 범위를 확장해야 한다는 당위적 규범을 주장한다. 이 점에서 그의 '책임 윤리'는 자신의 책제목처럼 '책임 윤리, 즉 과학 기술 시대의 생태학적 윤리'라고 말할 수 있다.

# 생명 존중 : 슈바이처(Albert Schweitzer, 1875-1965)

슈바이처는 자신이 살았던 19세기 말과 20세기의 서구 문화가 몰락이라는 위험한 방향으로 가고 있다고 진단했다. 그는 문화가 발전하기 위해서는 세계를 긍정하고, 생명을 긍정하며, 이 두 가지를 가치 있는 것으로 드러내려고 노력하는 세계관이 필요하다고 생각했다. 그런데 문화의 쇠퇴는 세계와 생명 중에서 양쪽 모두, 아니면 어느 한 쪽이 몰락한다는 뜻이기도 하다. 슈바이처는 당시 서구의 문화가 세계에 대해서는 긍정했지만, 윤리적으로는 쇠퇴하고 결핍되었다고 보았다. 즉 생명에 대한 긍정이 결핍되었다고 생각했다. 이 때문에 그는 『문화와 윤리』, 『나의 생애와 사상』에서 생명에 관한 윤리적 관점을 회복함으로써 '세계와 생명에 대한 긍정'으로 나가야 한다고 주장했다. 그는 이를 위해 무엇보다 '생명 의지(또는 생에 대한 의욕)'에 담겨 있는 본질을 깨닫는 것이 중요하다고 생각했다. 생명 의지의 본질이란 "우리 속에 이미 생명을 존중하는 본능이 내재하며, 우리 자신이 살려고 하는 생명 의지"라는 뜻이다. 이러한 생명 의지를 통해 우리의 존재를 끊어버리려는 생각과 행동에 본능적으로 혐오감을 갖게 된다. 또한 생명 의지의 이러한 본질 때문에 우리는 자신의 삶을 충실하고 완전하게 살려고 다짐한다. 즉 자신의 생명을 가장 완전하게 실현하려고 애쓴다. 결론적으로 생명 의지는 생명을 긍정하며 완전하게 실현하게 해주는 의지이다. 나아가 우리의 생명 의지는 자신은 물론, 모든 살아 있는 생명들에게까지 확장해 마침내 모든 생명 자체가 지닌 생명 의지에 대해 놀라움과 존경(즉 畏敬)을 체험할 수 있다. 우리는 이처럼 생명 의지를 깨달음으로써 우리 자신도 "살려고 하는 생명들 가운데서 살려고 애쓰는 생명"의 일부라는 신비로운 일체감의 체험을 하면서 윤리의 기준을 마련할 수 있다. 즉 "도덕의 필연적인 절대 원리는" "생명을 보전하고 촉진시키는 행위는 선이고, 생명을 파괴하고 저해하는 것은 악"이다. 종합해보면 진정으로 문명화된 사회는 생명 의지에 대한 존중을 통해서 가능하다. 생명 외경을 받아들여도 문제는 여전히 남는다. 그것은 생명 활동을 유지하기 위해 불가피하게 다른 생명을 희생시켜야 하는 딜레마와 같은 상황 때문이다. 슈바이처는 이 경우에도 우리가 도덕적 책임에서 완전히 자유로울 수 없다고 보았다. 따라서 그는 자연 안에서 생명을 파괴하지 않고 존재할 수 있는 생명이란 없기 때문에 생명 외경에 기초하여 불필요한 살생을 최소화하고 불가피한 경우에 한해 살생을 허용해야 한다고 주장한다.

"물질의 발달이 문화에 미친 가장 큰 위험은 삶이 개선되면서 자유를 잃고 오히려 부자연스러워졌다는 점이다. 공장 노동자와 임금 노동자로 전락함으로써 자기의 고향과 자신과 인간으로서 느껴야 할 진정한 자유를 잃게 되었다. 인간으로서 순수한 책임의식도 없이 삶은 더욱 부자연스러워지고 있다."

"진정으로 윤리적인 사람에게는 모든 생명이 신성하다. 비록 인간의 관점에서 볼 때 비천한 존재로 보일지라도 마찬가지이다."

"윤리는 자신의 생명을 귀하게 여기는 만큼 다른 모든 생명 의지(또는 생명을 향한 의욕)에 대해서도 그만큼 존중히 여기려는 강박감을 경험할 때 성립한다. 그래서 도덕의 필연적인 근본 원리는 다음과 같다. 생명을 보전하고 촉진시키면 선이고, 생명을 파괴하고 저해하면 악이다."

"선이란 생명을 유지하고 촉진하며, 생명을 최고의 가치까지 끌어올린다. 그리고 악이란 생명을 파괴, 손상, 억압한다. 이것이 도덕의 필연적인 절대 원리이다."

"사고하는 인간은 다른 생명 의지를 대할 때도 자신의 생명 의지를 대할 때와 같이 생명에 대한 외경심으로 대한다. 그는 다른 생명을 자신의 생명 안에서 체험한다(윤리적 신비주의)."

"생명 의지(생명을 향한 의욕)의 본질은 스스로 충실하게 살려고 다짐하는 것이다. 생명 의지는 자신의 삶을 가장 충실하게 실현하려는 충동을 자기 속에 지니고 있다. 꽃이 핀 나무, 해파리처럼 기괴한 형체 등 생명 의지는 모든 곳에서 자기에게 주어진 완전함에 도달하려고 애쓴다. … 그러한 힘은 우리 존재와 마찬가지로 동일하게 주어져 있다."

"모든 생명을 죽일 때는 그 필요성을 밝혀야 한다. 불가피한 경우에만 그래야 한다. 아무리 무의미하게 보이는 것도 그렇다. 소를 먹이기 위해 풀을 베는 농부가 집으로 돌아오면서 무심코 길가에 피어있는 한 송이 꽃을 따서 버리는 것도 안 된다. 그것은 아무 이유 없이 생명에 잘못을 저지르는 일이기 때문이다. 인류에게 도움을 줄 목적으로 동물 실험을 할 때 수술하고 약품을 사용하고, 병균을 접종하는 잔혹한 행위를 가치 있는 결과를 얻기 위한 목적이라고 경솔하게 정당화하면 안 된다. 먼저 인간을 위해 그런 희생을 부과할 필요가 있는지 생각해야 한다."

"나는 원주민들이 모래톱에서 잡은 어린 물수리를 구해주기 위해 샀다. 그러나 이제 이놈을 굶겨 죽일지, 아니면 이놈을 살리기 위해 매일 작은 물고기를 몇 마리씩 죽여야 할지에 대해 결정을 내려야 했다. 나는 후자를 선택했다. 그렇지만 매일 나의 책임 아래 하나의 생명을 구하기 위해 다른 생명을 희생해야 하는 일은 괴로운 일이다."

## 2 생명 존중 : 간디(Mohandas Karamchand Gandhi, 1869-1948)

첫째, 간디의 생명 사상은 사티아그라하(Satyagraha, 진리 확신)와 아힘사(Ahimsa, 비폭력)로 요약할 수 있다. 간디는 자서전의 부제를 '나의 진리 실험 이야기(The Story of My Experiments with Truth)'라 붙였는데, 이것은 진리를 찾아가는 삶의 이야기의 의미로 해석할 수 있다. 그는 자신의 삶 속에서 '신이 진리이다'라는 명제에서 '진리가 신이다(Truth is God)'라는 명제로 옮겨갔다. 그는 진리를 비폭력과 불살생(不殺生, 생명), 관용과 자비에서 발견했다. 그의 이러한 가치들은 힌두교의 가르침인 평화와 관용, 불교의 가르침인 불살생과 불상해(不傷害) 같은 비폭력과 자비의 정신을 수용한 결과이다. 그는 또 이러한 가치를 실천하기 위해 '시민 불복종', 단식과 금욕, 가난과 무소유, 절제와 생계만을 위한 노동, 천민 대우에 대한 반대, 지역 상품 구매 운동 등을 실천했다. 그는 영혼이 없는 폭력이라는 무기보다 강력한 것은 양심이라는 비폭력이며, 비폭력을 통해 저항하는 자가 진정으로 용기 있는 위대한 존재라고 가르친다. 왜냐하면 진리는 내적 강인함, 불굴의 정신, 자기 단련과 헌신, 사심 없고 증오심 없는 마음, 미소 짓는 표정을 요구하기 때문이다. 특히 시민 불복종은 정치적 목적을 이루기 위해 불복종이라는 방식을 채택하는데, 예를 들면 비도덕이고 억압적인 법에 저항하기 위해 정부의 직책과 명예를 거부하고 재판정 출두나 세금 납부를 거부한다. 그는 물리적인 폭력의 힘이 아니라 정신적인 진리의 힘을 확신했고, 그의 삶은 아힘사의 정신으로 진리의 힘(사티아그라하)을 실험하는 삶이었다.

"여러분은 신에 대한 나의 정의를 기억하십니까? 나는 '신이 진리'가 아니라 '진리가 신'이라고 말해왔습니다. 나는 이것을 겨우 4년 전(1928)에 깨달았습니다. 나는 언제나 신을 진리로 알아왔습니다. 나는 한 때 신의 존재를 의심한 적이 있었습니다. 하지만 그 때에도 진리의 존재는 의심하지 않았습니다. 이 진리는 물질의 성질이 아니라 순수 의식입니다. 그것만이 우주 전체를 붙들어줍니다. 그것이 전체 우주를 통치하기 때문에 신입니다."

"내 속에 한 가지는 깊이 뿌리내렸다. 즉 도덕이 모든 사물의 근본이요, 진리가 모든 도덕의 핵심이라는 확신이다. 진리만이 나의 목적이다. 그것은 날이 갈수록 광대하게 자랐고, 나의 정의도 넓어졌다."

"우리가 진실해지면 진실해질수록 우리는 신(하느님)에게 더 가까이 갑니다. 우리는 우리가 진실한 정도만큼만 존재합니다."

"내가 아는 하느님은 진리입니다. 나에게 있어 하느님을 아는 유일하고 확실한 수단은 비폭력(아힘사), 곧 사랑입니다."

# ③ 책임 윤리 : 한스 요나스(Hans Jonas, 1903 - 1993)

첫째, 한스 요나스의 책임윤리는 과학기술의 힘과 영향력을 제어할 수 없는 전통적인 윤리 규범의 한계를 극복하기 위해 제시된 새로운 윤리 규범이다. 그는 이것을 『책임의 원칙 : 기술시대의 생태학적 윤리』의 첫 문장에서 밝히고 있다. "과학을 통해 이제까지 전혀 알려지지 않았던 힘과 경제를 통해 끊임없는 충동을 가지면서 마침내 사슬로부터 풀

려한 프로메테우스는 자신의 권력이 인간에게 불행이 되지 않도록, 즉 자신의 권력을 자발적으로 제어할 수 있는 하나의 (새로운) 윤리학을 요청한다." 요나스는 고대의 '테크네'는 실용적인 것만을 추구해서 인간의 필요에 봉사하는 것으로 만족했지만, 현대의 과학기술은 끊임없는 진보를 거듭한 결과 자연은 물론 인간에 대한 승리의 단계까지 나갔다고 비판하면서, 이것을 '호모 사피엔스(이성적 인간)'에 대한 '호모 파베르(도구적 인간)'의 지배라고 규정한다. 그는 또 그 원인을 인간의 행복과 편리를 위해 자연 지배와 정복을 정당화했던 근대 베이컨식 기획에서 발견한다. 과학기술의 진보와 자연에 대한 침해 가능성(가침성)에도 불구하고, 전통적인 윤리는 인간 이외의 대상에 대해서는 어떤 윤리적 고려나 배려도 하지 않는 '인간 중심적인' 틀에 고정되어 과학 기술을 제어하지 못하는 한계에 봉착했다고 요나스는 주장한다.

"인간(우리)이 지닌 권력(기술)의 발전과 함께 인간 행위의 본질도 변화했으며, 인간의 행위가 윤리학과 관련된 것임을 볼 때, 윤리학에서도 변화가 요청된다.(그것은 책임 윤리이다.)"

"우리는 무엇인가 위기에 처해 있다는 사실을 알 때 비로소 무엇이 위기에 처해 있는지 제대로 본다. 우리는 위험이 무엇인지 알지 못하면 무엇을 보호해야 할지도 알지 못한다. … 왜냐하면 악의 인식이 선의 인식보다 훨씬 쉽기 때문이다. 우리는 원하지 않는 것을 원하는 것보다 훨씬 잘 안다. … 우리가 책임 있는 행위를 적극적으로 시작한다면, … 이러한 공포를 탐지하는 발견술('공포의 발견술')이 요청된다. … 두려워함 자체가 책임의 윤리학의 제1차 의무가 된다."

"경외심(존경심)은 우리에게 '신성한 것', 즉 어떤 경우에도 결코 손상해서는

안 된다는 것을 보여주기 때문에 오직 경외심만이 현재를 희생해 미래를 사
지 못하도록 막을 수 있다. 수단이 목적에 해를 끼쳐서는 안 된다."

둘째, 이러한 문제에 대응하기 위해 그는 기술 자체와 특히 인간의 외
적인 자연 상태, 즉 생명을 윤리적 관심의 대상으로 삼는다. 그에게 생
명이란 '목적 그 자체'로서 가치를 지녔고, 생명은 살려는 목적을 지닌
자기 목적적 존재이며, 이를 근거로 그는 새로운 윤리인 '책임 윤리'를
주장한다. 더불어 그는 책임 윤리의 범위에 아직 존재하지 않는 미래 세
대에 대한 책임까지 포함시킨다. 요나스는 자신의 '책임 윤리'를 칸트적
인 '당위적 명법'의 형식으로 제시한다. 그것은 "너의 행위의 효과가 이
세상에서 진정한 인간적 삶의 지속과 조화될 수 있도록 행위하라"이다.
즉 인간은 어떤 고통스런 상황 속에서도 인류가 미래에도 실존해야 한
다는 당위를 침해해서는 안 된다. 한편, 요나스는 책임의 원형을 비호혜
적인 부모와 자식의 관계에서 발견한다. 부모는 자식이라는 존재 자체(
전체성)를 염려하고, 자신의 책임과 자녀의 생명이 연속적으로 지속되어
야 한다는 것(연속성)을 당연하게 받아들인다. 그러므로 이러한 책임은
현재를 넘어 미래에 대해서도 자연스럽게 포함(미래와의 관련성)한다. 부
모와 자식의 관계에서 드러나는 생명에 대한 책임성은 나아가 그 책임
대상을 생명 전체에까지 확장하여 미래와의 연관 속에서 '존재해야' 한
다는 것, 즉 '미래 인류의 실존에 관한 의무'를 낳는다. 이처럼 요나스의
책임 윤리는 "책임의 영역을 인간으로부터 자연에까지 확장함으로써 비
로소 우리 존재의 정당성이 확보된다"고 주장한다.

"너의 행위가 미치는 영향이 이 세상에서 참된 인간적인 삶을 지속하고 그
것과 조화를 이룰 수 있도록 행위하라."

"너의 행위가 미치는 영향이 인간의 생명이 지닌 미래의 가능성에 대해 파
괴적이지 않도록 행위하라."

"미래 인간의 불가침성을 네 의욕의 동반 대상으로서 현재의 선택에 포함시
켜라."

"지상에서 인류의 무한한 존속을 가능하게 하는 모든 조건을 위협하지 말
라. … 새로운 명법은 우리 자신의 생명을 걸더라도 인류의 생명을 위태롭게
해서는 안 된다고 말한다. … 우리는 현재 세대의 존재를 위해 미래 세대의
비존재를 선택하거나 감히 위태롭게 할 권리를 가지고 있지 않다. … 우리는
이 명법을 어떤 확증도 필요없이 공리(公理)로서 받아들여야 한다."

"존재는 자신의 자기 긍정(즉 생명이란 현실적으로 존재하고 있으며, 자기
목적성을 지녔다는 점)을 비존재에 대해서도 절대적으로 좋은 것으로 긍정
한다. 존재는 자신의 긍정과 무(無)에 대한 반대를 자신의 목적을 통해 밝히
고 있다. … 존재가 자신에 대해 무관심하지 않는다는 단순한 사실(즉 생명
이라는 사실)은 모든 가치의 근본이며, 제1의 자기 긍정이 된다."

"모든 생명체의 생존에 필요한 물질 대사까지도 이미 죽음과 투쟁하는 활동
이다. 모든 존재는 자신을 죽음으로 내모는 주변 환경에 대해 자신의 생명
을 보존하기 위한 자기 목적을 본성적으로 갖는다. 살려고 하는 자기 목적
에서 우리는 자기 존재를 최대한 긍정하는 모습을 발견한다. 이처럼 생명이
갖고 있는 자기 목적은 선택이 아니라 이미 내재하는 본성이다. 생명은 이를
통해 단순한 물질과 구분되며, 그보다 우월한 존재가 될 수 있다. 이것은 증
명할 필요 없는 자명한 현상이다."

"호혜성에 기초하는 전통 이념에서 나의 의무는 타인의 권리이며, 타인의
권리는 나의 권리와 동일하게 이해된다. … 그러나 이런 이념은 우리가 추구
하는 목적에는 아무 쓸모가 없다. 왜냐하면 이것은 권리를 주장하는 사람

만이 권리를 요청할 수 있기 때문이다. … 이것은 앞으로 존재하리란 가능성을 근거로 권리를 갖는다고 주장하지 않는다. 그러나 우리가 추구하는 것은 아직 존재하지 않고 있지 않은 것과 관련되며, 이것이 가리키는 책임 윤리는 권리와 호혜성의 모든 이념과 상관없어야 한다. … 그런데 전통 도덕에도 호혜성과 상관없이 자발적으로 인정하고 실천했던 '비호혜적' 책임과 의무에 해당하는 것이 있다. 그것은 우리가 낳은 아이들에 대한 책임과 의무이다. 이것은 조건이 아니다. 이것은 생식이라는 생물학적 사실로부터 주어진 비독립적인 후세대와의 관계이지 독립적인 성인들 사이의 관계가 아니다. 이것이 책임의 원천이며, 우리가 요청하는 책임이 실행되는 가장 원천적인 부분이다(미래 인류의 실존에 대한 의무)."

요나스의 책임 윤리는 다음과 같이 정리할 수 있다.

1) 책임은 행위자에게 자유가 주어질 때 성립한다.
2) 책임은 행위에 대한 결과를 근거로 성립한다.
3) 책임은 행위의 영향을 받는 대상이 가치 있을 때 성립한다.
4) 행위자로서 인간은 책임질 수 있는 유일한 존재이다.
5) 생명은 그 자체의 가치를 지닌 '자체 목적적' 존재이기 때문에 행위에 따른 영향을 받을 수밖에 없다.
6) 그러므로 인간에게 생명은 책임의 대상이 된다.

**문제 1]** 갑, 을 사상가에 관한 설명으로 가장 적절한 것은?

갑 : 모든 생명체의 생존에 필요한 물질 대사까지도 이미 죽음과 투쟁하는 활동이다. 모든 존재는 자신을 죽음으로 내모는 주변 환경에 대해 자신의 생명을 보존하기 위한 자기 목적을 본성적으로 갖고 있다. 살려고 하는 자기 목적에서 우리는 자신의 존재를 최대한 긍정하는 모습을 발견한다. 이처럼 생명에 있는 자기 목적은 선택이 아니라 이미 내재하는 본성이다. 생명은 이를 통해 단순한 물질과 구분되며, 그보다 우월한 존재가 될 수 있다. … 따라서 "너의 행위가 미치는 영향이 이 세상에서 참된 인간적인 삶을 지속하고 그것과 조화를 이룰 수 있도록 행위하라"를 실천해야 한다.

을 : 여러분은 신에 대한 나의 정의를 기억하십니까? 나는 '신이 진리'라고 하는 대신 '진리가 신'이라고 말해왔습니다. 나는 이것을 겨우 4년 전(1928)에 깨달았습니다. 나는 언제나 신을 진리로 알아왔습니다. 나는 한 때 신의 존재를 의심한 적이 있었습니다. 하지만 그 때에도 진리의 존재는 의심하지 않았습니다. 이 진리는 물질의 성질이 아니라 순수 의식입니다. 그것만이 우주 전체를 붙들어줍니다. 그것이 전체 우주를 통치하기 때문에 신입니다.

① 갑은 인간중심적인 전통 윤리를 생명 사상으로 확장하려 했다.
② 갑은 근대 베이컨식 기획을 현대 사회에서 실현하고자 했다.
③ 을은 유일신에 대한 신념에 기초해 비폭력을 추구했다.
④ 을은 영혼이 없는 국가의 폭력에 대한 무력 저항을 주장했다.
⑤ 갑은 책임 윤리, 을은 불살생(不殺生)의 윤리를 주장했다.

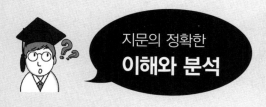
갑)은 통제하기 어려운 상황에 이른 현대 과학 기술이 지닌 힘을 제어할 수 있는 새로운 윤리인 '책임 윤리'를 주장한 한스 요나스의 주장이다. 요나스는 과학 기술과 물질 문명의 변화에 맞추어 인간의 윤리 의식 또한 변해야 하지만, 전통적인 윤리는 여전히 인간중심적인 근대적 사고에 사로잡혀 현대의 과학 기술과 자연·생명에 대한 올바른 윤리적 지침을 제공하지 못하는 한계가 있다고 비판한다. 그는 이러한 비판을 통해 아직 존재하지 않는 미래 인류, 그리고 인간 이외의 존재인 자연과 생명에 대해서도 인간의 책임 있는 행위가 필요하다고 강조한다. 그는 이러한 자신의 윤리를 '책임 윤리'라고 규정한다.

을)은 힌두교와 불교, 소로우의 영향을 받은 간디의 사티아그라하, 아힘사에 해당하는 내용이다. 간디는 '신이기 때문에 진리'가 아니라 '진리이기 때문에 신'이라는 주장을 했으며, 그는 자신이 신의 존재를 의심할 때도 이것만큼은 의심하지 않았다고 강조했다. 그는 자신의 신념에 기초한 삶을 '진리를 실험하는 삶'이라고 가르쳤다. 진리에 대한 확신, 즉 사티아그라하로부터 시작된 그의 삶은 비폭력과 불살생, 불상해, 악에 대한 불복종으로 구체화되었다.

요나스, 간디, 그리고 슈바이처 사상은 현대의 대표적인 생명 존중 사상이기도 하다.

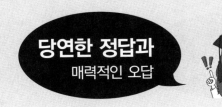

**당연한 정답과**
매력적인 오답

① 갑은 요나스의 책임 윤리이기 때문에 전통적인 인간중심적 윤리라고 할 수 없다. 요나스는 과학 기술 시대를 따라잡지 못하는 전통적인 인간중심 윤리학에 대한 비판을 통해 미래 세대와 생명에 대해 책임 있는 행동을 요구했다.

② 갑은 요나스의 주장이기 때문에 근대의 베이컨식 기획, 즉 자연 지배와 정복을 정당화하는 과학 기술에 대한 비판을 담고 있다.

③ 을은 간디의 사상으로 그는 힌두교의 평화와 관용, 불교의 불살생과 불상해 같은 생명 존중의 가르침에서 영향을 받았으며, 비폭력·불복종 운동을 추구했다. 또 그는 '진리가 신이다'라는 신념을 실천했다.

④ 간디는 '영혼이 없는 국가'의 힘이란 폭력일 뿐이라고 비판했으며, 가장 위대한 정신을 통한 저항인 비폭력 저항이 올바른 것이라고 가르쳤다.

**정답 ⑤**

**문제 2]** 다음 갑, 을, 병에 관한 설명을 바르게 묶어 놓은 것은?

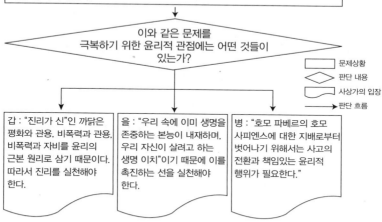

ㄱ. 갑 : 불살생(不殺生)과 불상해(不傷害) 같은 비폭력과 평화를 실천한다.

ㄴ. 을 : 인간 중심적 관점에서 생명을 도덕의 절대 원리로 받아들이고 실천한다.

ㄷ. 병 : 과거의 행위에 근거하여 결과에 대해 책임을 묻는 인과적 책임을 도덕 원리로 삼는다.

ㄹ. 갑, 을, 병 : 자연과 생명에 대한 존중과 도덕적 책임을 강조한다.

① ㄱ, ㄴ.　　　　　　　　② ㄴ, ㄷ.

③ ㄱ, ㄴ, ㄹ.　　　　　　④ ㄱ, ㄹ.

⑤ ㄴ, ㄷ, ㄹ.

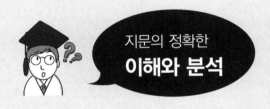

갑)이 '진리는 신'이며, 이에 기초해 비폭력과 평화, 관용과 자비의 윤리를 주장하고 있는 것으로 볼 때, 간디의 생명 사상임을 알 수 있다.

을)은 '우리 자신 속에 이미 생명을 존중하는 본능이 내재'하기 때문에 죽음을 혐오하고, '스스로 살려고 하는 생명에 대한 의지'가 있다고 주장하는 것으로 볼 때 슈바이처의 '생명 외경' 사상이다. 그는 생명 의지로부터 생명 외경을 이끌어내서 모든 생명으로 확장하는 생명 존중 사상을 전개했다.

병)은 '도구적 인간'의 '정신적 존재인 인간'에 대한 승리와 지배를 비판하면서 인간의 사고 전환과 책임 있는 행위를 강조기 때문에 요나스의 '책임 윤리'이다.

이 세 사상은 모두 과학 기술 지상주의와 인간 중심주의가 초래한 생명과 자연에 대한 경시를 비판하고 생명 존중을 강조한다는 점에서 공통점이 있다.

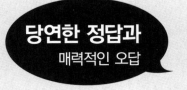 

## 당연한 정답과
### 매력적인 오답

ㄱ. 갑은 간디의 주장이기 때문에 불살생, 불상해 같은 비폭력이나 평화 사상과 연결된다.

ㄴ. 을은 슈바이처의 생명 외경 사상이기 때문에 생명을 도덕의 절대 기준으로 삼는다는 주장은 옳지만, 인간 중심주의에 기초해야 한다는 주장은 옳지 않다. 인간

중심주의는 생명의 위계질서를 강조하기 때문에 현대 생명 위기의 원인으로 지목된다.

ㄷ. 병은 요나스의 책임 윤리이기 때문에 전통적인 윤리에서 주장하는 '인과적 책임'이 아니라 '당위적 책임'을 주장하는 내용이어야 한다. 요나스는 과거의 행위가 낳는 결과에 대한 책임을 인과적 책임으로 보았고, 아직 오지 않은 미래에 미리 다가가 행위 전에 책임 있는 행위를 요구하는 '당위적 책임'을 강조했다. 이 점에서 그의 책임 윤리는 미래 지향적인 '당위적 책임'에 관한 윤리이다. 즉 행위의 결과를 미리 예측하고, 이에 대해 책임 있는 행동을 요청한다.

ㄹ. 간디, 슈바이처, 요나스의 윤리는 모두 넓은 의미에서 생명 존중의 윤리로 이해할 수 있다.

정답 ④

# |참고문헌|

F. 코플스톤 지음, 이재영 옮김, 『영국 경험론』, 서울 : 서광사, 1991.

H. 요나스 지음, 이진우 옮김, 『책임의 원칙』, 서울 : 서광사, 1994.

J. 롤스 지음, 황경식 옮김, 『정의론』, 서울 : 이학사, 2004.

M. 화이트 지음, 신일철 옮김, 『20세기의 철학자들』, 서울 : 서광사, 1987.

T. Z. 레빈 지음, 김기찬 옮김, 『방송강의 철학사』, 서울 : 현대지성사, 1997.

W. S. 사하키안 지음, 송휘칠 외 옮김, 『윤리학의 이론과 역사』, 서울 : 박영사, 2005.

강성률, 『2500년간의 고독과 자유』, 서울 : 푸른솔, 1996.

강영계, 『철학이야기』, 서울 : 가서원, 1996.

강정인 엮음, 『서양 근대 정치사상사』, 서울 : 책세상, 2007.

김상득, 『알기 쉬운 윤리학』, 서울 : 철학과 현실사, 2013.

남경태, 『철학』, 서울 : 들녘, 2007.

노영란, 『덕윤리의 비판적 조명』, 서울 : 철학과 현실사, 2009.

로버트 애링턴 지음, 김성호 옮김, 『서양윤리학사』, 서울 : 서광사, 2003.

루이스 포이만 외 지음, 반찬구 외 옮김, 『윤리학 : 옳고 그름의 발견』, 서울 : 울력, 2010.

리하르트 다비트 프레히트 지음, 백종유 옮김, 『나는 누구인가』, 서울 : 21세기 북스, 2010.

문종길, 『윤리와 사상 : 텍스트와 함께 읽기』, 서울 : 인간사랑, 2009.

문종길, 『윤리와 사상 : 텍스트와 함께 읽기2』, 서울 : 인간사랑, 2011.

박병춘, 『배려윤리와 도덕교육』, 서울 : 울력, 2002.

박영식, 『서양철학사의 이해』, 서울 : 철학과 현실사, 2008.

박찬국, 『현대철학의 거장들』, 서울 : 철학과 현실사, 2005.

베이컨 지음, 김종갑 옮김,『새로운 아틀란티스』, 서울 : 에코리브르, 2002.

변광배,『존재와 무』, 서울 : 살림, 2009.

브라이언 매기 지음, 수선철학회 옮김,『위대한 철학자들』, 서울 : 동녘, 2004.

새뮤얼 이녹 스텀프,『소크라테스에서 포스트모더니즘까지』, 서울 : 열린책들, 2005.

스피노자 지음,『에티카』, 서울 : 서광사, 1990.

스테판 뮬홀 외 지음, 김해성 외 옮김,『자유주의와 공동체주의』, 서울 : 한울, 2003.

아먼드 A. 마우러 지음, 조흥만 옮김,『중세철학』, 서울 : 서광사, 2007.

알레스데어 매킨타이어 지음, 이진우 옮김,『덕의 상실』, 서울 : 문예출판사, 1997.

알렉스 캘리니코스 지음, 정성진 외 옮김,『마르크스의 사상』, 서울 : 북막스, 2002.

애덤 스미스 지음, 박세일 외 옮김,『도덕 감정론』, 서울 : 비봉출판사, 2009.

애덤 스미스 지음, 최호진 외 옮김,『국부론(하)』, 서울 : 범우사, 2002.

앤서니 케니 지음, 김성호 옮김,『중세철학』, 서울 : 서광사, 2010.

앤서니 케니 편, 김영건 외 옮김,『서양철학사』, 서울 : 이제이북스, 2004.

에른스트 블로흐 지음, 박설호 옮김,『서양 중세·르네상스 철학 강의』, 서울 : 열린책들, 2008.

에티엔느 질송 지음, 김기찬 옮김,『중세철학사』, 서울 : 현대지성사, 2007.

오트프리트 회페 엮음, 이진우 외 옮김,『철학의 거장들』, 서울 : 한길사, 2001.

우도 틸 지음, 이남석 옮김,『로크』, 서울 : 한길사, 1998.

위르겐 하버마스,『담론 윤리의 해명』, 서울 : 문예출판사, 1997.

윌 버킹엄 외 공저, 이경희, 박유진, 이시은 공역,『철학의 책』, 서울 : 지식갤러리, 2012.

윌리엄 사아키안 지음, 권순홍 역,『서양철학사』, 서울 : 문예출판사, 1998.

이근식,『애덤 스미스의 고전적 자유주의』, 서울 : 기파랑, 2006.

이유선, 『실용주의』, 서울 : 살림, 2009.

임마누엘 칸트 지음, 이원봉 옮김, 『도덕형이상학을 위한 기초 놓기』, 서울 : 책
　　세상, 2002.

장 폴 사르트르 지음, 박정태 옮김, 『실존주의는 휴머니즘이다』, 서울 : 이학사,
　　2009.

제임스 레이첼스, 노혜련 외 옮김, 『도덕 철학의 기초』, 서울 : 나눔의 집, 2006.

제임스, 콜린스 지음, 이성환 외 옮김, 『합리론』, 서울 : 백의, 1999.

카렌 레바크 지음, 이유선 옮김, 『정의에 관한 6가지 철학적 논쟁』, 서울 : 간디
　　서원, 2006.

칼 마르크스, 프리드리히 엥겔스 지음, 박재희 옮김, 『공산당 선언』, 서울 : 청년
　　사, 1989.

쿠르트 프리틀라인 지음, 강영계 옮김, 『서양철학사』, 서울 : 서광사, 1985.

페터 쿤츠만 외 지음, 홍기수 외 옮김, 『그림으로 읽는 철학사』, 서울 : 예경,
　　2000.

편집부 지음, 『칸트와 정치철학』, 서울 : 철학과 현실사, 2002.

폴 스트레턴 지음, 김낙년 외 옮김, 『세계를 움직인 경제학자들의 삶과 사상』,
　　서울 : 몸과 마음, 2001.

프랜시스 베이컨 지음, 진석용 옮김, 『신기관』, 서울 : 한길사, 2001.

프리도 릭켄 지음, 김용해 옮김, 『일반윤리학』, 서울 : 서광사, 2006.

한국사회 · 윤리연구회편, 『사회계약론 연구』, 서울 : 철학과 현실사, 1993.

한스 요하임 슈퇴리히 지음, 박민수 옮김, 『세계철학사』, 서울 : 이룸, 2010.

Bryan Magee, *The Great Philosophers*, Oxford University Press, 1987.

Bryan Magee, *The Story of Philosophy*, New York : DK Publishing, 2001.

I. Kant, *Lectures on Ethics*, Indianapolis : Hackett Publishing Company,
　　1963.

R. L. Arriington, *Western Ethics*, Blackwell Publisher Inc. 2004.

## '윤리와 사상'

—주제와 문제들


**발행일** 1쇄 2013년 9월 30일

**지은이** 문종길 · 김미덕

**펴낸이** 여국동


**펴낸곳** 도서출판 인간사랑

**출판등록** 1983. 1. 26. 제일-3호

**주소** 경기도 고양시 일산동구 백석동 1178-1번지 2층

**전화** 031)901-8144(대표) | 977-3073(영업부) | 031)907-2003(편집부)

**팩스** 031)905-5815

**전자우편** igsr@naver.com

**페이스북** http://www.facebook.com/igsrpub

**블로그** http://blog.naver.com/igsr

**인쇄** 인성인쇄 **출력** 현대미디어 **종이** 세원지업사


**ISBN** 978-89-7418-316-5 53190

* 책값은 뒤표지에 있습니다.     * 잘못된 책은 바꿔드립니다.

* 이 책의 내용을 사용하려면 저작권자와 도서출판 인간사랑의 동의를 받아야 합니다.


이 도서의 국립중앙도서관 출판시도서목록(CIP)은 서지정보유통지원시스템 홈페이지(http://seoji.nl.go.kr)와 국가자료공동목록시스템(http://www.nl.go.kr/kolisnet)에서 이용하실 수 있습니다.(CIP제어번호: CIP2013016214)